龙川村史资料丛录

胡维平　主编

南京出版传媒集团
南京出版社

图书在版编目（CIP）数据

龙川村史资料丛录 / 胡维平主编. -- 南京 : 南京出版社, 2024. 12. -- ISBN 978-7-5533-5067-7

Ⅰ. K295.45

中国国家版本馆CIP数据核字第2024JA5055号

书　　名　龙川村史资料丛录
作　　者　胡维平
出版发行　南京出版传媒集团
　　　　　南 京 出 版 社
社　　址　南京市玄武区太平门街53号
邮　　编　210016
联系电话　025-83283873、83283864（营销）　025-83112257（编务）

策划统筹　杨传兵
责任编辑　严行健　杨传兵
装帧设计　石　慧
责任印制　杨福彬

排　　版　南京新华丰制版有限公司
印　　刷　南京爱德印刷有限公司
开　　本　787 毫米 × 1092 毫米　1/16
印　　张　16.75
插　　页　8
字　　数　235千字
版　　次　2024年12月第 1 版
印　　次　2024年12月第 1 次印刷
书　　号　ISBN 978-7-5533-5067-7
定　　价　80.00 元

本书出版蒙增爱公益基金会赞助，谨致谢忱！

龙川鸟瞰图

龙川水口图

中国龙川景区入口

龙堤与凤堤

龙川全景图

龙川尚书牌坊

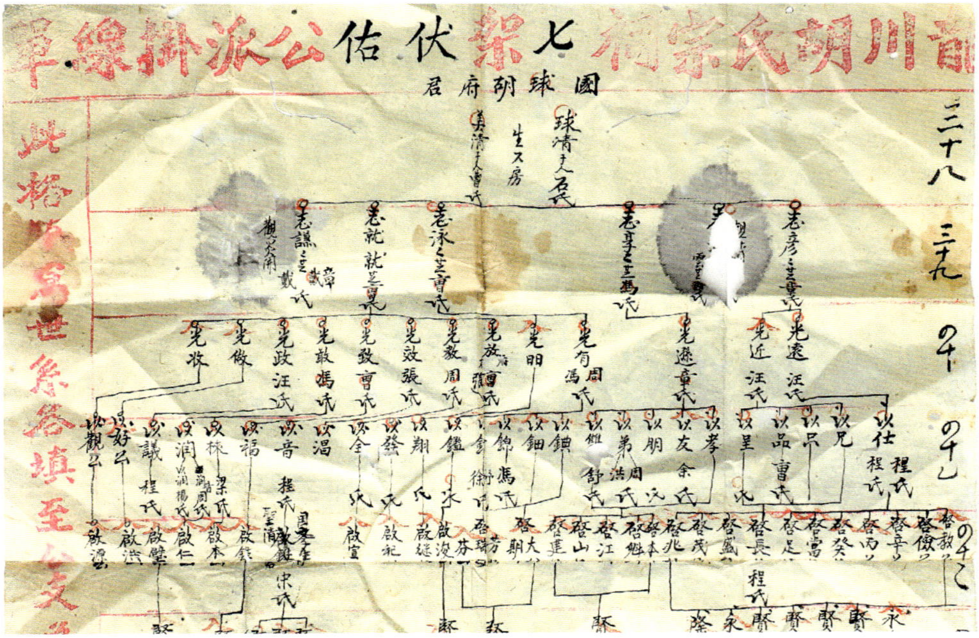

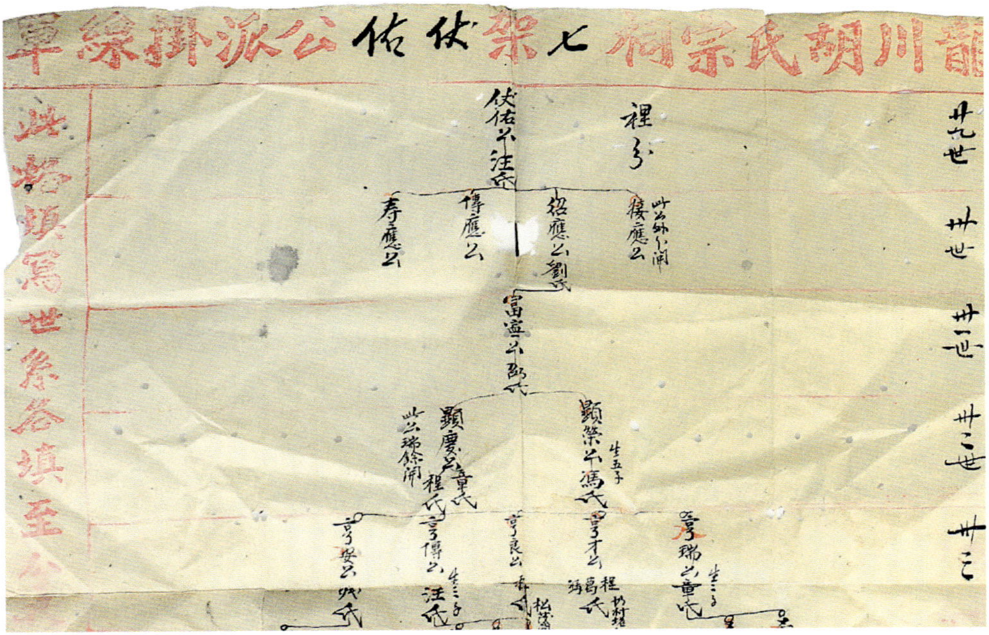

绩溪龙川胡氏确认的其支派加世系图（晚清）

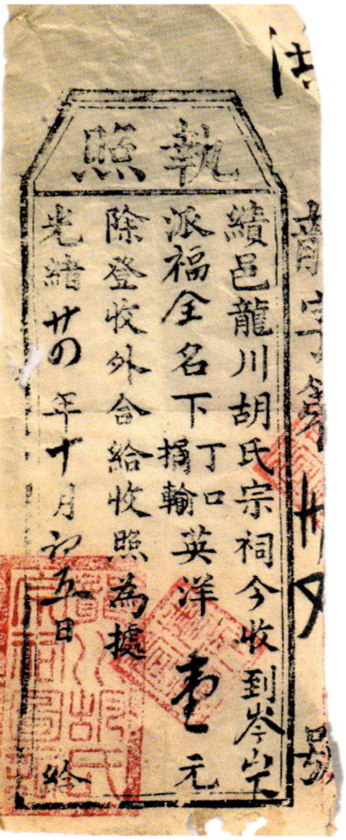

執照

績邑龍川胡氏宗祠今收到岑宐

派福全名下丁口捐輸英洋壹元

除登收外合給收照為據

光緒廿四年十月初五日 給

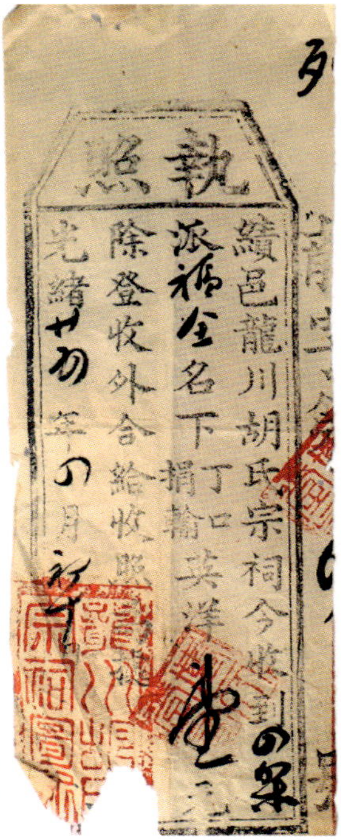

執照

績邑龍川胡氏宗祠今收到

派福全名下丁口捐輸英洋壹元

除登收外合給收照為據

光緒廿四年八月初 日

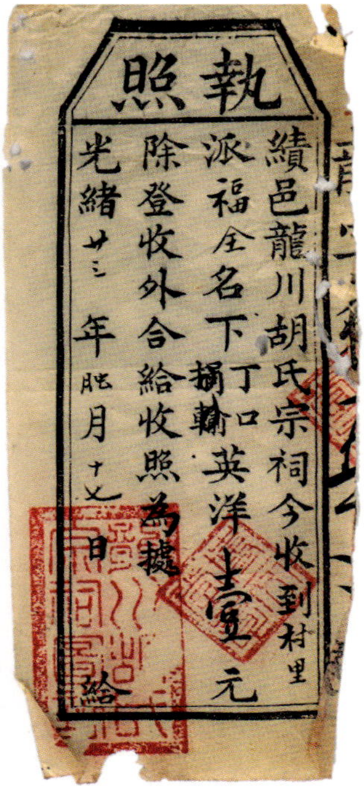

執照

績邑龍川胡氏宗祠今收到村里

派福全名下丁口捐輸英洋壹元

除登收外合給收照為據

光緒廿三年 月 日 給

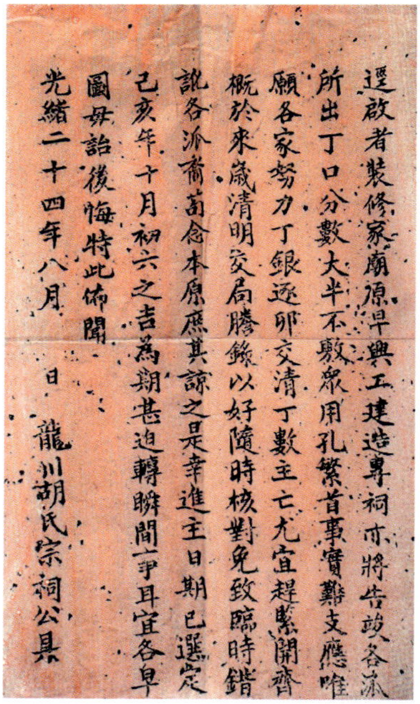

逕啟者裝修家廟原早興工建造專祠亦將告竣各派

所出丁口分數大半不敷衆用孔繁首事實難支應唯

願各家努力丁銀速卯交清丁數主亡尤宜趕緊開齊

槪於來歲清明交局謄錄以好隨時核對免致臨時錯

誤各派裔苗念本原庶其諒之是幸進主日期已選定

已亥年十月初六之吉為期甚迫轉瞬間一年耳宜各早

圖毋詒後悔特此佈聞

光緒二十四年八月 日

龍川胡氏宗祠公具

清光绪二十三年及二十四年龙川胡氏宗祠大修劝捐启事和三张收据

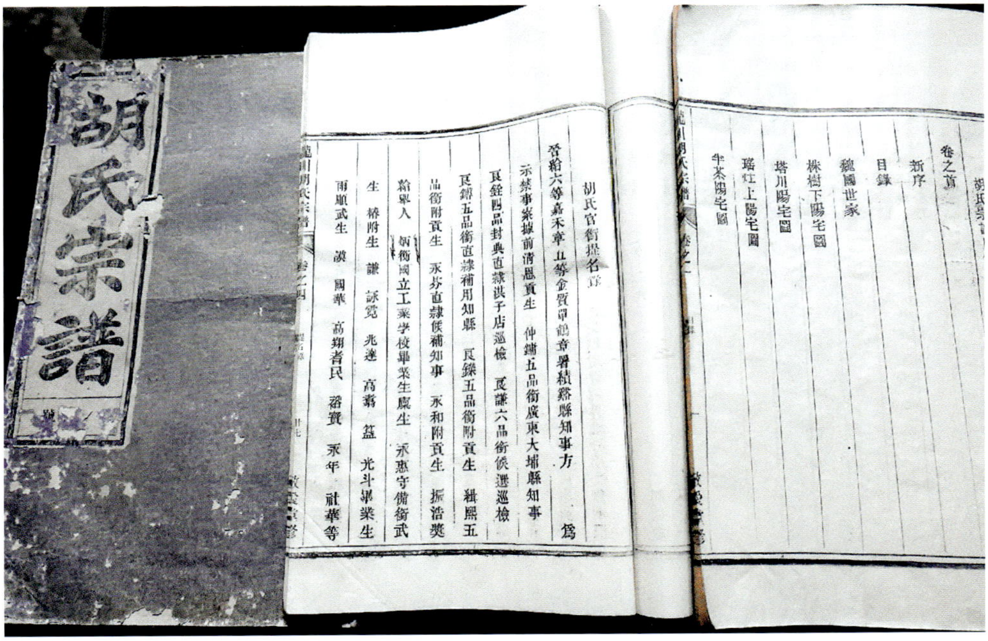

《胡氏宗谱》中录有胡炳衡学历资料的谱页

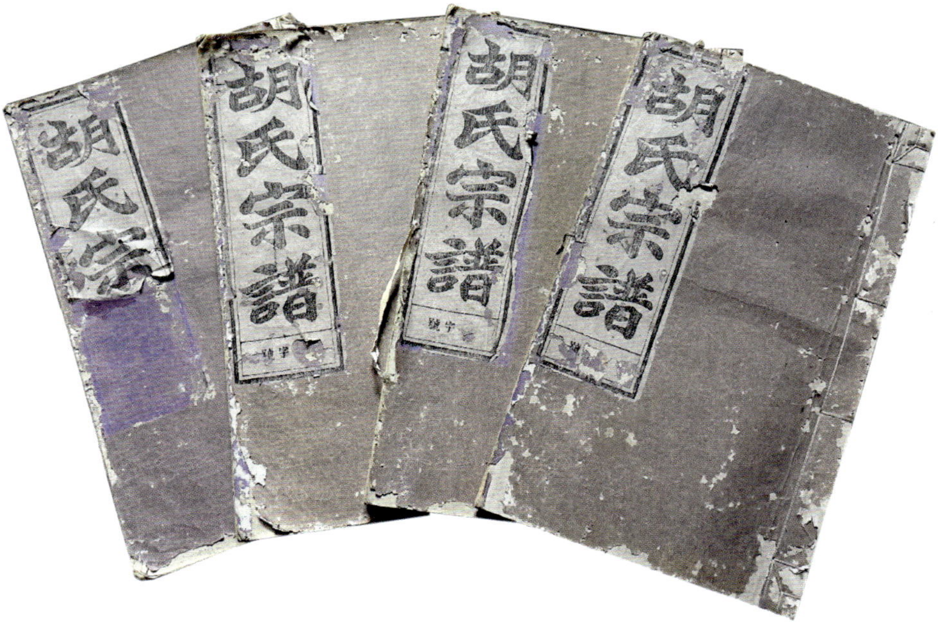

民国甲子（1924）龙川胡氏宗谱

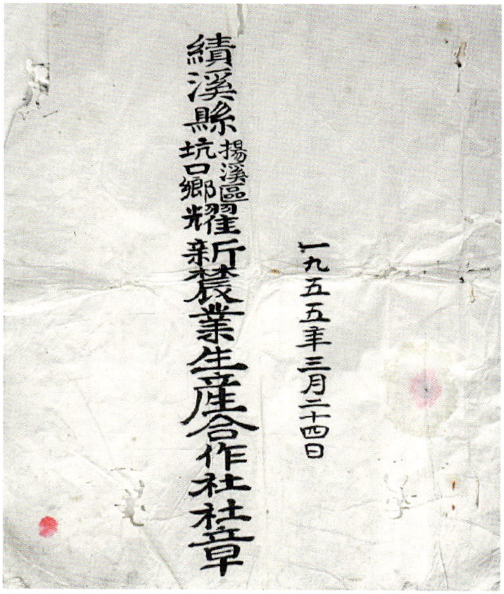
績溪縣揚溪區坑口鄉耀新農業生産合作社社章

一九五五年三月二十四日

坑口乡合作社章程

胡氏家训

古名树

龙川村委会

龙川渡口

胡氏宗祠全景

胡炳衡故居

胡氏宗祠远景

胡宗宪抗倭纪念馆、胡富纪念馆

龙川汇登源

龙川牌坊群

《龙川村史资料丛录》编委会

凡　例

一、《龙川村史资料丛录》（以下统简称资料丛录）是龙川村自东晋咸康三年（337）焱公卜居建村以来，近1700年来龙川胡氏及外迁县内外乃至省外各支派繁衍生息、开拓建树等情况的全面反映和系统总结，为首次编修。本着统今揽古、真实全面的原则，资料丛录翔实记录自东晋咸康三年（337）至2023年底龙川村发展变迁及分支外迁的概况，重点介绍新中国建立以来各方面的基本情况，充分体现时代特点和“龙川”特色。

二、资料丛录共16章。全面介绍龙川的建置沿革、划分变更、自然概况、布局特色、姓氏源流、人口变动、家风祖训、文化教育、医药卫生、徽商绩贾、特色旅游、古今人物、国保撷精、党建特色等内容，兼及本村及下辖各村本姓、友姓的介绍。

三、资料丛录记事按历史发展的时间顺序和事物性质，分类予以介绍，结构以小章平列为主。资料丛录述及龙川，历史和现今称谓如大坑口、坑口与龙川交替出现，实际上是龙川村这一村名的主流表述在不同历史时期的称谓。

四、资料丛录采用图（照片）、述、记、志、传、考等体裁，用现代汉语表述。本书概述为全志之纲，大事记是本志之经。“大事记”以编年体和纪事本末体相结合的方式介绍；分篇大都用记叙文体，一般情况直书本事，特殊情形略加阐述。

五、历史纪年方面清代和清代以前用王朝年号纪年，农历纪月并括注公元年，民国迄今用公元纪年法。

六、资料丛录取材于谱牒、县志、县档案馆资料、专著、报刊以及当事人回忆、知情人口述等，数据一般来自县、镇统计部门数据与会计报表及谱牒相关数字统计，有长期到县党史方志办、档案馆查阅相关档案的进出馆记录和查阅档案卷宗号的记录佐证。

七、资料丛录内容的定稿优化、正式出版，得到中共绩溪县委、县政府及县委宣传部，县党史方志办，瀛洲镇党委、镇政府，龙川村两委的大力支持，在此一并表示由衷感谢。

序　一

十多年前，我在徽州民间收集到一册抄本，这部题为《搜山记》的堪舆书中有一篇《龙川改迁阳址书》，其中注曰：“龙川是绩溪县大坑口地方，名龙川……”大坑口，据说因其村庄附近多黄荆灌木丛，亦称荆林里。又以穿流村庄的小河龙川，别名龙川。在徽州，“坑”是水的意思，大坑口意即水流汇聚之处，而“川”则是徽州最为常见的雅化地名词。较之俚俗的“大坑口”，“龙川”一词当然更会令人浮想联翩。但无论如何，传统时代的龙川一地，的确是人杰地灵，英才辈出。

龙川一村，以胡姓最为望族。而在绩溪境内，胡姓共有数支。明人编纂的《新安名族志》胡氏条下，绩溪县境内即列有市东、遵义坊、东门、石京（十四都）、上庄、宅坦（皆八都）、龙川坑口、东街、胡里镇和西街数派。其中，“龙川坑口”条下曰：

始祖胡焱，字子琰，原居青州濮阳县，仕晋，官至散骑常侍。大兴元年提兵镇歙州，民赖以安，朝赐之田宅，因家于新安。初居华阳镇，后以龙川山水秀丽，遂卜筑川口周家马，名曰坑口……

根据此处的记载，东晋大兴元年（318），散骑常侍胡焱镇守新安，后卜居绩溪龙川，后裔繁衍，世称“龙川胡”。

迄至今日，绩溪龙川保存有相当丰富的地表人文景观以及相关的历史文献。以地表景观遗存为例，坐落于村南登源河西岸的胡氏宗祠，落成于明嘉靖二十六年（1547），外观古朴，内饰精美，于1986年被评为省级重点文物保护单位，并在1988年成为国务院认定的全国重点文物保护单位。而附近的奕世尚书坊，则建于嘉靖四十一年（1562），系精选花岗石等凿制而成，其石坊流檐飞脊，镂空浮雕图案优美，技艺精湛，于1986年亦成为省级重点文物保护单位，2013年3月与胡炳衡宅一起被国务院公布为全国重点文物保护单位。

除了供游人观赏之外，一些文化遗存还兼具重要的学术研究价值。例如，龙川村中发现的“上乡祖社”碑刻，为明朝嘉靖五年（1526）二月朔日绩溪县知县的立石。该碑最早立于胡宗宪尚书府门前广场上，个中提及：根据洪武礼制，“每里建里社坛场一所，……每遇春秋二社，出办猪、羊祭品，依式书写祭文，率领一里人户，致祭五土五谷之神。务在诚敬丰洁，用急祈报。祭毕，就行会饮，并读抑强扶弱之词，成礼而退”。与此同时，推举约正、约副，“照依乡约事宜，置立簿籍二扇，或善或恶者，各书一籍。每月朔一会，务在劝善惩恶、兴礼恤患，以厚风俗”。接着，碑中还提及建立社学和社仓。类似的碑刻，在徽州仅见有祁门县彭龙村同年稍后的《申明乡约碑》。众所周知，嘉靖五年是徽州大规模推行乡约的年份，当时的立意，事实上反映了明代乡约最原初的动机和性质。这块碑刻的最大价值，在于深刻地揭示了民间社、会与乡约的关系。从中可见，乡约与里社、乡社、会社，本来就存在着密切的联系，这显然有助于我们更好地理解国家与地方社会的互动。

正是因为有着丰富的地表人文遗存，从某种程度上说，龙川村便成了展现徽州传统文化丰富内涵的活化石，因此，有必要对龙川村史资料做系统、深入的发掘与梳理。

绩溪宅坦村胡维平先生，为明经胡长房（胡延政）绩溪龙井派三十八世孙。他生于斯长于斯，长期关注乡土文化，近年来，围绕着胡氏村族，主编（编著）出版了一系列的著作，如《安徽胡氏总志》《绩溪胡氏志》《宅坦村志》和《考川明经胡氏志》等。此次，他又主编《龙川村史资料丛录》，令人感佩！此书全编共分16章，近十八万字，其内容则涵盖村落文化的方方面面，着力彰显龙川建村以来的历史与文化。根据维平先生在该书后记中的说明，此书是他在绩溪县档案馆收集明代以来方志、档案等相关资料编纂而成，“在体例上接近村志规范，但又不拘泥于村志规范，在内容取舍和编写编排上，比村志更加灵活宽泛”。从内容上看，该书以龙川村为主脉，概述了本村以及由该村迁往绩溪乃至全国各地的胡氏情况，对涉及的相关文献（如谱牒、文书等）做了较为系统的介绍，其中所提供的线索，为徽州宗族、移民、村落历史的进一步研究提供了富有价值的参考。

今值该书付梓前夕，维平先生征序于我，我在先睹为快的基础上，写下以上这些文字作为读后感，衷心祝贺《龙川村史资料丛录》的出版。

王振忠　2024 年盛夏于上海新江湾

（王振忠，复旦大学特聘教授，博士生导师，兼任安徽大学讲席教授）

序　二

能为《龙川村史资料丛录》（以下统简称丛录）写序，确是一件很荣光的事。尤其是我这个生于广德、长于广德，高祖又与绩溪有缘的华林胡氏的一分子，这种对绩溪乃至龙川的亲近感更加浓烈，何况据悉绩溪已有仁里、上庄等村捷足先登，正式出版村志了，我再展开一点来说，皖南就是安徽省一个盛产村志的地方，绩溪更是如此。从友朋那里获悉，近年来，绩溪县先后出版了《冯村村志》《霞水村志》《坦头村志》《余川村志》《宅坦村志》《旺川村志》《仁里村志》《瀛洲村志》《坎头村志》等。国家历史文化名城绩溪的称谓因此更血肉丰满，《龙川村史资料丛录》则是根据龙川村特有的古村文化内涵与名人资源丰厚的底蕴而"量村定录"的一种村史体裁的特例，它开辟了为一流名村编志写史的新路径，但内容既按标准村志体例编纂，又不囿于一册，它可以视新增资料的累积而有丛录的第二辑、第三辑。

龙川又称大坑口、坑口，村域面积有21.5平方公里，是安徽皖南一个建村历史已近一千七百年、文化底蕴十分深厚的名庄古村。自焱公卜居于此，龙川村虽然名人辈出，胜迹众多，但丛录不想刻意彰显，丛录的笔触倒是要着重反映一千六百多年来龙川寻常百姓繁衍生息、开拓进取、务农经商、崇文重教、行仁倡孝等的"小事"，勾勒出龙川人克难攻坚、奋发有为的精神状态。同时还以细腻的文笔介绍龙川其他下辖各村和外迁支派的变迁发展，以扩充本村内容的体量，丰富丛录的内容。但它确有它的独到之处，那就是一个村拥有两个全国重点文物保护单位，还是宣城市唯一的5A级景区，这只能说明龙川先人的杰出卓越，创造出如此骄人的文物胜迹。

细阅这近二十万字、设十六章的文稿，对我这个从事人工智能行业的人来说，很为主编胡维平贤达呕心沥血、近两年来待在绩溪档案馆为本书搜集素材而感动，如果说，当曾任村官的胡维平送我两本胡氏特色志时提出还想为编龙川村史类书尽点微力，我当时对此是否支持还是持保留的态度的，而当我很快收到他传给我的《龙川村史资料丛录》目录，尤其是通阅了丛录全部文稿时，我的态度就完全改变了！试想：一个曾经的村官能主编两百多万字的涵盖四省和本省、县、村三级的姓氏特色志与胡氏名人的专著，并正式一一出版，这是需要怎样的学养和毅力啊，何况国家对正式出版物要求又那么严谨。至于在他任内牵头筹建了安徽省最早的（可能也是迄今唯一）一家村级文化博物馆——宅坦村博物馆和近年创设全国唯一的安徽胡姓著作收藏馆的事，我就无须赘述了。

再细阅丛录，我还了解到早在抗战时1943年龙川村就有两人加入中国共产党，1949年4月，即绩溪即将迎来新中国成立曙光的那一刻就成立了中共龙川党支部，之后，龙川村党支部又在新中国成立之后历次重大社会变革中始终发挥领导核心作用，这对我教益匪浅。此外丛录还全面细致地介绍了新中国成立之后所经历的土改、互助组、合作社等历次重大农村生产关系的变革，描述之细，介绍之全，我看了都对主编禁不住啧啧称赞。总之，一部时间跨越近1700年、内容涉及龙川村政治、经济、文化、村治、民俗、家风、祖训等方面的丛录，确是一部龙川村史的百科全书，其存史、资治、教化的功能更是不言而喻的，值此丛录完稿付梓，应编委会同仁之邀，我特叨絮数语，是为序。

甲辰仲夏胡稳急就于广东深圳

序　三

能为我祖居地歙县（坤沙）的邻县绩溪的名村村志——《龙川村史资料丛录》写篇序言，我的喜悦之情是不言自明的。作为一个在国内从事数控机床研发制造四十多年的企业负责人来说，做好实业和传承弘扬优秀传统文化是并行不悖、相得益彰的。绩溪的龙川又称坑口、大坑口，它是徽州一府六县中原名族大姓迁入徽境最早的一个胡姓聚落，从始祖焱公东晋元年提兵镇守歙州，稍后卜居绩溪华阳镇荆林里计起，迄今已近1700年了。迁入新安时间之早，繁衍分布之广，新安其他名姓大族包括各友姓在内都难望其项背！这近1700年来，龙川胡氏砥砺开拓，艰苦创业，但繁衍发展在相当长一段时间里都比较迟缓，人丁的繁衍既慢又少，真正能使龙川胡氏得以中兴、形成望族的是宋代的念五公，他育七子十三孙，使龙川胡氏得以形成宗族有七架（七支）、支祠分五隅（五个支祠）的村族格局。我作为芜湖明经胡的一分子，深感编修《龙川村史资料丛录》这本书的价值和意义，这次出版的《龙川村史资料丛录》有18万字，内容基本涵盖龙川村近1700年来发展的脉络和印痕。

自2000年初我担任芜湖重型机床股份有限公司董事长、党委书记和2007年担任芜湖市工商联主席、芜湖市总商会会长以来，我先后陪同全国各地的领导和朋友到安徽皖南山区参观、考察、学习有百次之多，但每当到绩溪来参访时，我首先介绍他们去的就是龙川和胡适故居。因为龙川这个村落不仅环境优美，布局精妙，村落文化积淀十分丰厚，还获得“一村两国保”的殊荣，近年又荣膺5A级景区，仅宋元明以来，龙川村就出了十几个进士，在明代六十年间又出了两个尚书，即户部尚书胡富和兵部尚书胡宗宪，见胡亲三分，我是明经胡四十世，与绩溪胡雪岩、胡适故里的胡氏同宗同源，但尊崇胡氏名人、名村是没有地域之分的。这种皖南各胡氏之间亲近联系在国内各名姓大族中都是值得称道的。笔及于此，我联想到绩溪龙川的胡富纪念馆成为省纪委、监委确认的廉政文化教育的基地，建议写绩溪胡姓村落的历史，更要彰显先贤榜样教育后人的作用，要用足够的篇幅写好本书目前仍略显单薄的人物和家风这两个章节，以增加本书的看点！值得一提的是这本《龙川村史资料丛录》，不仅录入了以龙川村为祖居地、繁衍播迁县内的各个支派，而且也述及了从龙川迁到江西铅山和贵州毕节等地的胡氏支派，其中明代万历年间官迁贵州大方县的胡宗宪的后裔，现已繁衍成分布贵州毕节、六盘水和大方等县总人数达到两万余人的一大望族，2023 年清明，还举行了隆重的颁谱典礼，他们虽然现在跟龙川村相隔数千公里，但他们一直胸怀祖籍，心有龙川。始终以绩溪龙川胡氏的后人为荣。

与老家绩溪龙川胡氏同呼吸共命运，2017 年贵州的龙川胡氏还组团来绩溪龙川认祖归宗，更令我感到高兴的是，最近又通过主编的悉心寻访，在江西铅山的稼轩乡又发现了一支由胡宗宪之子胡琯在明代任官迁铅山的一个聚落，他们还保存着清代乾隆元年付梓的刻本谱牒，这一版本的族谱弥足珍贵，历经兵燹和战乱，近年能在龙川外迁支派中相继发现这些清代中期的刻本宗谱，将大大丰富龙川世系和姓氏来源记载的谱牒史料，很有谱牒学、民俗学和人类学研究的价值，对此，我们都应好好发掘保存。据悉，在绩溪县内，包括友姓在内的各姓村落，编写村志或名村专著并正式出版的已有五六部之多。但真正可称为村志的也不过三四家。这次正式出版《龙川村史资料丛录》，版式和体例介于名村专著和村志之间。当然自有它的可取之处和独到之处，这本 18 万字的《龙川村史资料丛录》的正式出版，让世人能初步了解龙川村近 1700 年的发展脉络和走过的历程，尤其是龙川村人在清代以后为拓展生存空间向外埠经商定居的痕迹。这对丰富徽商的历史资料也大有裨益，本书即将付梓，应编委会同仁的盛邀，我就唠唠叨叨地写上以上这么多，谨以为序。

甲辰年仲秋胡子俊（胡嗣俊）写于江城芜湖

大事记

晋

东晋咸康三年（337），镇守新安的散骑常侍胡焱从山东青州濮阳（今属河南）迁家绩溪龙川（大坑口），遂为绩溪龙川胡氏的始迁祖。

唐

永泰二年（766），分析歙县的华阳镇新设置胡姓为望族的绩溪县。

天祐二年（905），在十二都龙川建乐师寺；登源龙须（现属龙川村龙须自然村）利用龙须山盛产的檀皮制成龙须纸，曾被后唐列入贡品。

宋

南宋乾道二年（1166），绩溪龙川胡氏中兴之祖、宋提干胡念五（胡之纲）生。

南宋景定三年（1262），绩溪龙川胡思诚、绩溪县城金紫胡相等参与编修的《胡氏统宗谱》刊行，此谱主要内容现仍存清光绪版绩溪《金紫胡家谱》中。

元

陈栎（1252—1335，又名陈定宇）所著《新安大族志》在绩溪诸大族中录有龙川。

明

洪武九年（1376），名臣胡富曾祖胡德裕在龙川村创建龙峰书院。

景泰五年（1454），名臣胡富生于绩溪浒里村。

胡富，成化十四年（1478）登进士第，正德七年（1512）晋户部尚书。

正德七年（1512），名臣胡宗宪生于绩溪县龙川村。

胡宗宪，嘉靖十七年（1538）进士，嘉靖年间升任兵部尚书，《明史》收入其辑著最早确认钓鱼岛属于中国的《筹海图编》十三卷，后清廷将胡宗宪主纂的《筹海图编》录入《四库全书》。

明万历十二年间绩溪县署设十二都坑口税务大使一员。

清

道光年间，绩溪龙川胡氏胡沆源在泰兴的黄桥、靖江的季家市开设胡福源茶叶店，后由子孙发展至姜堰、泰州及上海等地茶号数爿，一直经营到新中国公私合营前。

民国

八年（1918）2月，绩溪十二都龙川创办私立中兴初级小学，有学生38人。

二十三年（1934）起，大坑口设代管岭里和中巧川保保务的龙川乡联保，联保主任为龙川人胡晓山。

三十一年（1942）春，胡炼九创办的龙川丝厂在绩溪坑口正式开业。三十二年（1943），龙川本村设十甲，有144户，计829人。

三十五年（1946）三月八日一早，新四军皖南部队60余人开进龙川，刷写革命标语，前后达两个小时，动摇了国民党在绩溪的地方统治。

中华人民共和国

1949 年 4 月，中共绩溪县伏龙乡大坑口党支部成立，同年 5 月和 9 月，中共绩溪县伏龙乡横川村党支部、伏岭乡浒里村党支部相继成立。

1951 年 3 月，绩溪县文化局在大坑口、坎头和上庄建立三个民办文化站，次年 3 月都转为公办。

1951 年 9 月 3 日晚，大坑口、浒里、横川村民召开了共有 520 多人参加的抗日战争胜利六周年庆祝大会。

1951 年 9 月，坑口村共有 445 户（含桥会土地）通过土地改革领取了土地房产所有权证。

1951 年 10 月 8 日，在坑口村王嫩木等的精心组织下，坑口全村捐献抗美援朝善款 860 万元（当时币制），超过原捐款 700 万计划的 12.3%。

1953 年 1 月 24 日，绩溪县人民银行在坑口、瑞川、镇头等村建成五个信用互助组。

1956 年 12 月 10 日，绩溪县粮食局城厢站在坑口、瀛洲等地设立 29 个分站。

1966 年 1 月，绩溪县经龙川通北村的公路建成通车，龙川村结束不通客车的历史。

1967 年至 1968 年间，抄家之风吹进龙川，除地主、富农外，村中九户小土地成分的农户也被波及，之后虽退还但有不少被抄去的物品不知所终；村造反派办公所址设在原龙川村内的少保府。

1975 年，瀛洲公社设横川（今属龙川）、坑口（龙川的别称）集体经营的木榨油坊各一个。

1982 年年底，坑口大队全部推行了家庭联产承包责任制，将原上村、红旗、东风七个生产队改为八个，原东风生产队分拆为东风一队、东风二队。

1988 年元月，绩溪龙川胡氏宗祠被列为全国重点文物保护单位。

1988 年 9 月 13 日，经绩溪县主管部门同意将龙川少保府改建为坑口村小学。

1988 年 11 月 12 日，省政府公布龙川胡氏宗祠的保护及建设控制地带。

1996 年 12 月 27 日，经过审批，坑口村民委员会创办了村集体所有的龙川有机玻璃制品总厂。

2002 年 6 月 6 日，由龙川村名医胡震来（雨田）后人创办的绩溪私立龙川雨田医院开业，医院用房近 600 平方米。

2002 年绩溪龙川迁贵州毕节胡氏后裔及其分支完成了新中国成立后的首次宗谱续修，入谱人丁一万余人，主编胡世昌。

2002 年 12 月 28 日，华阳至龙川公路拓宽工程开工典礼隆重举行。

2003 年，绩溪全县撤乡并村，瀛洲乡相邻的浒里、上横形、下横形、大坑、岭里、岭外六个自然村并入龙川行政村，人口增至 3000 余人。

2003 年 12 月 24 日，华阳至龙川公路拓宽改线工程全线建成通车。

2004 年 10 月 28 日，龙川胡炳衡宅、胡传旧居被省人民政府公布为第五批省级重点文物保护单位。

2005 年，龙川景区旅游接待中心建成，建筑面积 800 余平方米；2006 年 9 月，绩溪龙川被评为国家 AAAA 级景区。

2008 年 3 月，龙川村村级规模再次调整，岭里、岭外从龙川村划出，新成立燎原村村民委员会，龙川村辖原横川、浒里村委会和坑口村委会，共七个村民组，2300 余人，此建置一直延续至今。

2008 年春，龙川景区停车广场建成，占地面积约 10600 平方米。

2008 年 5 月 30 日，第 29 届北京奥运会奥运火炬绩溪县段传递从龙川开始，丁俊晖传递绩溪县段奥运火炬第一棒。

2008 年 8 月 14 日，龙川村作为全县五个村之一，迎来了首批高校毕业生到村任职。

2008 年 10 月 8 日，绩溪县“六个中心”“六大员”建设动员大会在瀛洲乡龙川村召开。

2011 年龙川村新建的村部大楼（党群服务中心）落成，建筑面积 1762 平方米。

2012 年 12 月 17 日，龙川村被中华人民共和国住房城乡建设部、文化部、财政部联合公布为第一批中国传统村落。

2012 年 12 月，绩溪胡姓村落——龙川被评为 5A 级景区。

2013 年 3 月绩溪龙川明代奕世尚书坊和胡炳衡宅被国务院公布为全国重点文物保护单位。

2013 年 6 月，绩溪龙川的水街被评为中国历史文化名街。

2013 年 9 月 13 日，胡锦涛携夫人刘永清回到他的祖籍地——安徽绩溪龙川村。会家乡人，喝家乡水，观家乡景。这是胡锦涛首次回到老家——绩溪龙川（据《中国新闻周刊网》2013 年 9 月 28 日报道）。

2014 年 6 月，经龙川村村民代表大会审核初步确认，共有 79 户 148 人作为贫困户上报主管部门审定确认，龙川村的扶贫工作正式实施。

2014 年 8 月，胡宗宪少保府获宣城市爱国主义教育基地荣誉称号。

2016 年 12 月上旬，龙川村 695 户农户参加了全县统一的村土地确权，并向村民颁发了土地确权证书。

2016 年 4 月，绩溪龙川的胡富纪念馆被评为安徽省级廉政教育基地；2017 年 3 月，绩溪龙川景区被评为第九批国家级风景名胜区。

2017年4月23日，毕节胡氏（明万历二十九年，胡宗宪孙辈胡起迁贵州大方县，经四百余年繁衍生息，胡起后裔分布遍及贵州毕节市、六盘水市、大方县等二市六县，有两万多人）代表到龙川寻根访祖，胡少白、胡维平接待。

2019年9月27日，龙川村入选安徽省“2019年第一批美丽乡村重点示范村”名单。

2019年12月25日，龙川村入选国家森林乡村。

2023年，龙川村申报安徽省第二批“和美乡村精品示范村”，2024年获批。

2024年11月11日，历时五年半，由龙川胡建光任续修主任的甲辰版《龙川胡氏宗谱》在龙川村举行圆谱仪式。

概　述

龙川村又称坑口、大坑口，为绩溪县瀛洲镇下辖村。

它位于绩溪县城东南 11 千米，瀛洲镇中部，由原坑口、浒里、横川 3 个村合并而成，现辖七个村民组，741 户，2300 余人。全村林地面积 2.26 万亩，水田 1396 亩，茶园 620 亩，主要经济来源是旅游经营、景点农家乐、农业和劳务输出。2014 至 2017 年共脱贫 40 户 113 人，其中 2014 年脱贫 19 户 62 人，2015 年脱贫 16 户 40 人，2016 年脱贫 4 户 10 人，2017 年脱贫 1 户 1 人，2018 年新增贫困户 0 户 0 人，实行动态管理调整后，2018 年，全村建档立卡的扶贫户有 40 户 113 人，其中已脱贫 40 户 113 人，2020 年实现新定标准后的脱贫人口已全部实现稳定脱贫。龙川村的精准扶贫单位是绩溪县招商局、龙川小学、瀛洲镇人民政府。1949 年 4 月在绩溪成立的龙川村党支部（党总支）现有共产党员 108 人，下设三个党支部。

早在东晋咸康三年（337），胡焱定居龙川村，成为龙川村胡氏始祖。龙川村东为龙峰山，村西为凤山，北有登源河，南有天马山，主要地形为山地和丘陵，是一个典型的徽州山区村落。龙川建村历史逾 1600 年，是古徽州建村历史最为长久的一个皖南古村落。早在南唐就以盛产贡纸——澄心堂纸而负盛名。

龙川村属于亚热带湿润季风气候，四季分明，春秋两季湿润温和，从高处俯瞰，整个龙川村形似一条龙舟，呈一叶扁舟形，又有“船形村”之称。船头在龙川的上村，船身和船尾在龙川的下村，主要景点有龙川胡氏宗祠、奕世尚书坊、胡炳衡宅（以上均为“国保”）、胡宗宪抗倭纪念馆、胡富纪念馆、乡贤祠、水街、进士巷等，2012 年 11 月龙川景区荣膺国家 5A 级景区。

2012 年 12 月 17 日，龙川村被中华人民共和国住房和城乡建设部、文化部、财政部联合公布为第一批中国传统村落。2019 年 9 月 27 日，龙川村入选安徽省“2019 年第一批美丽乡村重点示范村”名单。2019 年 12 月 25 日，龙川村入选国家森林乡村，现为宣城市唯一的 5A 级景区。龙川村年平均气温 15.8℃，无霜期年平均 233 天，年降水量 1520 毫米，年蒸发量为 1483 毫米。土壤类型为麻黄石红壤。

在漫长的村落发展进程中，龙川村在东晋至宋代中期这六百余年的历史中，村庄发展平缓，人口繁衍不快。到了宋代后期第二十一世念五公（念五公有田土遍及邻郡，共三万余顷，富甲徽州六邑，照田纳粟达五万石，又筑临安皇城，被南宋朝廷授都提干，赐建宅第）育七子十三孙，龙川村的人口、文化、经济等发展才步入快车道，这与龙川村最早在南宋后期才出了进士的背景吻合；在支派上形成七架，即七大支派，其中以长房六一公的一架繁衍最为兴盛，祠堂也形成一总祠五支祠，即东西南北中五隅的格局，到了明代，龙川胡氏尤以一架的六九支、七三支发展最为兴旺，相隔六十年，先后出了户部尚书胡富和兵部尚书胡宗宪，明廷御立的奕世尚书坊在 2013 年 3 月被国务院公布为全国重点文物保护单位；其次六三公的三架（支祠称北隅）人丁也比较旺盛，从宋迄清，龙川村共出了 11 个进士，还有四十多位考取功名的胡氏贤达的简历被清嘉庆《绩溪县志》录入，此外，龙川村曾共有各类牌坊（以考取功名所立的牌坊为主）22 座。其中奕世尚书坊如今还妥存。由此可见，龙川村文风之盛，考取功名者之多，是全县其他村无法望其项背的；随着龙川胡氏人口的剧增，以开族为目的迁徙也形成了高潮，龙川胡氏在绩溪县内外和毗邻的原浙江昌化县共有三十多个分支，这些支派大都续修宗谱、建过祠堂，现在在绩溪县内保留年代最久的胡氏支系图和支谱的是龙川七架胡氏的支派——高村与胡村塔胡氏，保留最罕见、珍贵的龙川胡氏宗祠文书——丁口捐收据和龙川胡氏宗祠修祠启事原件的，是高杨村的龙川四架分支——村里自然村胡氏，现保存年代最早的则是胡宗宪孙辈因官迁贵州大方县之后远迁近播繁衍遍及毕节、六盘水等二市六县的大支派妥存的，刻于清乾隆四十九年的一套胡氏宗谱；而为龙川胡氏整理辑成全套祠谱的则是龙川迁休宁洽阳的胡尔昌；宋末迄今，龙川村还有四十多人著书立说。明代就建有龙峰书院和梅林书屋。龙川人历来崇文重教，也行贾四方。明代中期，龙川先人就和仁里程氏携手在浙江衢州、寿昌与江苏南通、如皋等地开设典当铺，极一时之盛；迄至清代，龙川人及浒里人不乏水客的精英，通过地区价差获利丰厚；利用本地丰富的徽菜食材而产生的徽菜系列，龙川人及大坑人一把菜勺走天下，在上海、南京、嘉兴、杭州东南商埠开设徽菜馆，出了不少在国内有影响的名厨；此外，清代道光年间胡沆源利用做水客赚取销茶的利润进而由其子孙在三泰地区开设多爿茶叶店，是龙川人在外埠经营茶业的典范，至于龙川人靠山吃山、靠水吃水，利用汛期在登源河做放木排生意就无须赘述了。新中国成立后，一度实行严格的户籍制度，龙川人不再外出经商务工，村人多习砖、木、竹匠手艺；实行改革开放后，村人又纷纷外出打工经商，足迹几遍全国，以上海、杭州、广东为多。

龙川人养蚕的历史可追溯得更远，据资料记载有700多年。在抗战期间龙川人胡炼九还在绩溪龙川开设了首家有木制缫丝机的丝厂。村人从事手工业始于明代，盛于民国及20世纪70年代，以砖木匠为主。中华人民共和国成立前，龙川村农业一直滞留在勉强自给自足的自然经济阶段，“盐豆拌粥”也被视为奢侈。

新中国成立后，由于实行了土地改革，农业生产得到发展。20世纪50年代末60年代初，农业经济发展严重受挫，人民生活极端困难。70年代以来，龙川村学习浙江临安的经验开始种植双季稻，粮食总量明显上升，

20世纪80年代以来，随着农业规范化栽培技术的推广，粮经作物比例趋于合理，农业经济比较效益提高显著。龙川村的工业起步较晚，中华人民共和国成立初期仅有铁业、银器、酒坊、榨油、造纸等作坊。90年代初，村内办厂能人陆续在县城以私营和股份制的形式创办企业。

龙川村落的布局极具特色：双水口、来龙峰坡兼备，村址呈船形，溪河临村形如丁字，街道、村桥排布恰到好处，充分体现了人与自然高度和谐统一，为国内一些地理学专家所称道。一千六百多年来，龙川人偏安一隅，大多过着与世无争的平静生活，但晚清战乱，龙川人却饱受颠沛、食不果腹之苦，因战乱而死亡或失踪者不计其数。对此，村人胡尔昌在清同治五年为龙川胡氏整理宗祠寝室牌位、编纂祠堂的专记中有详细介绍。日军发动侵华战争后，外出经商的村人大

半回家躲避战乱，收入锐减，村民生活十分困苦。

中华人民共和国成立后，经70多年的发展，龙川村除工农业取得较大成绩外，在文教卫生、交通通信、新农村建设、扶贫帮困等方面也取得了令人瞩目的成就。机动车路网规模初具，电力、通信、有线电视网络覆盖全村，太阳能利用已经普及，别致的现代民居鳞次栉比。

2000年后，相继有多所高校在龙川村设立教习基地，研究生在此发表硕士论文多篇，使龙川村成为知名的社会科学研究基地；2006年被列入安徽省新农村建设首批示范村；2010年秋被评为中国传统村落；

抚今追昔，龙川村所走过的历程，发展和进步始终是主流，但也有挫折和失误，如今，龙川人正在党的二十大精神指引下，以更加坚实的步伐和更轩昂的雄姿砥砺前行。

目录

第一章　村落环境

第一节　建置与区划沿革

一、龙川本村

因龙川村胡氏早在东晋时期就迁居当时仍属歙县的华阳镇荆林里（大坑口），比唐代大历元年（766）才置县的绩溪早四百多年，故绩溪建县前后、唐代永泰年间前后龙川的都、里归属难以稽考。坑口位于瀛洲镇东北部，距镇政府驻地3.61千米。因村庄附近多黄荆灌木丛故得名荆林里；东晋咸康三年（337），原籍山东青州府濮阳县（现属河南）板桥村的散骑常侍胡焱爱荆林里风光旖旎，遂携家人从歙州城里迁至北野华阳镇荆林里定居，改村名为大坑口，含龙川河在该村出口注入登源河之意。因该村前有龙须山，村中有一条小溪（称川）穿村而过，故称龙川。后人认为小溪（又称坑）出口流入登源大河，故改为坑口。龙川村在不同的历史时期，大坑口、坑口、龙川的名称交替使用，现称龙川。

宋太平兴国元年（976），绩溪县定乡里名，全县10乡26里。龙川村归新安乡龙山里管辖；元代，在宋时十个乡建置的基础上又再分为十五个都，龙川又称大坑口的行政隶属归新安乡十二都；明代全县改设七个乡，清初县境又合并为三大直辖乡，龙川均属新安乡。清嘉庆十四年（1809）付梓的《绩溪县志》，在村都这一节中介绍十二都的村都时，龙川村为首村，其次是瀛洲村，十二都一共录入大小村落17个（龙川、瀛川、岱上、小油坑、龙须、喔鸟墓、横塍、王里、扁榨坦、东龙峰、孔雀坑、岭里、外坑、考坑、苦竹坑、浒里）。现属龙川村管辖的龙须、横塍（上下横形）、浒里都在其中。宣统元年（1909）6月全县裁撤直辖乡改设11个自治区，龙川划归第四区管辖。清宣统二年（1910），又改划为十一个自治区，龙川村属第八区管辖；民国初，裁自治区区划，县直辖城区和十五个都，同时设都董和村长，龙川的胡谦担任都董，至民国二十年（1931），复设五个自治区，龙川村划归第四区管辖，同时在区下设都村，民国二十年绩溪县筹建乡镇，全县设23个镇，92个乡。

民国二十一年（1932）省政府批准设四个区一个特别镇，龙川村属第一区管辖。民国二十二年（1933）编组保甲，全县设四区196保1844甲。龙川村人属第四区管辖，龙川村设龙川保；1934年全县设52个联保，相邻各保设保长联合办公处，简称联保，龙川属第四区龙川乡联保，联保办公地点设在龙川，联保主任为龙川人胡晓山，联保也办理中巧、龙麓两保保务。1939年3月，撤销联保，全县改设1镇12乡128保1369甲。以龙川村设龙川乡，治所先在龙川，后迁至瀛洲，乡名沿用，龙川仍属登原乡，1948年下半年至1949年3月这一时期，国民党在登原乡等地统治已近崩溃，大坑口实际属绩溪县民主政权伏龙乡管辖，乡长程志堂。

1949年5月8日，绩溪县全境解放，县人民政府成立。绩溪县设12个乡1个镇，大坑口作为全县159个行政村之一，属伏龙乡管辖；1950年撤乡建区，全县设七个区，作为全县147个行政村之一的坑口，称为坑口行政委员会；1951年，全县设150个行政村，区治所是设扬溪的第四区，辖扬之、东村、塘塍、西山、丛山、大坑口、瀛洲、周仙（周村）、云杨（云川、杨川）、横川、龙麓（浒里）、盘南（汪村）、梧村（梧川）巧川、孔岱、半茶，百龙（百鸟）、岭外、岭里共18个建制村，大坑口属18个建制村之一；1952年7月，第四区与全县其他区一样开始并村划乡，至同年10月份结束。第四区辖扬溪、塘塍、石街头、东村、瀛洲、大坑口、巧川、岭里、汪村、半茶十个乡，大坑口乡是第四区管辖的10个乡之一，直至1955年；在此之前，坑口村完成村（乡）农会、人民政府的筹建、土地改革、互助组和农业生产合作社的建立，其后，随着农业生产互助组、合作社运动的兴起，龙川村成立前锋农业生产合作社；1954 年的坑口乡由坑口、浒里和畔坑三个自然村组成，全乡有 345 户，其中一般户 338 户，商店户 4 户，机关学校户 3 户，全乡总人口为 1315 人，男 654 人，女 661 人。1956 年元月，由扬溪区划归城厢区管辖不久的坑口乡，乡域面积扩大，管辖人口显著增多，坑口乡下辖有汪村、岱上、野猪塘、坑口、龙坑、浒里、龙须、百鸟墓、外巧、中巧、里巧、下坑滩等村，全乡共有 584 户，2214 人。1956 年全县改设五个区，坑口改属城厢区瀛洲乡管辖；1958 年成立人民公社，坑口先属上游人民公社之后改属华阳人民公社管辖，为便于管理，上游人民公社下设四个管理区，即瀛洲、坑口、雄路、大源。1959 年全县六个人民公社改以驻地命名后，华阳人民公社也为便于管理，又设立了四个核心组，即华阳核心组、仁里核心组、雄路核心组、坑口核心组。其中，坑口核心组具体负责坑口、半茶、瀛洲、巧川、岭里、岭外六个生产大队的相关事务。1961 年绩溪、旌德两县分设，1961 年浒里从坑口大队划出另建浒里大队，坑口大队、浒里大队同属瀛洲公社管辖；同年 11 月全县 6 个人民公社分为 22 个，坑口生产大队归瀛洲人民公社管辖，1963 年全县设 22 个人民公社、183 个生产大队，坑口一直归瀛洲人民公社管辖，1965 年 7 月，撤销华阳人民公社，更名为华阳镇，全县设 1 个镇 21 个人民公社，此行政隶属关系一直延续至 20 世纪 80 年代初。1983 年政社合一的人民公社体制废置，成立乡镇，全县设 21 个乡，坑口生产大队和其时的八个生产队也分别改为村民委员会和村民小组，坑口仍属瀛洲乡。1992 年 3 月全县撤乡并镇，瀛洲乡坑口村民委员会的隶属关系未变。2003 年全县村级规模调整，原瀛洲乡的浒里、岭里、岭外三个村民委员会并入龙川行政村，人口增至 3000 余人，2006 年横川村民委员会划归龙川村管辖，龙川村人口增加 3300 多人，2008 年 3 月，龙川村村级规模再次调整，岭里、岭外从龙川村委会划出，新成立燎原村村民委员会，龙川村辖原横川村委会、浒里村委会和坑口村委会，共七个村民组，2300 余人，此区划建置一直延续至今。

二、龙川村管辖的其他村落

现属龙川村的浒里、横川两个村民组、四个自然村清代及清代以前一直属新安乡十二都管辖，迄至民国，横川、浒里均一度属瀛洲联保管辖，民国二十八年（1939）春撤销联保，改设乡（镇）保，浒里、横川共属瀛洲乡龙麓保管辖，龙须自然村清代以前多属十二都管辖。民国时期龙须与考坑、百鸟墓共属百巧保，新中国成立之初，横川村的土地改革与龙川乡一并进行，现横川村的土地房产所有权证都包含在坑口乡的土改清册中，浒里村先设乡后设村，在互助组和农业生产初级合作社筹建的1952至1955年一直属坑口乡管辖，横川乡、村则属瀛洲乡管辖，1958年成立人民公社后，浒里、横川均属城厢区华阳（上游）人民公社瀛洲大队管辖，1961年后，坑口、浒里、横川均各自设立大队，互不隶属，属瀛洲人民公社（乡）管辖，直至2003年，浒里、岭里、岭外村并入龙川村委会，2006年横川村又并入龙川村，2008年，岭里、岭外两村从龙川村划出新成立燎原村委会，龙川村辖区缩小，从2008年迄今，横川、浒里一直属瀛洲乡（2010年改为瀛洲镇）管辖，直接隶属龙川村民委员会。

第二节　村落布局

一、龙川本村

龙川村布局和选址特色

龙川村东为龙峰山，村西为凤山，北有登源河，南有天马山。村址坐落于登源河右岸一级阶地之上，依山傍水，格局呈“枕山、环水、面屏”之势。龙川以西北方的石金峰为来龙山，石金峰即石金山，宋代《新安志》载：“石金山在县东北二十五里，高六百仞，周三十里能兴云雨，时见怪物，绝顶有庵，远眺千里，曾有仙人踪迹，相传为甘露大士道场。”“南出曰龙山，龙川水出焉，有龙川洞、石鼓、石笋最奇。”从石金山延出一脉，逶迤起伏如腾飞之龙，延伸至村西起一峰，海拔趋于低缓，如凤凰落地，名凤冠山（俗称凤头山）。源于龙山的龙川水（今称龙溪）穿出龙溪山谷，流过村中，注入北来的登源河，龙川村庄建于两水合津之处。这块神奇秀丽的土地吸引了龙川胡氏先祖来此建村，更倾倒了不少文人墨客，明代万历年间安徽桐城的名士、自称飞来道人的陆海鹤来到龙川，写下了赞美龙川风水的诗句：“从来未睹石金峰，今见飞腾疑真龙。江南名族数千百，此是江南第一村。”由此可见龙川来龙山之雄奇，水口之秀美。村庄形状如龙舟的龙川分为上村与下村，上村人口较少，如龙舟之首，下村人烟众多，村庄布局恰如龙身及龙尾，这也是龙川人庙会对龙舟会情有独钟的原因。龙川胡氏从原浙江昌化礼请丁氏世居村中，这也是北京第 29 届国际奥运会绩溪县域火炬传递由丁俊晖传递首棒的“秘密”。

龙川村的民居与祠堂均坐北朝南，坐拥石金山之龙势，又纳两川之灵气，东耸龙须山的文笔冲天，西为凤凰山的丹凤落地，天龙地凤，遂能龙凤呈祥，南有天马山雄峙，石笏山万福来朝，再加上登源河水如彩带环绕村东，有村域内外两个水口。龙川村的内水口在龙川河与登源河交汇处，即龙川胡氏宗祠对面，被蕴义为“藏龙卧虎之坑”。龙川村的外水口在天马山下，登源河在天马山和石笏山的夹峙下，形成一个“S”形，构成典型的“狮象把口”形态。此外，龙川村的胡氏祠堂、奕世尚书坊、都宪坊、龙溪桥、康惠桥等主要分布在村内水街两旁，其中村内一条主要街巷为进士巷。

一方水土养一方人，龙川山川形胜，人才辈出，代有名贤。

二、龙川其他辖村

1. 浒里自然村

方姓村民占多数的浒里村与龙川村的渊源紧密，它是龙川南隅支祠宫保堂的所在地。浒里村村庄布局形如莲花，因村中有四口塘，恰似莲花的四个叶瓣，还有一条由东向西贯通全村的水渠，犹如荷杆，村中另有一口水井，犹如荷花的莲蓬。据说浒里村没有王姓村民支撑难以兴旺，故特请石金王姓村民来浒里定居，所以王姓如今就成了浒里的第三大姓了，迄今王姓定居浒里也有数百年，现有四十多人。

2. 横川自然村

现属龙川村管辖的横川自然村位于瀛洲镇的东北部，距镇政府驻地1.78千米。该村民组由上横形、下横形和大坑三个自然村构成。昔时是绩溪往十三、十四都必经的驿道，民居围绕驿道如横网一样布满山麓，民房带状排列如城，20世纪70年代后期随着县城通胡家公路的贯通，这种排列如城的民居布局更加明显，三个自然村几乎连成一村，清嘉庆《绩溪县志》称其为横城村，后谐变为横形、横川，其中上横形村民以高姓、洪姓为主，下横形村民多姓王。大坑自然村村民多为胡姓。

3. 高街、低街——龙须村布局的特色

龙须自然村建村历史早于坑口，龙须村历史上曾是一个大村庄，村庄布局也很有特色。历史有三胡、两王（汪王）、程、许、葛、戴等姓村民居于此村，村中还保留高街、低街、兴旺口头等龙须街巷名和小地名，高街、低街证实历史上龙须村街道依形就势铺设，高低错开，村庄布局很有特色。

第三节　相邻村镇

一、杞梓里镇

杞梓里镇，为黄山市歙县辖镇，地处歙县东北部，东与三阳镇、金川乡、浙江省淳安县接壤，南与歙县岔口镇毗邻，西与歙县昌溪乡、霞坑镇相连，北与宣城市绩溪县龙川村为邻，行政区域面积 163.25 平方千米。截至 2019 年末，杞梓里镇户籍人口为 28297 人，该镇是著名清代名臣王茂荫的故乡。

唐代至清代，属长乐乡；1984 年 9 月，撤销杞梓里乡设立杞梓里镇；1992 年 2 月，英坑、苏村、西村 3 乡并入杞梓里镇；1994 年 1 月，恢复苏村乡；2005 年 1 月，苏村乡（其中河政村划属霞坑镇）、唐里乡并入杞梓里镇。截至 2020 年 6 月，杞梓里镇辖 16 个行政村，镇人民政府驻杞梓里村。

2019 年，杞梓里镇有工业企业 13 个，其中规模以上企业 2 个，有营业面积超过 50 平方米的综合商店或超市 2 个。

二、瀛洲村

瀛洲村为瀛洲镇政府所在地，位于龙川村南约 3.5 公里处，紧邻龙川村的横川村民组。距绩溪县城 8 公里，该村背靠瀛山岩，面临登源水，村庄沿登源河畔公路展开，状如半月。村北山峰重叠，村南良田千亩，是一个民风淳朴、山清水秀、交通便利、徽文化底蕴深厚的千年古村。全村总面积 32 平方公里，下辖村民组 8 个，15 个自然村，现有居民 1523 户，3586 人，其中有新安江等水库移民共 191 人，是全县第三人口大村，瀛洲本村村民多章姓，始迁祖是章运，建村历史有九百多年，迁来后多次续修宗谱，2008 年再次续修宗谱，共 196 个字的章氏家训因言简意赅，2015 年秋被中纪委、国家监察部网站作为家风典范刊载；如今瀛洲村是一个以章姓为主、共有三十多个其他客姓村民（约占全村总人口的10%）和谐相处的瀛洲镇第一大村。清代及清代以前瀛洲村一直属十二都的首村，民国时期也是乡、联保的常设之村，新中国成立之后，瀛洲乡、瀛洲人民公社长期设在该村。2019年秋由章基丰主编的《瀛洲村志》付梓。村内有省保单位南川古民居建筑、章氏宗祠、章基嘉故居等。该村设党总支部1个，下设党支部5个，党员总数140余名，2004年新建建筑面积280平方米的村部大楼（村党群服务中心）。全村耕地面积3200余亩，山场面积3万余亩。村民收入主要来源为蚕桑、传统种植养殖、务工收入等。

三、燎原村

燎原村位于龙川村西部，距镇政府所在地6公里，离龙川村1.5公里。全村有356户，1052人，辖4个村民组。村民多为胡姓，岭里（步云里）是胡氏最大聚居地，属龙川胡氏一架六九公的分支，迁来后多次续修宗祠和建造支祠，共一个总祠四个支祠，现仍存民国版抄本祖宗谱两本，辈分记得有二十个字，村委会驻地在岭外汪村，因紧邻原上海三线厂——燎原厂区，故名。燎原村的前身岭里、岭外在清代以前一直属新安乡十二都管辖，民国时期仅民国二十三年（1934）至民二十八年（1939）一度与龙川联保合署办公，其余时期都是自行处理保务的岭里保常设村。新中国成立之后的1956年初至1957年春曾归坑口乡管辖，其余时期都是独自处理村务的村、乡、生产大队和村民委员会的独设村。

燎原全村有水田548亩，旱地365亩，山场面积11000余亩。2008年1月经县人民政府批准从龙川村划出成立燎原村，由原岭里村、岭外村合并而成，地处龙川河上游，村域面积约9平方公里。村设党支部1个，党员32人。2008年12月建成村级组织活动场所，建筑面积约260平方米。

四、巧川村

瀛洲镇巧川村地处龙川村偏北，距镇政府所在地5公里，距龙川村仅2公里，距县城约13公里，该村毗邻伏岭镇北村、湖村，交通主要依靠绩胡公路。该村由原里巧、中巧、外巧、百鸟4个村合并而成，现有4个自然村，3个村民小组，全村220多户，800余人。村设党支部，现有党员56人，村“两委”成员5人。

村民多姓胡，系龙川胡氏一架（六一公）六九的分支，也即与明代龙川籍的户部尚书胡富同出一宗。巧川村的龙川胡氏主要分布在里巧和中巧两个自然村，现仍存有抄本族谱1册。中巧自然村曾建胡氏宗祠，形制类似龙川胡氏宗祠，堂号“叙伦堂”。胡氏外迁分支主要在本省歙县、芜湖湾沚及浙江安吉等地，排行用字长房二房三房各取。大房排行用字有“廷元成正福，国本起光有”10个字。另经采访知，巧川胡氏不全是龙川胡，还有少量胡氏的归属待查考。清代以前巧川村属新安乡十二都管辖，民国时期为巧川保的保治所所在地，民国二十四年（1935）至民国二十八年（1939）巧川保与龙川联保合署办公，新中国成立后的1956年初至1957年春，巧川村与百鸟墓村同属龙川乡管辖，1958年建中外百大队，属上游（华阳）人民公社坑口管理区，1961年又拆分为外巧、百鸟、中巧大队，同属瀛洲人民公社。在此前后巧川村先后设过乡、村、生产大队、村民委员会。2010年瀛洲乡撤乡设镇后，巧川村一直属瀛洲镇管辖迄至今日。

巧川村村域面积约9平方公里。耕地面积298亩，茶园面积805亩，林地较多，有13082亩。农民经济收入来源主要为茶叶、毛竹、蚕桑、香菇种植及少量山核桃种植等。2003年建村部大楼（村党群服务中心），建筑面积达1150平方米。

近年来，巧川村围绕美丽乡村建设，以一事一议财政奖补项目为依托，加强了对村内环境的治理，完善了基础设施，改善了村民的生产、生活。大力实施“党建+”行动，通过“支部+合作社+农户”的形式，建立了巧川食用菌合作社，成为香菇种植第一村，通过光伏发电、集体资产出租等形式发展村集体经济。

第二章　人口

第一节　人口变动（龙川本村）

一、清代及清代以前

早在东晋咸康三年（337），常侍公胡焱就定居在当时歙县的华阳镇荆林里大坑口，迄今已有1600多年。南宋景定二年（1261）坑口首次与绩溪县城、黟县横岗等胡氏支派合修宗谱，开始有文字记载，但年代不详，人丁粗略，难以准确统计，从东晋咸康初年（337）至南宋景定初年（1260）坑口胡姓人口不过三百多人。到了清代同治初年坑口汇辑祠谱，确认村中男丁牌位就有2000多个，咸丰十年（1860）至同治三年（1864），清军和太平军激战于县境，坑口村直接死于战乱及因乱失踪者达数百人，还有许多人为躲避战乱而逃往江苏泰兴、上海及休宁等地，坑口人口下降到不足八百。据县志和谱牒记载，坑口村清代人口增长最高峰为嘉庆道光年间，全村人口曾达到近3000人。咸丰、同治年间，清军与太平军展开多年拉锯战，死于战乱和为躲避战乱而举家外迁者人数甚多，对此村人胡尔昌在清同治五年（1866）整理龙川胡氏宗祠牌位并编辑祠谱的小记中已有明显记载，清代及清代以前龙川村的人口未见有史志记载，但根据清嘉庆《绩溪县志》及2011年版的《绩溪县志》记载：清乾隆十八年（1753），绩溪全县有原额人丁一十七万一千一百四十六丁，至清嘉庆九年（1804），绩溪全县共有大小男女计一十九万三千一百六十一丁，按照这一数字对照，约占全县人口0.9% 左右的龙川村人口在清乾嘉时期当在 1800 人左右。上溯到明代洪武二十四年（1391）、嘉靖四十一年（1562），绩溪分别计有三万九千二百一十三丁、三万七百三十一丁推算，龙川村的人口在 280 人左右；再上溯至元代至元年间，绩溪有五万三千五百一十丁来推算，龙川村其时有人丁 480 人左右。宋代以后绩溪才有粗略的丁口数据，北宋天禧年间（1017—1021），绩溪有人丁 16004 人，照此推算，龙川当时的人丁仅为 140 多人，至南宋宝庆年间（1225—1227），绩溪有 9684 户，26297 人，龙川的人丁约为 240 人。

（以上数据分别引自清嘉庆《绩溪县志·食货志》户口一节 P109—110，和 2011 年《绩溪县志·人口》P147）

二、民国时期

由于经历了晚清太平天国与清军的连年拉锯仗，再加血吸病肆虐，绩溪人口从道光三十年巅峰时期的二十二万锐减至不足四万人，比郎溪、广德人口锐减的情形稍微好些，清宣统二年（1910）绩溪户籍调查时，全县人口为 93037 人，不及清道光三十年绩溪人口数的一半。龙川村有准确户籍和人口数是抗战时期的民国三十二年（1943），经统计龙川有十甲 144 户，计 829 人，占当时全县人口数不到 1%，同年龙川村所在的登原乡有 1457 户，7826 人。民国三十二年（1943），现属龙川村的浒里、横川合设的龙麓保有 5 甲，67 户，335 人，之后未见有龙川村准确的人口统计数据了。绩溪龙川胡氏族谱现存绝大多数属手抄本，很少记载龙川胡氏的迁徙、流布，但刻本的民国甲寅版的《龙川胡氏族谱》却对从株树下分迁出去的各支派胡氏记载比较详细，而且大多现今都能联系上，如现属伏岭镇的卓溪、窑灶上、芷白分支、现属瀛洲镇的半茶分支以及现属杭州市临安区岛石镇的塔川（塔下）分支等。

三、新中国建立以后

中华人民共和国成立后，最早能查到大坑口总人口及男女人数的是1951年，据该年11月第四区大坑口村各项数字统计表记载，当时坑口村居村人口是777人，232户，另有149人旅外经商或居住外地，1956年坑口村的人口就接近900人，到了1971年，坑口大队就有271户，1186人；1976年，大坑口的总人口已达到1242人，男571人，女671人，到了1983年，坑口村委会就有338户，总人口达1337人；1993年坑口村就有389户，1343人，坑口村委会户口、人数达到最高峰是1995年，共有400户，1335人，此后坑口村由于实行计划生育，加上有人因外出打工创业或外嫁，坑口村的人口呈现逐渐下降的趋势，现属龙川村管辖的浒里、横川村民组（自然村）人口的增减情况与龙川自然村相似。如：浒里村民组1963年总户数是110户，总人口396人，1973年有118户，527人；到了1995年就有171户、555人；又如：横川村民组1964年有92户，369人，1973年109户478人；1995年猛增到157户，511人。不过，由于村乡行政设置变动较多，龙川村的人口数字也因此变动较大。如1954年的坑口乡由坑口、浒里和畔坑三个自然村组成，全乡有345户，其中一般户338户，商店户4户，机关学校户3户，全乡总人口为1315人，男654人，女661人。1956年元月，由扬溪区划归城厢区管辖不久的坑口乡，乡域面积再次扩大，管辖人口显著增多，坑口乡下辖有汪村、岱上、野猪塘、坑口、龙坑、浒里、龙须、百鸟墓、外巧、中巧、里巧、下坑滩等村，全乡共有584户，2214人，这就不是坑口本村的人口数字了。龙川行政村人口数字变动不大是自2006年在浒里自然村以及之后横川自然村并入后，龙川村的人口一直保持在2300多人左右。

第二节　人口构成

大坑口村人均为汉族。人口结构伴随不同的历史时期和经济文化发展水平而有所不同。

一、大坑口本村年龄与性别构成

明清以前迄民国初期，绝大多数村民生活清苦，咸丰年间又遇战乱，平均寿命较短，生“五男二女”的“好命”家庭七存其一并不少见，40岁左右即过世也不算“短寿”。

查抗战时期的民国三十二年（1943）龙川保户籍虽始有比较准确的人口统计数据，但无男女构成的数据。

中华人民共和国成立后，最早能查到大坑口总人口及男女人数的是1951年，据该年11月第四区大坑口村各项数字统计表记载，当时坑口村居村人口是777人，在777人中，男女幼童263人（其中男童144人，女童119人），占坑口居村总人口的33.86%；男女青年126人（其中男性青年43人，女性青年83人）；青年村民占居村村民总人口的13.22%，而在126人的青年村民中，女青年占青年总数高达65.87%；男女壮年村民共187人（其中男性壮年75人，女性壮年112人）；占居村总人口的24.07%；而在这187人的居村壮年村民中，壮年女性村民占壮年村民总数的60%，这一女多男少的性别比一直延续到2000年以后才逐渐减少；男女老人197人（其中男性老人93人，女性老人104人），老人占居村总人口的25.33%。居村的777人中，男性共359人，女性共418人。在1963年，大坑口总人口893人，比1951年还少2人，其中自有原因，且男性仅372人，女521人，女比男多149人，女性占全村人口的58.34%；此后20世纪80年代初大坑口人口一直保持女多于男超过100人的态势：1965年，大坑口总户数235户，总人口963人，男420人，女543人，女比男多123人，女性占全村总人口的52.23%；1972年，大坑口总户数272户，1161人，男518人，女648人，女比男多130人，女性占大坑口总人口的55.8%；到了1976年，大坑口的总人口已达到1242人，男571人，女671人，女性比男性多100人，女性在全村总人口的占比为54%，虽然比1963年占比下降了四个多百分点，但仍然是女性较男性人数的占比高；到了20世纪80年代，大坑口女比男多的差距仍未见缩小，1980年大坑口全村有309户，1287人，其中男576人，女711人，女比男多135人，女性占全村总人数的55.24%；到了1984年，大坑口的男女人数才缩小至不足一百。是年全村有335户，1337人，男642，女695，女比男多53人，女性占全村人数的51.98%，比1963年下降了8个百分点；到了1990年，大坑口的男女村民的比例趋于平衡，是年全村389户，1361人，其中男684人，女677人，男比女多7人，到了1993年，大坑口人口1344人，男女人数均为677人，大坑口的村民人数男女性首次出现一样；到了1995年，大坑口的户数首次达到400，总人口反而有所下降，有1335人，男668人，女667人。男女比例达到平衡。以后，大坑口的人口随着外出经商、打工者的增加，人口外流现象日趋严重，全村人口逐渐下降，这种状况与本镇邻村一样。

二、龙川下辖自然村的年龄和性别构成

龙川村的浒里村民组（原浒里大队、浒里村委会）、横川村民组（原横川大队、横川村委会）与大坑口的人口女多男少的情形类似，但比例没有大坑口这么高。1963年浒里的总户数是110户，总人口396人，其中男187人，女209人，女比男多22人；到了1973年，浒里总人口为478人，共109户，其中男216人，女262人，女比男多46人，差距有点拉大，女性占全村人口的54.8%；至1992年，浒里的女比男少的人口性别比例差距缩小，是年全村共158户，总人口557人，其中男269人，女288人，女比男多19人；到了1995年，浒里人口女比男多的差距继续缩小，该年浒里的总户数171户，总人口555人，男262人，女273人，

女比男多11人，男女比例趋向平衡；横川人口的男女比例稍不同于大坑口与浒里。20世纪60年代初横川的人口也是女多男少。如1964年，横川共有92户，369人，男164人，女205人，女比男多41人，女性占全村总人口的55.56%，到了1974年，横川的人口男女比例差距缩小。这一年全村有104户，总人口479人，其中男232人，女247人，女比男多25人；到了1980年，横川村的男女比例出现了逆转，这一年横川有110户，共486人，其中男254人，女232人，男比女多22人，但到了1995年，横川村的男女比例再次逆转。是年全村总人口511人，男223人，女288人，女比男多65人，男女人数失衡，女性占全村人口的56.36%。

各年龄段的村民人数构成是反映人口结构的另一个重要视角。据1950年12月下旬填报的大坑口、浒里、横川三个村填报的人口数据表，当时大坑口村共有1138人，其中幼年、青年、壮年合计有814人，老年人共324人，幼年、青年、壮年人占全村总人口的71.5%。老年人占全村总人口的28.5%；浒里村的情况与坑口村相似，当时全村总人口359人，幼年、青年、壮年共计277人，老年人有82人，幼年、青年、壮年合计占总人口的77.4%，老年人占23.6%。人口年轻化构成较明显。

横川村当时有总人口311人，其中老年人就占有109人，幼年、青年、壮年合计有202人，老年人占全村总人口的三分之一强。即老年人占横川村总人口的35%，幼年、青年、壮年合计占总人口的65%。

龙川行政村这一女比男多的人口比例的长期出现，雄辩地证明在中华人民共和国成立后，注重提倡男女平等，重视保护妇女儿童权益带来的可喜变化，这一比率也一直持续至今。

新中国成立后，村民生活安定，全村经济发展，医疗卫生水平不断提高，人口平稳增长。1951年，龙川村水田983.4亩。1957年出现第一次生育高峰，1957年比1955年增加人口109人，1959年至1960年人口增长停滞，1963年再次出现生育高峰，创年出生人口36人的最高纪录。20世纪70年代中期以来，连年实行计划生育，人口增长趋缓，至20世纪90年代中期以后，人口自然增长率出现负数，这一趋势一直持续至今。中华人民共和国成立后，村民安居乐业，人口增速较快，1951年坑口村的人口为864人，1956年坑口村的人口就接近900人，到了1971年，坑口大队就有271户，1186人；至1983年，坑口村就有338户，总人口达1337人；1993年坑口村有389户、1343人，坑口村户口、人数达到最高峰是1995年，共有400户，1335人，此后坑口村由于有人外出打工创业或外嫁，坑口村的人口呈现逐渐下降的趋势，到了2020年以后，坑口本村人口又与20世纪50年代初期持平，仅800多人。70年代中期以来，实行严格计划生育，人口过快增长的势头得到遏制；90年代中期以来，龙川村的人口呈逐年减少态势。浒里村民组与横川村民组的人口增长变动情况与坑口村相仿：浒里村民组1973年有118户，527人；到了1995年就有171户、555人；横川村民组1973年109户478人；1995年猛增到157户，511人。

附表一　龙川（坑口）村若干年份人口情况汇总表　单位：年、人

大队名称（村民委员会）	年份	户数	总人口	男	女	出生	死亡	迁入		迁出		备注
								省内	省外	省内	省外	
坑口	1973	271	1186	536	650	25	5	5		5		
坑口	1974	277	1218	553	665	33	6	8		2		生产队7个
坑口	1975	277	1239	559	680	30	7	7		9		生产队7个
坑口	1976	279	1242	571	671	30	16	6		17		
坑口	1977	288	1256	580	676	26	13	7		6		
坑口	1978	303	1284	573	711	37	3	12		18		
坑口	1979	309	1287	576	711	15	7	20		25		
坑口	1980	309	1285	577	709	23	16	10	3	19	5	迁省外数包括总数
坑口	1983	335	1343	639	704	28	11	5		12/1		其中1人迁省外
坑口	1984	338	1337	642	695	18	5	11		30/2		其中2人迁省外
坑口	1986	345	1346	639	747	23	10	4		9	8	其中8人迁省外
坑口	1990	389	1361	684	677	16	9	5		21		
坑口	1991	389	1358	680	678	14	5	5		18		

（续表）

大队名称（村民委员会）	年份	户数	总人口	男	女	出生	死亡	迁入		迁出		备注
								省内	省外	省内	省外	
坑口	1992	389	1337	666	671	23	11	8		42		
坑口	1993	389	1343	672	672	17	8	3		5		
坑口	1994	389	1373	666	667	9	11	3		8	1	其中 1 人迁省外
坑口	1995	400	1335	668	667	12	5	3		7	1	其中 1 人迁省外

附表二　龙川行政村浒里村民组若干年份人口情况汇总表单位：年、人

大队名称（村民委员会）	年份	户数	总人口	男	女	出生	死亡	迁入	迁出	备注
浒里	1973	118	527	253	274	14	5	3	1	生产队 3 个
浒里	1974	120	528	252	276	10	9	3	3	生产队 3 个
浒里	1975	120	532	255	277	8	1	4	7	生产队 3 个
浒里	1976	128	538	260	278	12	3	3	6	
浒里	1977	135	541	259	282	9	5	5	6	
浒里	1978	136	550	261	289	18	5	2	6	
浒里	1979	141	553	265	288	11	8	7	7	
浒里	1980	145	556	266	290	9	4	6/2	8/2	
浒里	1983	140	577	286	291	7	5	1	7	生产大队均改为村委会
浒里	1984	140	581	285	296	9	4	4	4/1	其中一个迁省外
浒里	1986	145	580	280	300	5	3	2	4/2	其中 2 个迁出省外
浒里	1990	157	579	280	299	13	1	1	13	
浒里	1991	157	574	280	294	6	2	2	11	
浒里	1992	158	557	269	288	8	4	2	24	
浒里	1993	157	556	265	291	5	1	1	4	
浒里	1994	157	548	259	289	4	4	3	5	
浒里	1995	171	555	262	273	9	5	2	1	

附表三　龙川行政村横川村若干年份人口情况汇总表　单位：年、人

大队名称（村民委员会）	年份	户数	总人口	男	女	出生	死亡	迁入	迁出	备注
横川	1973	109	478	216	262	9	3	6	3	生产队 3 个
横川	1974	104	481	233	248	9	4	6	8	
横川	1975	106	479	232	247	6	4		4	
横川	1976	105	487	239	248	6	1	6	3	
横川	1977	105	483	250	233	6	10	2	2	
横川	1978	110	484	252	232	8	5	2	4	
横川	1979	115	486	254	232	4		3	5	
横川	1980	121	493	259	234	8	2	8	7	
横川	1983	121	508	265	243	8	3	1	8	生产大队均改为村委会
横川	1984	131	515	268	247	8	5	6	2	
横川	1986	148	515	270	245	5	4	5	4	
横川	1990	145	522	224	298	13	5	2	6	
横川	1991	145	526	230	296	10	3	3	6	
横川	1992	145	511	222	289	6	4	1	8	
横川	1993	145	514	224	290	3	1	2	1	
横川	1994	145	509	221	238	4	4		5	
横川	1995	157	511	223	288	2	1	4	2	

第三节　人口迁徙

一、迁徙分类

龙川胡氏的迁徙主要有以下三大形式：

一是为拓展生存空间的开族为主的迁徙，这种迁徙空间距离不大，范围也不广，主要分布在绩溪县内及毗邻绩溪的临安市（现为杭州市临安区）；迁徙支派既有宋代早期在龙川中兴之祖念五公出生之前的焱公第十三世孙胡从尚迁本县岭北庄台上的一支，但更多的是分迁龙川毗邻地区、本县岭南各都及原临安府的昌化，绝大多数是从龙川直接分迁县内外的，少数是龙川胡氏的分支再分迁其他地方的。时间跨度为明代早期至民国初年，计有三十多批次，现在清代及以前与龙川胡氏密切相关的谱牒多保存在这些县内的龙川支派中。

二是晚清为避太平天国与清军的拉锯仗迁往江苏三泰等地经商置业的支派，主要从事茶业和土杂百货，这类迁徙虽然次数不多，但在政商界影响较大，据初步统计，这支胡炳衡等兄弟祖父辈始外迁的支派经再分迁沪京等地，现有人口逾三百。

三是胡宗宪的曾孙胡起（胡桂奇之孙）于明朝万历末年，随军移贵州西部罗甸（即今贵州省大方县）在阁雅驿与归化驿之间的老塘铺（即现在的大方县双山镇）任监送文移，其后裔遂定居于此，繁衍至今，历时四百余年，丁口据 2022 年 8 月续谱时不完全统计，已逾两万余人。经数百年繁衍生息，其后裔遍及贵州毕节市、六盘水市、金沙、纳雍、赫章等县市，现已蔚成胡氏望族。这类迁徙于清康熙年间还有一次，绩溪龙川籍的胡士冕随军征战黔滇及缅甸，战功卓著，据传他们也有后裔定居遵义一带，但据居毕节等地的胡宗宪后裔去当地寻访，却未见遵义一带有他们的孑遗。

二、新中国成立前后龙川村其他途径的人口迁徙简述

新中国建立之初，由于曾实行较严格的户籍管理制度，龙川人谋生、创业、婚嫁的迁徙次数锐减，除极少数因升学、服役、任职等情形有迁徙外，其他的都是在本地务农或从事手工业等，跨县跨省的迁徙渐止。随着改革开放，龙川村人外出升学、打工、创业的日益增多，之后因在外埠购房、置业、娶亲，龙川女子因外出打工而嫁外地者日益增多，龙川迁徙又现高潮，迁往苏浙沪的较多，其次

是闽粤等省，与此同时，省内外也有不少姑娘因打工、经商而嫁入龙川，通婚圈日益扩大，这也是实行改革开放带来的可喜变化。坑口村现在村民胡姓占多数，约占93%，其次是包姓，有近20人，系荆州乡包大富因入赘龙川胡姓而迁入，其次是张姓，民国年间由伏岭六亩丘迁入龙川，现有五六人；王姓晚清年间由浙江淳安迁入，现有八九人；丁姓世居坑口，现有七八人；程姓祖辈就迁居龙川经营中药业，有六人。

第四节　人口生育

一、家庭婚姻

家庭

大坑口的家庭组合形式随着社会经济发展水平不同而不断变化。明清以前及至民国年间，数代同堂，人数超过10人的家庭不乏其例，如清代咸丰年间就出现大坑口上村胡森智、胡永和等户那样五世同堂、人口数超过60的大家庭，表现在房屋形制上是房间多、边门多、侧房多的“通转楼”（此屋现仍存，但较破旧）。

家境一般的多兄弟农户，最小儿子成家后即分家。民国中期以后，家庭结构和规模发生变化，由数代同堂的大家庭逐渐向由五六人构成的小家庭转化。中华人民共和国成立初期，儿子成家仍与父母同居为主，多子女家庭的晚辈结婚大多另立门户，与父母分开生活，一代户、二代户渐占多数，父母年老丧失生活自理能力随子女生活。20世纪90年代起尤其是2000年以来，大坑口人陪读迁居县城者日益增加，常住在村的村民逐渐减少。

婚姻

民国以前，村内胡姓恪守“同姓不通婚”的原则，但清代旅外村人娶外埠胡姓女子却有先例，此外，花钱定期“租妻”也在旅外人士（含水客）中较为时兴。20世纪40年代以来，婚姻自由渐成风气，姑表结婚已很少见，而姨表结婚仍有出现。

中华人民共和国成立后严格实行一夫一妻制，最低婚龄在20世纪50年代为男20岁，女18岁；70年代中期为婚龄男25岁，女23岁。90年代以后，由于择业和人口流动相对自由，村民离婚率有所上升，村中姑娘在省内其他县市成家甚至远嫁省外也逐渐增加，人口外流现象日渐严重。

二、人口生育

中华人民共和国成立前人口生育顺其自然，妇女初胎年龄不到20岁，直至绝育。一般生育5至7胎，多的达10胎以上。清代学者汪士铎在绩溪宅坦避难“坐馆”期间，以宅坦村等绩溪其他乡都的早婚早育、无节制生育为主要背景材料写下了著名的人口理论。那时由于医药卫生和经济条件落后，人口死亡率往往大于出生率，再加上感染时疫夭折者不在少数，故人口增长十分缓慢。

民国时期，男子旅外增多，生育子女较少，全村人口一直在七八百人左右徘徊。中华人民共和国成立后妇女初胎年龄一般在20至23岁，生育3胎以上。20世纪50年代末人口死亡率趋高，人口一度负增长。70年代中期以后，大坑口人口增长较快，到1995年全村达400户，1300多人，人口增长出现了最高峰，20世纪90年代中期以后，随着政府实行计划生育的工作力度的加大，加上村中年轻女性外流趋多，大坑口人口增长较快的势头得到遏制，2000年以后，村内人口出现过负增长。

三、计划生育

坑口大队正式实行计划生育最早始于1958年4月绩溪县计划生育委员会成

立以后，正式启动和全面布置这项工作则是1972年10月上旬绩溪县计划生育办公室向绩溪县委呈交“关于认真抓好计划生育工作的报告”，此后就拉开了包括坑口大队在内的绩溪全县抓计划生育工作的序幕，随后每村配备一个女赤脚医生协助各村开展计划生育工作，又在坑口供销社设置免费提供的避孕药具。根据现有的有限资料，1979年3月，瀛洲公社上报给绩溪县计划生育办公室的计生情况报表记载：这一年大坑口村1至3月份出生：1胎2人，3胎2人，合计共4人，怀孕人数5人，一胎怀孕1人，二胎的怀孕4人；上环有11人，人流1人，引产3人，取环3人，同年1至6月份，1胎生育2人，二胎1人，三胎以上2人，上环12人，同年大坑口大队新婚男的有6人，女的有6人。现属龙川村管辖的浒里大队，1至6月份出生4人，怀孕6人，新婚男3人；横川大队1至6月份出生4人，1979年上半年共有男2人结婚，女2人新婚。从1988年起，坑口村连续五年抓计划生育工作，并对超计划生育户实行一次性罚款。20世纪90年代中期以来，村成立计划生育服务室，配备计生专干抓计生工作，为育龄妇女提供节育措施、孕情生殖及帮贫促富工作，2000年以后，坑口村的人口出生率一直稳定在千分之六七左右，出生人口政策符合率一般都在98%左右。

龙川村施行计划生育奖扶政策始于2011年，坑口村与本市各县区各乡村实施计生的奖扶政策主要内容有：一是特扶提标政策。在2011年至2012年，根据省有关文件规定，绩溪县决定对所有奖扶对象每人每年提高标准至240元，2013年，根据伤残标准，非一女死亡标准、终身只生一个女孩的死亡标准，都按照倍增的要求分别提高到每人每年2640元、3240元和3480元。又从2014年开始伤残标准确定为：每人每年3240元，同时死亡标准不再分独女和非独女死亡，统一按每人每年4080元的标准发放。

二是奖扶提标政策。坑口村又从2013年开始，根据县市省主管部门的相关规定，对本村终生只生一个女孩的对象，每人每年奖励1560元，其他对象奖补960元。

三是奖扶扩面政策。对全县各村符合农村计生奖扶条件家庭中的一女户、二女户对象，提前五年（满55周岁）起发放奖扶资金，标准是每人每年奖励360元，截至 2015 年，绩溪县享受计划生育特扶提标对象共 164 名，享受奖扶提标终身一女对象有 217 名，享受计划生育奖扶扩面的对象共 1818 名，共发放奖扶扩面资金 65.448 万元，其中坑口村就有人享受了这一计生奖扶政策，共享受各类计生奖扶资金近一万元，在此之前，龙川村的独生子女从 2003 年就享受每人每年 60 元的保健费，至 2011 年龙川村的独生子女保健费又提高到每人每年 240 元。

第三章　姓氏源流

第一节　龙川胡氏

一、龙川胡氏溯源

龙川胡氏以东晋大兴元年（318）提兵镇守歙州后迁入绩溪大坑口（又名龙川、荆林里）的散骑常侍胡焱为始迁祖，迄今已有1600多年。焱公育三子，长子志康定居龙川，次子志宁、三子志从谱载返回原籍山东青州濮阳县板桥村（但南宋景定年间的胡氏统宗谱对龙川胡氏的始迁祖名讳、子嗣姓名、迁入时间等又持另一表述，该谱现存光绪年间绩溪《金紫胡氏家谱》古系中）。县内龙川胡氏共有4000余人，分布于大小28个村庄，主要大分支有岭里、乳坑、罗坑、高村、党坑、巧川、株树下等。迁来后，最早在南宋景定年间与徽州歙县东关、黟县横冈及本县城关的金紫胡氏等合修宗谱，之后又与本县金紫胡氏多次联修。宋代以前龙川胡氏繁衍缓慢，单传较多，迄至二十一世念五公育七子十三孙，龙川胡氏才得以中兴，胡氏世系形成七支（七架）、宗族析分五隅的格局，谱载念五公的次子六二公、五子六五公又回迁原籍青州濮阳县板桥村。各分支大都自取排行，另建祠堂（支祠）。明代出了户部尚书胡富与兵部尚书胡宗宪，村中留下两处国保单位（绩溪龙川胡氏宗祠，明代奕世尚书坊和胡炳衡宅）。

二、龙川胡氏详述

绩溪龙川胡氏以名人辈出、胜迹众多而闻名中外。兹分述如下：

1. 龙川村胡氏总世系

龙川因流经村中的溪河而名，又名坑口、大坑口。根据民国年间龙川胡氏分支株树下4卷本的《龙川胡氏族谱》卷1的编法，因常侍公胡焱以上古代世系“盖无征焉，乃仿古人阙疑之意，本之家乘参之国史，存其信而有征者，断自常侍公”，统总世系以胡焱为迁始祖，至龙川迁株树下的三十三世孙胡万通止，编为族谱的卷1，卷1之前设以新序、目录及株树下本支及迁出分支的村址图、祖像及人物行状为主要内容的卷首，龙川胡氏的旺盛、中兴始于二十一世的胡念五（之纲），他育七子十三孙，使龙川胡氏蔚成徽州望族。株树下胡氏堂号为“敬爱堂”。

2. 龙川胡氏——本系

据龙川胡氏支派株树下的民国年间《龙川胡氏族谱》主编胡缉熙谱序载：胡焱（字子琰，名福明，又名斌）原居山东濮阳板桥村大树下，拜散骑常侍。晋大兴元年，焱公提兵镇抚歙州，乡民得以安居乐业。晋帝遂赐田宅于华阳镇，之后胡焱因龙川钟灵毓秀，遂定居于荆林里金紫山前，后改名大坑口，亦称龙川。龙川胡氏世代敬祀胡焱为始祖，而祖籍地板桥村胡氏奉胡庆塾为始祖。胡焱育有三子志康、志宁、志从。志宁、志从回祖籍地板桥村，定居龙川的志康公也育三子：长子胡廷朝，次子胡廷瑾任湖南彰化县宰，三子胡廷庆隐居不仕。龙川胡氏以廷庆公一支繁衍兴旺，下传至二十一世念五公（官名之纲、字伯纪、号子仁），财多田广，捐资修筑杭州新城一半，又输粮赈济凤阳等府5万石，宋廷敕封念五公父子提干一等爵。念五公生七子：六一、六二、六三、六四、六五、六六、六七，从此形成龙川胡氏七架的宗族结构，其中一架七三支系为胡宗宪、胡炳衡一房。

附光绪年间龙川胡氏宗祠修祠劝募启事

径启者：装修家庙，原早兴工，建造专祠，亦将告竣。各派所出，丁口分数，大半不敷；众用孔繁，首事实难支应，唯愿各家努力，丁银逐卯交清丁数，主亡尤宜赶紧开齐，既于来县清明交局誊录，以好随时核对，免致临时错讹，本派裔苟念本原，其谅之是幸，进主日期已选定已亥年十月初六之吉，为期甚迫，转瞬间事耳，宜各早图，毋贻后悔，时此布闻。

光绪二十四年八月日

龙川胡氏宗祠公具

（注：该启事原件现存长安镇高杨村胡洪本处）

三、龙川本村胡氏分支的构成

龙川村的胡氏自南宋时期念五公育七子十三孙形成了七大支和五个支祠的宗族格局后，斗转星移，又经过了七八百年的历史变迁，如今的龙川本村的胡氏主要以一架和三架的胡氏后裔为主，其中世居龙川的一架七三公分支即中隅支祠（也称大宗堂，现只存少量残垣）的胡氏还有100余人，还有中隅支祠的100余人是清代中期往三泰地区经营茶业的胡树铭的嫡裔，如今分布于泰州、上海、北京等地；一架六九公的南隅即明代户部尚书胡富所在的支祠，现定居于此的龙川胡氏很少，现约八九十人，支祠宫保堂的残垣也在浒里村；在龙川村的三架即六三公的后裔人数有200多人，若包括为守祖墓而迁居湖村株树下的六三公后裔在内合计有400余人，支祠称为北隅及东隅，祭祀六三公的支祠20世纪60年代后期被拆，改建成私人住房；东隅的支祠叫思敬堂，建筑面积有100多平方米，新中国建立后改建为龙川供销社，现又辟为龙川景区的景点——乡贤祠。近据龙川上村2022年78岁的胡建朋说：现为乡贤祠的景点，据祖辈相传是坎头乡岔坑自然村的龙川胡氏分支建的，堂号叫思敬堂，属六七公的分祠，至此，现龙川本村胡氏由六一公（一架，后裔涵盖中隅、西隅和南隅）、六三公（三架，后裔的支祠称北隅）、六七公（七架后裔一支）三房的后裔的人数构成已基本厘清。由于一架（长房）曾是绩溪龙川胡氏名贤最多，人丁最旺的一族，在龙川支祠之下又设房派性质的分支祠，并取有堂号，据胡亚民教授所撰的《胡氏五忠堂溯源》介绍，这些一架为主的分支堂号有：大宗堂、五忠堂、忠敬堂、忠信堂、世恩堂、怀德堂等十余个。堂号寓意深邃，颇有品位。总之，现居龙川村的胡氏多为六一公和六三公及六七公的嫡裔，合计近 500 人。

第二节　胡氏世系

一、古系

绩溪龙川胡氏的世系分为统系、本系和分系这种划分方法也见于龙川胡氏的同宗、绩溪清光绪年间《金紫胡氏家谱》。这一划分方法最近见于民国甲子修《龙川胡氏族谱》（此谱由六三公下第二十五世万通公嫡裔为祀守其墓而迁居湖村株树下的族人所编纂）。为了祀守世祖，精于风水研究的万通公特迁居湖村株树下卜居。该谱也是在绩溪县域内迄今为止所见到的有关龙川胡氏的唯一的刻本宗谱，一套四册。该谱在阐释龙川胡氏的世系划分上提出首先要设统系，其理由是：万物本乎天，人群本乎祖，木本水源，断自肇祖，然而塚茔并无种竹书，家无石室，年湮代远，劫火相侵，断简残编，流贻绝妙；接着又阐释：胡氏出自胡公满之裔，后有常侍公（即焱公），焱公以上的远祖因年代久远，实难稽考，于是仿照古人阙疑之意，依据本族家乘记载，并参考国史，保存其信而有征的内容，以焱公为龙川胡的始祖，这并非妄删臆断，从焱公下衍至二十一世念五公编为古系。

二、统系

以念五公育七子形成龙川胡氏七架的宗族架构始，民国甲寅修《龙川胡氏族谱》以第二十二世的六一至六七七个儿子各为本支之祖，其中二十二世六三公下衍至三十三世的万通公为本系，万通公则为本系之祖；这与清光绪年间《金紫胡家谱》的世系编法一样。

三、本系

以民国甲寅敬爱堂刻本《龙川胡氏族谱》为例，从三十三世万通公下衍至民国十二年前所出生的株树下及其分支的男丁为止，列为分系，万通公为胡氏分系之祖。分系的世系（包含从株树下再分迁县内外的龙川胡氏三架即六三公的分支）民国甲寅《龙川胡氏族谱》都有详细记载。

1. 七架宗族结构

龙川胡氏繁衍至南宋年间二十一世念五公育七子十三孙，龙川胡氏才得以中兴，胡氏世系形成七支（七架）、宗族析分五隅的格局，长房六一公讳震，字元起；六二公讳镐，字元羡；六三公，讳霆，字元德；六四公讳电，字暄；六五公讳宾，字元泽；六六公讳俊，字德深；六七公讳霖，字伯玉。谱载念五公的次子六二公、五子六五公又回迁原籍青州府濮阳县板桥村，其他各分支大都自取排行，另建祠堂（支祠）从此形成龙川胡氏七架的宗族结构，其中一架七三支系为胡宗宪、胡炳衡一房，一架六九支系明代户部尚书胡富一房，现在龙川胡氏实际上是六一公（长架）、六三公（三架）后裔居多。

2. 七架中的望族大支

根据查阅民国年间的《龙川安定胡氏起富志》和清光绪年间的《龙川尚书公派胡氏支谱》以及采访村中老人获知：龙川村本村的胡氏以北隅的六三公后裔居多，主要分布在龙川的上村，有 200 多人，其次是一架（长房）六一公的后裔也比较多，六一公的后裔繁衍涵盖中隅、南隅和西隅三个支祠，南隅的后裔，主要分布在龙川的邻村浒里村。再次是以始分祖第二十五世荣一公为分祠祖的东隅(堂号称思敬堂）胡氏也不少，有 100 余人。以一言蔽之：龙川现在本村胡氏的望族属北隅、南隅及东隅，中隅因外出经商，居村的人不多。

3. 胡续高嗣

胡续高嗣具体来讲是绩溪龙川胡氏中兴之祖胡念五的第六子即六六公遵父念

五公之命过继给父亲的挚友高二公（高成宗）续嗣，时年届五十的高二公膝下无子，由念五公第六子胡浚（六六公）过继给高二公，结果胡浚未育，仍缺嗣，高二公就将独女嫁给念五公第四子六四公即胡电为妻，胡电将长子三三公以外甥过继给娘舅（高二）的形式再为高姓续嗣，念五公与高二即成了儿女亲家，这在绩溪梁安高氏宗谱（1877 年木活字刊本，以下统简称高谱）中有较为具体的记载。民国甲寅（1914）的敬爱堂《龙川胡氏族谱》（刻本）对六六公过继给高姓也有详细记载“名浚，字德深，荫提干，出继邑中高成宗为嗣，配周氏无子，摘四架（胡）电子三三为嗣，高氏也成大族”，高二在高谱中列为高氏第 16 世祖，在其谱名下有注称：“高二讳元晖，字成宗，宋泉州府教授……”

高谱中记载：三三公育四子，其中以三子六一公最为出众，六一公为高氏的 19 世祖，“讳梦济，字君楫，号晋斋，生于宋嘉泰甲子（1204）。登淳祐辛丑（1241）科进士，授河南刺史，升汝宁府守，卒于官署，高梦济也育有四子，繁衍至其曾孙辈，已形成六个分支，又经数代繁衍，终成绩溪一大望族，分布遍及绩溪县华阳镇、扬溪及歙县、宁国等地，基本恪守高胡不通婚的祖训。今绩溪龙川村管辖的横形村高姓即为龙川胡氏过继高姓娘舅的后裔，尽管他们对先世知之甚少，但龙川乡贤祠对此有详细介绍。

第三节　宗祠架构

一、全国重点文物保护单位龙川胡氏宗祠

位于现绩溪县瀛洲镇坑口村中，龙川胡氏宗祠始建于宋，明嘉靖年间大修。坐北朝南，前后三进，由影壁、平台、门楼、庭院、廊庑、尚堂、厢房、寝室、

特祭祠等九大部分构成，左侧的墙脚础石铺设从前往后呈五层六层直至八层之多，由此可见宗祠基础之坚固，属胡氏家族祭祀祖先和先贤的场所，建成后在明清两代多次举行过祠祭、越主等祠事活动。

宗祠五凤楼正上方挂有文徵明亲书的龙川胡氏宗祠的大匾，清同治五年（1866）又一次重修，族人胡尔昌还誊写了神主谱（祠谱），增建了殉难专祠，以祭祀在太平军与清军多年拉锯战中死去的族人；清光绪二十四年（1898）宗祠再次进行大修。宗祠坐北朝南，前后3进，建筑总面积1271平方米，依山带水，气势飞动。祠内装饰精美，尤以保存完好的各类木雕为最，有“徽派木雕艺术宝库”之称。龙川在明代曾出过两任尚书胡富与胡宗宪，中厅上中挂书有“宗祠”二字的匾额，1988年被列为全国重点文物保护单位。有关专家赞誉它是中国古祠一绝。

宗祠自民国以来一直是村学的所在地，新中国建立后至20世纪80年代后期一直是龙川小学的校舍，“文化大革命”中，由于师生们机智地用黄泥涂盖精美的祠雕，并写上革命标语，使龙川胡氏宗祠精美的三雕得以妥善保存。现已成为AAAAA的龙川景区的绝佳景点。

二、支祠分五隅

龙川胡氏的支祠分东南西北中五隅，即五个支祠，长房六一公后裔形成的支祠占多数。

1. 支祠堂号

与绩溪龙川胡氏“七架”的宗族构成不同，绩溪龙川胡氏的宗祠构成则是一总祠五支祠。

除总祠有准确建造年月即明嘉靖二十六年（1547）、清同治五年重修、光绪四年（1848）再次进行大修外，其他五个支祠的建造年月现都无法找到文字记载。总祠没有特别堂号，直书龙川胡氏宗祠，经查阅相关胡氏谱牒结合采访获悉：

胡宗宪和胡炳衡一支属一架（六一公为分祠祖）的中隅，堂号俗称崇善堂，亦称大宗堂（注3）；北隅（六三公为分祠祖）的堂号叫胡元在堂，其下的家族分堂号又叫蔼瑞堂、顺德堂、积善堂等（注 1），东隅堂号叫余庆堂（注 2），其下的分堂号叫思敬堂、燕诒堂等；龙川南隅支祠叫胡宫保堂，西隅叫胡六顺堂，此外，龙川村还建有专门祭祀胡宗宪的家祠叫五忠堂。龙川胡氏的大小祠堂在新中国建立之初的土改登记时，其面积和堂号也有翔实记载和多种表述。

注：（1）北隅堂号及分堂号由龙川村老协会长胡少白口述和实物同时佐证，南隅、西隅的堂号也由胡少白提供。时间为 2018 年 9 月 1 日至 3 号采访获得，下同；

（2）东隅堂号由时年 85 岁的胡社民提供；胡少白佐证；

（3）中隅堂号由时年 87 岁的胡明文提供，胡少白佐证。

（4）另据清嘉庆《绩溪县志·祀典志》载，在龙川有如下这些宗支祠："胡氏宗祠。在龙川。一支祠宫保堂，祀德裕公；一支祠五忠堂，祀襄懋公；一南安公祠，祀复公；一七架祠，祀霖公，一枢密公祠，祀思诚公；胡康惠公祠，在龙川，祀富公。"

2. 支祠现况

龙川胡氏五个支祠的现况是：中隅支祠（大宗堂）现只存残垣，濒临完全倾毁；北隅支祠因长期失修倒塌早已卖给私人建房，北隅的分支祠顺德堂的残体现仍存龙川的上村；东隅支祠的一部分在新中国建立后先改为村供销社，后又辟为旅游景点乡贤祠，南隅支祠坐落在龙川邻村浒里，现也只存部分残墙；西隅支祠在大宗堂隔壁，现在只存残址。

三、龙川胡氏宗祠档案

1. 龙川胡氏宗祠劝捐启事和收丁口捐收据

历经战乱和变故，绩溪龙川胡氏宗祠的宗祠档案资料鲜存，现只存于龙川胡氏四架分支、高杨村村里的数张龙川胡氏修祠的启事和收取丁口捐的收据。落款时间为清光绪二十三年及二十四年。劝捐启事的纸张为酱黄色，四张收据为灰白色。

2. 龙川《修祠理主牌位誊清簿》

现存于绩溪档案馆、2000年由县档案馆以不菲代价请托裱名匠对因1995年洪水浸毁严重的胡尔昌遗存的谱稿进行托裱而成，一套四册，共200余页，也称龙川《修祠理主牌位誊清簿》，该谱共录有龙川男女及“官人”牌位四千余个，辑理至龙川胡氏第四十三世的族人止。从中也可了解龙川胡氏按支祠取排行名的端倪，胡尔昌还在辑理宗祠牌位和祠谱的专记中提到了龙川胡氏在清康熙年间举行越主等的重大祠事活动，以及在同治五年专设祭祀殉难族人专祠的内容，颇有谱牒史研究价值。除此祠谱外，还有胡尔昌编修的其他六个类别的龙川胡氏支谱（含清明祭祖谱）也妥存于绩溪档案馆中。

3. 绩溪龙川胡氏宗祠X架X X公派挂线单

近年在县城发现，年代推断为清光绪中晚期，与清光绪二十四年龙川胡氏宗祠大修的时间吻合。系绩溪龙川胡氏宗祠为确认其县内外分支归属的X架公派挂线单，共两张，此挂线单左侧又加附注：“此格填写世系各填至分支为止，以便查核位__名，已发现龙川胡氏宗祠确认四都高村七架胡氏的名单：一张从第29世伏佑公始下延至第38世国珧公、国琥公等高村诸高祖；另一张从第38世国球公始至第45世敬鉴公、敬恂公止。颇具绩溪龙川胡氏宗族文化的研究价值。

4. 龙川胡氏高杨村支派的宗族档案简介

绩溪龙川外迁支派的宗祠文书遗存数长安镇高杨村最多，一共有14册，时间跨度为清同治十一年（1872）至民国三十七年（1948），这十四册宗族与私家文书中，以高村胡氏的宗祠（敦惇堂、继述堂）的宗祠档案为主，敬贤字辈的私家文书为辅，内容涉及祠堂管理、祠堂田租收支、祠山树木禁伐及私家结婚礼簿、寺庵劝捐等，开本大小不等，多数保存完整，少数残缺。具体是：同治十一年（1872）玉龙庵装塑捐输总记（开本较大）誊清一本，有残缺，章周两姓捐输较多；光绪十七年（1891）桂月惇睦堂账簿一本，有残缺；清光绪二十年（1894）胡贤松记账簿一本；光绪二十四年至民国二十年胡惇睦堂田税簿（大开本）一本；光绪二十七（1901）年至民国十七年（1928）芝记租谱一本，较厚，光绪三十二年（1906）8月订祠堂田租收支簿一本；高川敦睦堂谱，宣统三年（1911）始，至民国五年止，宗祠办祭及田租收取账一本，民国十七年（1928）胡继述堂祠堂收支账簿一本，高川胡继述堂民国十七年（1928）闰二月立的祠堂总谱一本，该谱议定宗祠管理办法及祠堂租谷收取帐；民国二十年（1931）三元会税簿一本，开本较大；民国二十八年冯氏仪谱（来往支用一本），民国二十九年（1940）胡敬慎结婚贺礼簿一本；民国三十二年（1943）3月宗祠账簿一本，民国三十四年（1945）高杨村亦政堂奠仪簿一本；民国三十七年（1948）三月合村公禁会议录一册，禁滥伐公众树木；散件若干。

第四节　龙川胡氏在绩溪县内外的分支

一、县内七个乡镇分布

绩溪共十一个乡镇，七个乡镇有龙川胡氏分布，其中以原十二都的瀛洲镇和原十三都的伏岭镇龙川胡氏的分支最多，下面依原十五都的排序对照有龙川胡氏分布的七个乡镇逐一介绍：

扬溪镇龙川胡氏不多，仅塘埄村和东村的伏坦上有三小支胡氏，人口不过300人；

原二都所在的板桥乡的龙川胡氏分支分布在蜀水村的考溪自然村，是板桥头乡唯一的龙川胡氏，有胡氏180余人，该自然村风景优美，有两处县级文物保护单位，但未见有族谱（含手抄本）保存；

长安镇的龙川胡氏有两个来源：分别分布在高杨村的高村、胡村塔、村里以及庄团村的庄川，其中高村、村里的龙川胡都保存有清代和明代崇祯年间的手抄本族谱或祖宗谱，资料比较完善，2022年秋举行了续修宗谱的颁谱仪式；庄川的龙川胡迁来时间比较早，2018 年还续修了宗谱，始迁祖胡从尚系焱公第十三世孙，早于念五公八代，全镇合计龙川胡氏有 600 余人；

华阳镇镇郊的乳川村胡氏属龙川胡氏一架六九公的分支，与胡富同出一宗，有胡氏约 700 人，现存有清光绪年间等不同版本的抄本族谱 5 套，2022 年 10 月开始续修宗谱；

瀛洲镇的龙川村是龙川胡氏的发祥地。龙川本村现有胡氏（含浒里的南隅胡氏及龙坑的七架胡氏分支）近八百人，但没有明清的刻本胡氏族谱传存，也无全村统一的排行以供取名。岭里等支派有民国手抄本族谱（祖宗谱）保存。巧川的龙川胡氏有手抄本祖宗谱，此外瀛洲村的云川、半茶、油榨坦等都是龙川胡氏的分支。人数近 2300 人（含旅外宗亲），明中期以来龙川胡未续修过联宗合族的胡氏宗谱。

伏岭镇的龙川胡氏分布于大小 13 个村庄，有 2200 余人，如北村上、下街、株树下、罗坑、德锦，大坞、桐坑等，大多支派有手抄本祖宗谱或支谱保存，宗祠重修情况较好，其中株树下胡氏还妥存一套四册的民国甲寅刻本宗谱。

家朋乡的龙川胡氏主要分布在岔坑，上、下党坑自然村，约 600 人。岔坑村和上下党坑村保存有龙川胡氏祖宗谱（族谱）手抄本，其中岔坑胡氏祖辈相传始迁祖来自四都高村。

县内七个乡镇具体分布为：

1. 华阳镇

仅五龙社区乳川（乳坑）一个自然村。

▷ 乳坑村

据查，龙川胡氏族源资料多保存在绩溪华阳镇北门外的乳坑村。采访获悉，乳坑村现有胡氏 700 多人，原形制与龙川胡氏宗祠神似的祠堂早已拆除，该村现仍妥存祖宗谱六七套，上面记载有 20 个排行用字：伯仲文永启，万士增尚邦，序德崇廷懋，书礼振家光。从第三十七世起按统一排行取名，同时析为四房，数四房人丁较多。主流说法始迁祖是第三十三世祖胡回宗，（一说始迁祖三十四世孙胡希德），虽然派衍龙川，但各建宗祠，故排行字也各自取用。另查阅光绪二十五年（1899）抄本《龙川胡氏族谱》知，龙川第三十三世祖胡回宗在明嘉靖年间从龙川迁乳坑，属一架六九公的后裔。

2. 瀛洲镇

瀛洲镇是龙川胡氏祖居地龙川村的所在乡镇，本村龙川胡氏分布较多，共有8支。

▷ **岭里村**

岭里又名步云里，属瀛洲镇燎原村管辖，现有龙川胡氏700余人，始迁祖叫胡师民，宋初从龙川迁至岭里，迄今1000多年，迁后多次续修族谱，均无存，现保留1929年手抄祖宗谱两份，排行用字为：嘉永廷其龄，承先世泽家，德厚启文光，明裕兆吉昌。这排行用字与龙川不同，1930年起取用。乳坑村原有岭里全村的胡氏宗谱，“文化大革命”中付之一炬。明末建有规模较大的胡氏宗祠，前中后三进，建筑风格近似龙川胡氏宗祠，总祠挂胡氏宗祠匾，1934年大修，总祠于20世纪80年代初拆除。同时建有4个支祠，堂号分别叫“种德堂”“善庆堂”“右支堂”和“怡怡堂”，其中“善庆堂”保存基本完好，“种德堂”只存部分。岭里胡氏明代有一支迁泾县云岭，1949年前常来岭里祭祖，据说现有1000多人，宗祠堂号叫“种德园”。

▷ **浒里村**

现村民500多人的浒里村仅有龙川胡氏100多人，其余多为方姓。浒里胡氏宗祠名“宫保堂”。明代户部尚书胡富出生于浒里，现还保存着明嘉靖四年（1525）敕建的胡富尚书牌坊。胡富出生在浒里，成长在龙川，龙川胡氏的支祠共有五隅（5个支祠），胡富属南隅，南隅排行用字为：益脉承天下，地宅应本根。胡宗宪属中隅，浒里胡氏有一支近迁绩溪北村，现有龙川胡氏100多人。又了解到，龙川村的胡和平（已逝）保存有龙川胡氏族谱，上面很可能记载有龙川胡氏排行用字。

▷ **龙川本村**

现为行政村所在地，有各姓村民800余人，其中胡姓400多人。龙川胡氏分有五隅（5个支祠），各隅大都自取排行用字，龙川保存胡氏宗谱最全者是中隅的胡美顺，人已去世，宗谱无法看到。龙川胡氏宗祠右侧的所谓丁家祠堂并非丁家的，而是胡家宗祠的特祭祠。龙川村的上村自然村现还保存六三公分支祠（北隅）的残部，残部钉挂有与湖村株树下三架分支辈分内容一样的二十个字。

▷ 瀛洲云川村

云川又称云龙坞，现属瀛洲镇瀛洲村管辖。现有龙川一架六九公分支胡氏200多人（含因经商而定居本市郎溪、江苏溧水、浙江淳安等的旅外族人）始迁祖为焱公第30世孙、也即六九公的第七世孙胡祥祖，明代正统二年（1437）从龙川始迁至半茶村之上的高丘。下传至第四代至曾任浙江余杭县令的文献公才于明嘉靖二十一年（1542）重新选择村址，定居云龙坞。迁来后于清乾隆庚戌（1790）年兴建支祠，号称敬爱堂，后支祠屡遭火灾，多次重修，排行从第30世起取用，共20个字：“祥聚正道文，应希凤社春、观周登玉炳，永震学家邦。”清道光年间云川人口达到高峰，男女族人近300口，其中男丁就有148口。明代嘉靖七年（1528）始建寝室，限于财力至清道光十二年（1832）才建成支祠中进。后又因为太平天国与清军的拉锯战，前进的续造计划告吹，至清光绪戊申年（1908）仲冬寝室才完全修建告竣，将列祖列宗的灵牌安放于寝室，老祠于2008年拆除。迁云川后在民国年间与株树下胡氏合修过宗谱，现仍存于本村胡天鹏处，不轻易示人，云龙坞建村历史迄今已逾470多年。云龙坞人经商的商埠主要有浙江淳安、宣城郎溪和江苏溧水、上海、南京、杭州、温州等地。主要经营土杂、徽菜、纸业等行业。1955年云川村有村民160多人，大型祭祖活动至1953年才停止。2003年冬，由胡汪钧、胡学善等人主修近20页的简谱，简便梳理云川世系至第46世为止，并新增第50世至69世的排行20个字，内容是：耀祖泽德宏，继世光其恩；诚辉盛昌本，润厚达宁通。”

▷ 半茶村

半茶村胡氏都是绩溪龙川胡氏的分支。该村原为行政村，现属瀛洲镇管辖。采访该村时年87岁老人胡灶寿获悉，半茶村现有胡氏200余人，半茶胡氏宗祠因破旧于2006年拆改为半茶小学，现在仅存支祠享堂部分墙基。半茶胡氏民国年间与株树下合修宗谱4册，存胡观志处。时年63岁的胡义家族迁郎溪县的就有30多人，还有迁义乌、杭州等地者。宗祠名“积善堂”。排行用字记得的有“成福元天国，梦飞振家邦”。胡灶寿少年时还去龙川胡氏宗祠祭过祖。

▷ 巧川村

巧川行政村属瀛洲镇管辖，下有里巧、中巧、外巧 3 个自然村。采访得知，巧川村胡氏主要分布在里巧和中巧两个自然村，属龙川胡六九公的分支，与龙川籍的明代户部尚书胡富同为一支。现仍存有族谱 1 册。中巧自然村曾建胡氏宗祠，规模较大，形制类似龙川胡氏宗祠，堂号“叙伦堂”。外迁分支在本省歙县、芜湖湾沚及浙江安吉等地。巧川村共有胡姓近 500 人，排行用字长房二房三房各取一字。长房排行用字有“廷元成正福，国本起光有”10 个字。至此，龙川胡氏在绩溪境内的第三大分支已经找到。另采访知，巧川胡氏不全是龙川胡，还有少量胡氏的归属待查考。（被采访人：2020 年时年 82 岁胡正武）

▷ 龙坑自然村

龙坑胡氏为谋生开山种粮，民国初期从十五都坎头的岔坑迁来龙坑，迄今已有百年，迁来时在山上先盖茅屋栖身，租邻村人家的田种，生活极端困难。该村现有二十多户，近百人，胡姓现有七十余人，辈分与岔坑一样，共八个字，属龙川胡七架四都高杨村的分支。迁来后未建过祠堂和续修过宗谱，其余为汪姓（从伏岭迁来）、章姓（从瀛洲迁来），20 世纪 80 年代前该村都用龙须的水碓。龙坑村在新中国建立后一直属坑口大队管辖，属龙坑生产队（后称村民组），现与龙须合并成一个村民组，仍归属龙川行政村。（被采访人：2022 年时年 67 岁的胡周满，79 岁汪利琴，胡观炎妻）

▷ 仙川自然村

又名仙霞坦，初称扁沙坦，后讹为扁榨坦，该村属于瀛洲村管辖。始迁祖是龙川胡六九公的嫡裔胡寄思，与户部尚书胡富同出一宗，支祠属龙川的南隅。约明代弘治年间从龙川迁来仙川，迄今已近六百年，仙川最旺盛时人口有 200 余人，迁来后未续修过宗谱，但建过支祠，20 世纪 70 年代初因失修倾毁，现只有胡氏近八十人。

3. 伏岭镇

▷ 株树下村

该支胡氏为守护龙川二十五世祖胡元龙墓而由三十三世孙胡万通携子从龙川的上村迁此而形成的聚落。在该村发现了十分珍贵的龙川胡氏刻本宗谱。株树下现仍有老屋（支祠）；族谱也妥存，排行用字是：先文茂兆，仲松永绵，洪维祖德，克正家邦，仁炎渭起，世泽延长。该村现存的《龙川胡氏族谱》为1924年版，由株树下胡绩咸等主编。该谱记载了胡炳衡的世系归属和官名学衔。该谱在龙川胡氏宗祠负责人胡缉熙控派丁侵占祠产的讼文中提到胡炳衡、胡炳华都是胡梅林（胡宗宪）的嫡裔；又在《胡氏官衔提名录》中记“胡炳衡，国立工业学校毕业生，廪生”。

▷ 桐坑村

经采访获悉，桐坑村现有龙川胡287人，三十世孙胡丑桐明正统年间从龙川迁至桐坑定居，与胡宗宪、胡炳衡同出一支。能记得的排行用字是：崇高钦德茂，万世正开祥。胡氏宗谱在本村胡社顺家，1册。胡氏宗祠名“达德堂”，现仍保存完好，功能齐备，2024年续修支谱可望刊行。

▷ 芷白村

芷白村现属伏岭镇水村行政村管辖，湖村株树下第二十九世胡心祜迁居芷白。芷白自然村村民现以章、胡两姓为主，章姓占多数，胡姓有16户80多人。芷白胡姓1924年与株树下胡氏合修宗谱，该谱有芷白分支的世系，现在还有老宗谱，在胡爱春家保管，排行用字是：承福缘天国，蒙惠振家邦；赐恩钦达义，顾泽永安康。自第四十六世起启用。最近采访获知，原村中保存的数十本宗谱被管谱人卖掉。芷白胡氏因人才、钱财限制，未建祠堂，但有老屋，民国中期圮毁。该村水口林保存基本完好，树种为黄连木，即黄连茶。（被采访人：70岁胡裕隆，69岁胡汉忠。2021年9月5日）

▷ 大坞村

大坞自然村现属伏岭镇水村管辖。采访获悉，大坞自然村胡氏现有200余人，基本上属于胡氏聚居村，均是从绩溪县燎原村岭里自然村迁来，属于绩溪龙川胡氏的分支，迁始祖是龙川胡三十八世孙胡细芳，迄今已200余年。迁居大坞后从第四十一世代按排行用字取名，至今繁衍到五十二世“厚”字辈。排行用字与岭里村基本一样。

老排行用字有“嘉永廷其龄，承先世泽家”10个。1930年祠堂越主时续取排行用字10个：德厚启荣光，明裕兆吉昌。2015年冬胡世民等人发起重修胡氏支祠，2016年在老祠旧址上重修的支祠竣工，简单装饰后开始摆放先人灵牌，大坞支祠无堂号。迁大坞后于民国晚期修过宗谱，现无存，但祖宗谱尚存不少。大坞村原有三层水口林，古木参天，浓荫蔽日。（被采访人：73岁胡世忠。2021年9月5日补充采访60岁胡世民）

▷ 卓溪村

胡氏卓溪自然村现属伏岭镇伏岭村管辖，卓溪又称卓川，始迁祖是龙川胡氏第三十一世胡福应，经采访现年87岁的胡松有和58岁的胡孝成得知，卓溪胡姓现有20余户近百人，1924年与株树下胡氏合修过《龙川胡氏宗谱》，现无存，但祖宗谱几乎家家都有，也建过宗祠，“文化大革命”后拆除。1949年后胡松有的父亲还带他去株树下村祭扫过祖墓。

▷ 罗坑村

罗坑自然村现属伏岭镇伏岭村管辖。据绩溪三奇士之一邵作舟光绪八年（1882）为罗坑胡氏所写的谱序云，罗坑胡氏迁自龙川村的上村，属龙川胡氏长架六一公的嫡裔，始迁祖是六一公七世孙胡关富，元代迁往罗坑；之后又从罗坑分迁本镇的际下、七亩丘、大障及家朋逍遥等村，合计共有龙川胡氏460余人，其中罗坑胡氏有200余人。罗坑胡氏宗祠始建于明中期，重修于道光二十九年（1849），焚毁于太平天国战火，光绪年间重建，2016年大修。宗祠堂号名“光裕堂”，排行用字有“有余积德，淳良诚广厚，祥寿兆群英”14个字。胡氏宗祠的享堂现已安放先人灵牌。罗坑迁逍遥的分支有十几户50余人，宗祠名“爱敬堂”。

▷ 德锦村

汪、胡两姓村民居多数的德锦自然村，总人口500余人，属伏岭镇石川村管辖的自然村。经采访并阅览胡庆荣珍藏的1910年祖宗谱知，德锦胡氏嘉庆年间从绩溪龙川村迁来，迄今200余年。迁始祖是胡焱第四十一世孙胡言德，现有龙川胡氏200余人，原建于道光年间的宗祠名“敬德堂”，族众捐资，于2017年春重修，2018年元旦告竣。宗祠挂长联：“基开锦里水源木本溯龙川；派衍虞廷瓜绵杭聊垂燕翼。”已恢复摆放神主、祭祀先人等功能。迁德锦后未续修过宗谱，但祖宗谱尚有几本，德锦支脉四十一世到六十世的排行字为：有承文士铭，廷天德庆余，春云开呈玉，国泰永安宁。

▷ 北村上街

北村上街胡氏是绩溪龙川胡氏的分支，清初从绩溪龙川迁北村上街自然村，迄今已有200多年，现共有龙川胡氏150余人，繁衍至四十八世。迁来北村后与龙川合修过宗谱，4册成套，原有宗谱由胡锡琪保管，现无存。迁上街后建过两个支祠，其中一个堂号名“复兴裕堂”，均在“文化大革命”中被拆毁。上街村背后有山湾叫坑口湾，按祭祖惯例上午在本村祭祖，下午在龙川祭祖。迁来北村后另取16个排行用字：国恩共荣，世传忠志；承先敦本，懋德昭仁。（被采访人：时年73岁的胡维树）

▷ 北村下街

北村下街胡氏属绩溪龙川胡氏分支，现有龙川胡氏180余人，明初从龙川迁来，始迁祖为龙川胡氏第三十四世孙胡起鹍，属长架六九支一脉，与明代户部尚书胡富同出一宗，迄今350多年。迁来北村下街后下传15代左右，未修过宗谱。建有胡氏祠堂，名“合德堂”，惜于“文化大革命”中被拆毁。迁北村下街后另取排行用字16个：敬福仲兴，世传忠志，承先敦本，懋德昭仁。从四十三世起取用。下街胡氏保存有光绪十年（1884）珍贵家乘资料，内载宋庆历四年（1044）龙川胡氏的析产阄书，2000年胡兴甫牵头修宗谱，谱稿基本完成，2024年下半年宗谱已付梓。（被采访人：75岁的胡兴甫。时间：2024年）

▷ 际下村

际下自然村属伏岭镇湖村管辖。际下龙川胡氏总迁自湖村分迁自胡家村窑灶上，至诚字辈已下传14代，现已下传18代左右，迁入时间当为清初，迄今360多年，始迁祖名讳待考。排行用字共10个：淳良诚广厚，祥瑞笔群英。现有胡氏150余人，祠堂在瀛洲镇浒里，仅存残垣。胡广渡存有两种祖宗谱，分别为1935年和1943年手抄本，世系当时记载至四十四世。（被采访人：时年78岁胡广渡，2021年8月7日）

▷ 胡家村窑灶上

属胡家村管辖，该村胡氏为龙川胡氏分支。2018年8月9日采访窑灶上村，时年89岁的胡灶高、64岁的胡广洲获知，本镇株树下村胡氏三十一世胡寿安、胡志安兄弟迁十四都窑灶上，先定居柏枝树下，稍后迁窑灶上，宗祠堂号名“达德堂”。现有龙川胡100多人，其中窑灶村80余人，迁西坑自然村和临溪镇的有二三十人。迁本村后建有支祠，支祠下堂失火焚毁，支祠上堂2015年倒塌，宗谱仍有4本，存于定居杭州的胡绩廷处，排行用字共20个，与祖居地株树下一样。

▷ 胡家村横形自然村

属胡家村管辖，俞、郑、方、胡诸姓氏村民共居。现胡姓有八九户近60人，明正德年间从龙川迁入桐坑村，属龙川胡氏一架三十世孙丑桐公的后裔，排行用字同桐坑胡氏：崇高钦德茂，万世正开祥。族谱现存桐坑自然村胡社顺家，1册。宗祠堂号与桐坑支祠一样名“达德堂”，桐坑支祠现完好，目前已开始存放先人牌位。（被采访人：80岁胡松云，2021年8月15日）

4. 长安镇

▷ 高杨村

高杨村的高村与胡村塔两个自然村胡氏也是龙川胡氏的重要分支。高杨村所属高村、胡村塔两个自然村的胡氏都是龙川胡，各有胡氏200多人。1949年前，高杨村人还去龙川村胡氏宗祠祭祖。高村共有伏佑公、庆应公、节应公大小宗祠3个，都在大包干前后拆毁。排行用字10个：志光以启贤，能敬禹之道。1949年前，龙川胡氏修宗祠还到高村、胡村塔等村募集捐款，每人5角（半块银洋）。查嘉庆抄本《高村胡氏族谱》得知，高村胡氏是龙川念五公第7个儿子胡六七的后裔、第二十九世孙胡伏佑始迁高村，建村历史500余年，繁衍近20代。

▷ 庄川村

庄川自然村古名翚阳村，属长安镇管辖。该村胡氏与龙川胡氏同宗同源，但不属龙川胡氏念五公直系分支。庄川胡氏现有120余人，始迁祖是胡焱第十三世孙胡从尚，比龙川胡氏中兴之祖胡念五早八代。迁来后多次续修宗谱，但仅存胡铭新堂抄本支谱1册。2018年底续修付梓的族谱为1册本，主编胡善知。重录男女排行用字各32个，男排行用字：忠惠启永，家兆荣昌；立志元善，廷士为先；允修文德，以正友邦；百传宏大，瑞庆明良。女排行用字：清娇枝娥，音芝姬淑；媖顺柔嘉，贞静和睦；容乃端妍，体其庄肃；有美称贤，芬芳敬祝。迁来后建有祠堂，名“敦本堂”，毁于20世纪60年代后期。

▷ 高杨村村里自然村

属长安镇高杨村管辖，有胡氏120余人（含迁县城与县外者），属绩溪龙川胡氏岭山下派也即龙川胡氏四架分支（以1897年龙川胡氏宗祠开具的丁口捐收据为凭）。清初从龙川迁至四都琴山下村里，始迁祖是龙川三十二世孙胡乐清（胡惠济），迄今300多年，下传十六七代（至四十八世）。民国前村里胡氏一直参加龙川（大坑口）胡氏祭祖。迁后续修过族谱，为光绪年间手抄本祖宗谱，现村里胡氏还存有四五个版本的祖宗谱。排行用字根据祖宗谱推算，从第三十一世起始用“愈、惠、天、儒、世、尚、惟、士、应、文、光、忠、志、明”这14个字，四十五世起，取名未按排行用字。迁后也建过支祠（老屋），20世纪50年代初失修圮毁，现存祠堂石阶七级，堂号为善余堂。（被采访人：65岁胡洪本。时间：2021年8月12日）

5. 扬溪镇

▷ 东村新川、伏坦上

新川自然村（又名新屋下）与伏坦上自然村均属扬溪镇东村管辖，该两村的胡氏均属龙川胡氏，为六一公下六九公支的后裔，始迁祖是龙川胡氏第三十世孙胡多寿，清代雍正初期迁入，迄今300多年。现两村共有胡氏200余人，迁来后均建有老屋（支祠），也续修过族谱，均毁于20世纪60年代后期，连祠堂堂号和排行用字都已失传。现繁衍至第五十一代，拟与龙川村合修宗谱。

▷ 塘埲村胡家

塘埲村现有胡、陈、冯、姚、洪等姓氏，分 5 个村民组。胡氏为一个村民组，近百人，属绩溪龙川胡氏分支，始迁祖系第二十九世祖胡承恒，清中后期从绩溪龙川迁来，下传八九代，迄今近 200 年。现始迁祖葬墓仍保存完好。塘埲胡善记家保存有 2002 年修祖宗谱，据谱载，第二十九世以后的排行用字为“承、正、光、启、达、德、树、祥”。该村胡氏迁来后建有支祠（老屋），20 世纪 60 年代初期倒塌。（被采访人：胡有顺，72 岁。2021 年 9 月 19 日、25 日在胡善记家采访了其邵姓妻子，并查看了她保存的祖宗谱）

6. 家朋（坎头）乡

▷ 家朋村岔坑

岔坑自然村属家朋乡家朋村管辖，算上 1949 年前散居省内外的族人，有 380 多人，属绩溪龙川胡分支，清代乾隆中期迁来，始迁祖是龙川胡氏三十六世孙胡日华，自绩溪四都高杨村分迁十五都岔坑，迄今 250 多年，已下传 14—15 代。建有支祠（老屋），常挂祖宗像，老屋于 2005 年前后倒塌。迁来后修过抄本族谱 1 册，排行用字为“惟、士、应、文、光、忠、志、明”8 个字。迁居本县的有高村、楼下、宁国阴木山等地。（被采访人：80 岁胡和生。时间：2019 年）

▷ 党坑村

党坑村的胡氏分布在上下党坑两个自然村，都属家朋乡党坑村管辖，现共有胡氏 220 多人，属绩溪龙川胡氏分支。龙川胡氏第二十九世孙安童公的第三子长应公迁十五都上党坑及浙江昌化桥岭脚，至三十一世浩恩公始迁下党坑。下党坑民国以前存在的老屋（支祠）称龙泉支祠，2000 年拆除重建。上党坑旧祠堂保护较好，2000 年初重建，挂善庆堂匾，排行用字：受庆道良广，宗荣梧喜文，友寄启尚学，裕殿永高安。上党坑也存有抄本族谱。

7. 板桥头乡

▷ 蜀水村考溪

考溪自然村属蜀水村管辖，现有总人口 300 多人，为胡江两姓为主的多姓共居村，其中胡姓有 180 余人。祖辈相传胡氏属绩溪龙川胡的分支，新中国成立前考溪胡氏还常去龙川胡氏宗祠祭祖。据考证，考溪胡氏在清代道光年间从龙川迁来，原有族谱为手抄本，1册，“文化大革命”中被毁，能记得的排行用字为“光登志祥”4字。迁来后建有老屋，先建在背阴处，人丁不旺，后重建在村朝阳处，书胡氏支祠匾，20世纪90年代初拆祠堂改建为学校。（被采访人：77岁胡祥发，83岁胡茂发。时间：2020年9月）

二、县外省内

1. 迁居徽州区光明村一支

西坑自然村属徽州区富溪乡光明村管辖，西坑现有胡氏200余人，始迁祖叫胡善祥，为龙川胡氏39世孙，晚清因烧炭迁来西坑，现已繁衍十余代，有200多年，迁来后未建过祠堂，宗族堂号叫敦义堂，也未续修过宗谱，但有祖宗谱，辈分记得有八个字。

2. 龙川胡氏迁休宁洽阳、五城一支

原属休宁的洽阳现为黄山市屯溪区黎阳镇洽阳社区。该支胡氏的始迁祖是龙川人胡尔昌的高祖，具体什么时间从绩溪龙川迁往休宁洽阳及始迁祖名讳有待稽考。据胡尔昌编修于清同治四年（1865）的《韵绍香山支谱》记载：迁休宁的龙川胡氏与龙川籍的明代户部尚书胡富同出一宗，都是六九公的嫡裔，该支谱共38页，1—30世有15页，从第31世起另编的《支祖尚书公谱》有11页，在此之后又设启祐公支图、莲洲公世系图，共13页，世系图的谱主行状中介绍了太平天国与清军拉锯战对洽阳村胡氏所造成的严重劫难，有近百族人死于这一拉锯战，据绩溪县档案馆负责人20世纪90年代后期采访该村时，有胡氏七百多人，现况有待亲访才能了解透彻。

三、绩溪龙川胡氏迁外省的支派

1. 浙江省杭州市临安区的分支

▷ 岛石村下塔

下塔自然村属杭州市临安区岛石镇岛石村管辖，现有胡氏300余人，属绩溪龙川胡氏株树下三架的分支，始迁祖是龙川胡氏第三十五世孙胡毓美，现已下传15—16代，约康熙晚期从绩溪迁来，迄今已有300多年。迁来后多次续修宗谱，最近一次续修族谱是民国十三年（1924）与绩溪株树下胡氏合修的，为刻本，一套四册。迁来岛石下塔后每年都去绩溪龙川祭祖，近年人数更屡有增加。迁来后曾建有三进式支祠，面积400多平方米，20世纪90年代初被拆，堂号“世美堂”。排行用字从三十五世毓美始取用“维文伯明自廷高华玉国家”，至四十七世起就无排行字可取用了。（被采访人：胡文雪，70岁；胡占正，67岁；胡四平，58岁。时间：2021年10月12日）

▷ 茶亭村马川

马川自然村又称马头坞，属杭州市临安区岛石镇茶亭村管辖，现有胡氏70余人，为绩溪迁来的龙川胡分支。据岛石老支书胡利钧讲，当时从龙川迁来六兄弟，始迁祖名胡如渤，为绩溪龙川胡氏第三十九世孙，迄今200多年。迁来后未续修过宗谱，现存宗谱资料均从老谱头手抄来，但有自第四十三世起取用的20字排行用字：天成昭运绪，建立启荣标；协德承嘉瑞，崇隆景圣朝。迁来后与同村周姓合建过共用的二层结构支祠，20世纪80年代初改建为一层的公用老屋，挂过胡宗宪像，因失真，近年取下。该村现保存有临安历史建筑——建于清咸丰四年（1854）的马川村社庙。该村还有明经胡约30人，迁自绩溪瀛洲镇大坑。（被采访人：胡凌云，65岁。采访时间：2021年10月12日）

▷ 岛石村

岛石村属临安区岛石镇管辖，现为胡、程、方、汪、帅等多姓共居村，合计村民800余人。胡姓约400人（不包括从岛石再分迁出的各小支），均为绩溪龙川胡氏的分支，属龙川胡氏六七公（七架）的嫡裔，从岛石再分迁的小支派有：

岛石村的江婆坦，有100多人；仁里村店川有60多人；岛石村新二村小川自然村有20余人。

岛石本村、江婆坦、仁里村店川胡氏共用30个字的排行：文良明自先，龙应遇仁元；秉正维高厚，贤能起顺昌；家庭敦友爱，安乐永同康。始迁祖是龙川胡氏第二十六世孙，名胡万七（万七公），南宋晚期从绩溪迁来，迄今800余年。民国以前每年清明都去绩溪龙川祭祖，近些年也基本上每年都去绩溪龙川祭祖。迁来后于明清两代都单独续修过族谱、手抄本，都在“文化大革命”中烧毁。上述各支胡氏中，数仁里村的店川新续族谱工作走在岛石村胡氏其他各支前列。迁来后建过支祠，岛石的胡家祠堂建于咸丰初年，现大多保存完好。建筑面积300多平方米的“玉德堂”，建筑面积200多平方米的“世荣堂”，近年通过公修民助方式加以修缮，并张挂临安区各乡村的历史建筑和文物保护单位展牌。铁坞胡氏的支祠堂号叫“顺德堂”。

2. 龙川胡氏迁黔的分支

贵州毕节市各县（区）分布胡宗宪四世孙胡起后裔支系。

绩溪龙川的胡宗宪曾孙（桂奇之孙）胡起，于明朝万历末年，随军移贵州西部罗甸鬼国（即今贵州省大方县）在阁雅驿与归化驿之间的老塘铺（即现在的大方县双山镇）监送文移。

定居后繁衍至今，历时四百余年，丁口据2022年8月续修宗谱时不完全统计，已逾两万余人。胡起后裔入黔后繁衍分布的具体情况是：

毕节市的大方县约八千人；织金县约四千人；

毕节市七星关区有四千人，黔西县约两千人，赫章县约四百人，金沙县约三百人，纳雍县约三百人，贵阳市清镇约三百人，水城约二百人，移居到其他地区合计共有五百人。入黔后多次续修宗谱。

起公六世孙胡廷元依据乾隆四十九年版本又续修过宗谱一次，主要是补上入黔后的丁口。乾隆四十九年胡氏宗谱的内容安排是：

卷一内容包括谱序、世系；卷二内容包括家族文化、春秋祭祀、祝词、祠规等；卷三、卷四主要是诰、敕封、人物传记（宗宪公传为主）。胡起公入黔以来取用的字派是：

起，良，应，维。

朝，廷，思，永，忠，仁，贤，万，世，显，臣，光，

祖，先，祥，文，发，远，开，圣，泽，声，名，嘉，

彦，启，金，天。

现已繁衍到十七世的字派，即祖字辈。

迄至民国时期，由胡起公八世孙胡永通补录了丁口。后又有胡起公十世孙胡玉仁、十一世孙胡熙贤等组织欲再次续修，终因交通、经济原因续谱未果。

到了 2002 年由胡起公十三世孙胡世昌主编续修了 2002 版宗谱，为一册本，后又于 2002 年 8 月由胡世昌任主编对宗谱又一次续修，即壬寅版，也是一册本。由于受经济等原因的制约，绩溪龙川迁黔的胡氏家族未能建有祠堂，也未定有堂号。

3. 绩溪龙川胡氏十世孙胡琯官迁铅山稼轩乡山头村支派

绩溪龙川胡氏九世祖梅林公之子琯于明季以迪功郎任官于江西铅山县，赴任时携志赜、志善、志亮三子同赴铅山官署，因见铅山鹅湖东乡的嵩山秀美，梅溪潆洄，怡然有泉石之乐，便从绩溪十二都龙川的冠盖之乡，卜居于稼轩之山头村，迄今已近六百年，迁来后多次续修宗谱，现仍保存在清乾隆元年迁铅山的胡宗宪后人续修的刻本宗谱，现定居稼轩乡山头村及从山头村再近迁远播的龙川胡氏人数待查，迁来后也建有祠堂，因历经战乱失修而圮毁。

4. 清代中后期赴江苏三泰地区业茶定居当地的分支

这支胡氏的始迁祖是胡沇茂、胡沇源等兄弟，清道光晚期及胡沇茂后裔为避太平军与清军拉锯战而赴泰县、姜堰等地经营茶业和五洋百货业，其后裔大部分定居于此，并从此地开枝散叶再迁居京、沪、宁、渝等地，粗略统计有沇茂、沇源的后裔近三百人，定居姜堰的龙川胡氏胡炳仁家的正屋中曾挂有五忠堂匾，也曾藏有“五忠堂”家谱，与在泰县、姜堰经营茶叶的胡炳衡等堂兄弟来往密切。2019 年胡炳仁的嫡孙胡锦绶还与胡锦文孙辈胡亚民合撰了《胡氏五忠堂溯源》的小册子，系统地阐释龙川胡氏五忠堂的渊源。

第六节 龙川其他各村姓氏源流简述

一、龙须自然村

龙须现有 140 多人，明经胡长房胡延政的嫡裔有百余人，其余为汪姓、程姓、方姓，建村历史号称达 1800 年，原浒里方姓的教师因在龙须任教定居龙须，龙须村曾有开复式班的小学，只有一个方姓老师，胡渭萍（女，64 岁）曾在龙须小学读到五年级，龙须村也曾设有水碓，四个脱臼，附设磨面的磨坊，20 世纪 70 年代初随着机动（电动）碾米机、榨油机普及而弃用；村中也曾开有小店，因人少生意差现早已关歇。胡姓现仍保存有建筑面积 300 多平方米的祠堂残垣，族谱早已无存，而只有三四十人的汪姓近年利用旧民居改设小支祠，未署写祠名，但已陈放先人的牌位。（被采访人：2022 年 8 月 6 日 86 岁的胡灶贵，64 岁的胡渭萍（女）；60 岁的胡小木，2022 年 8 月）

二、大坑村

横川村民组的大坑自然村系明经胡长房胡百禄嫡裔的聚居地，祖辈相传迁自本镇的龙须，现有人口 200 多人，胡氏支祠叫敦本堂，新中国成立之初的土改时，共有瓦房 6 间的祠堂由胡世甫登记代管，祠堂前另有面积 0.6 亩的祠堂坦一块，2022 年初夏完成了宗谱的续修。该村现有保存清康熙版的《考川明经胡氏宗谱》一套，共八册，为抄本。

三、横川高氏、洪氏及王氏

现横川村民组的上横形自然村村民现多为高姓及洪姓，上横形的高姓分迁于伏岭的祝山，总属龙川胡氏六六公胡续高嗣的后裔，高姓共有 200 余人，该村的原住民为洪姓，现洪姓人口约 150 人。但横川洪姓是绩溪洪姓的主要祖居地，绩溪岭南岭北大多洪姓分支始分于横川。新中国成立之初土改时上横形由代管人登记的洪氏宗祠共有 8 间瓦房，是上横形乃至横川最大的祠堂，民国以前他们也举办太子会，太子庙会只在太子会堂里举办，不巡村抬游。新中国成立之初土改时有 3 间瓦房的高氏支祠及一间瓦房的太子堂，就充分佐证了这一点；下横形自然村的村民原住居民为汪姓，现为王姓、朱姓等村民为主，人口近百人，新中国成立之初下横形还保存有 6 间瓦房的王氏支祠，由王灶富登记代管，村庄横网山麓，民房排列如城，故清嘉庆《绩溪县志》称其为横城村，后谐变为横形、横川，也即由上横形、下横形、大坑三个自然村组成横川村。

四、浒里自然村

位于瀛洲镇东北部，距镇政府驻地 3.22 千米，因村庄在登源河东岸，龙须山主峰西麓，浒含水边之意，故名。20 世纪 50 年代初至后期一直属坑口乡、坑口大队管辖，2003 年后再次并入龙川村的浒里自然村是一个新中国成立以来生产大队（村委会）机构驻在之村，该村的村民由方姓、胡姓、王姓等组成，一共有 500 多人，其中方姓由浙江桐庐白云源迁入该村，迄今已有一千多年，该村现保存有最早建于明代嘉靖六年（1527）的方氏祠堂，2021 年夏重新进行了修复，祠堂有六七百平方米，堂号叫思敬堂，现已公布为绩溪县文物保护单位。其次是胡姓，都是龙川胡氏的分支，准确地说，是明代户部尚书胡富的嫡裔，有近百人，即龙川胡氏南隅的嫡裔，迁入浒里的时间比方姓更早。极少数是民国初期从县城迁入的金紫胡氏。建于明代嘉靖初年的宫保堂牌坊现仍保存完好，为县级文物保护单位。（被采访人：时年 87 岁的方如高，69 岁的王和平。时间：2022 年 7 月）

五、龙坑自然村

龙坑胡氏为谋生开山种粮，民国初期从十五都的岔坑迁来龙坑，迄今已有百年，迁来时先盖茅屋栖身，租邻村人家的田种，生活极端困难。该村现有三十多户，共一百余人，胡姓现有八十余人，辈分与岔坑一样，共八个字，属龙川胡七架四都高杨村的分支。迁来后未建过祠堂和续修过宗谱，其余为汪姓（从伏岭迁来）、章姓（从瀛洲迁来），20 世纪 80 年代前全村都用龙须的水碓。龙坑村新中国建立后一直属坑口大队管辖，属龙坑生产队（后称村民组），现与龙须合并成一个村民组，仍归属龙川行政村。

龙坑位于瀛洲镇北偏东北部，距镇政府驻地 5.39 千米。因有水蜿蜒似蛟龙游行于峡谷，注入登源河，故名。（被采访人：67 岁的胡周满，79 年汪利琴，胡观炎妻。时间：2022 年）

第四章　谱牒文化

第一节　龙川本村谱牒藏存与县内外分支编修的谱牒选介

一、龙川本村谱牒藏存

龙川胡氏的族谱保存于龙川村中和县档案馆中的为数不多，主要有胡肇麟家藏的编撰于清光绪三年（1877）的《龙川尚书公派胡氏支谱》。此谱共22页，从12页起为世系卷，世系续记到第44世为止。其次是编撰于民国丁卯（1927）年撰的《龙川安定胡氏起富志》，世系记载从一世至第四十八世美利公为止，此谱称胡宗宪娶妻妾七人，育三子，其中有一子迁居浙江。载称东隅的思敬堂始分祖是二十五世荣一公；一架长房的后裔分布有中南西三隅（三个支祠）；另1993年龙川人胡美顺（后改为胡增顺）也编有《龙川胡氏统宗世系图谱·支祖大宗堂派世系图谱》《龙川胡氏族谱序·累世修葺录·历代功名录》等手抄本家乘，这些家乘保存于绩溪档案馆。

此外，龙川胡氏在南宋景定二年（1261）与绩溪县城的金紫胡、歙县东关胡及黟县横冈胡合修的《胡氏源流统宗谱》现只保存于清光绪末年(1907)的刻本《金紫胡家谱》的古系（卷一）中，该谱将链公编为一世祖，焱公为三世祖，和焱公与念五公的子嗣与龙川胡氏后来编纂的抄本家乘、祖宗谱迥异，对龙川胡氏始迁祖的表述也另有其人，但在附表里又录有坑口胡氏族谱对始迁祖认定为焱公、念五公育七子等与景定年间宗谱的不同表述，故对龙川胡氏先世的研究很有价值。坑口胡氏（始迁祖是链公十世孙胡文祥）、黟县横冈胡氏、歙县东关胡氏以该谱认定的始迁祖起，另编有支谱。

二、县内外分支编修的谱牒选介

龙川胡氏的胡氏宗谱不管是手抄本，还是刻印本，不管是明清时期的手抄善本，还是民国时期的刻本、抄本支谱，绝大多数都是珍藏于龙川胡氏近迁于县内乃至省外的支派中。

1. 清代嘉庆以前的支谱、支系图

（1）明崇祯年间胡氏支系图

均藏存于龙川胡氏明代洪武年间迁往四都高杨村的七架支派中。明代支系图共 20 余张，有残损，编绘于明崇祯十年（1637），由三十六世孙胡裁御作序。

（2）清嘉庆六年胡氏家谱

手抄本，共 30 多页，世系记载至高村、胡村塔的龙川胡氏第 44 世止，由汪钰作序，保存比较完整。

2. 乳川光绪年间龙川胡氏族谱

共分为同朝代的四个版本。

《乳川胡博文堂龙川胡氏支谱》为抄本，由乳川龙川胡氏第四十六世胡邦澍抄录于清光绪二十五年（1899），乳川第四十八世孙胡德文、胡德远补充完善，此谱系记载乳川的龙川胡氏的支谱，属一架六九公支派，录入世系至第四十七世止，全谱共 160 余页。

《乳川叙伦堂长房胡氏支谱》也称《长房追远》。由四十七世胡序贤辑定于清光绪二十四年（1898）的乳川叙伦堂胡氏《长房追远》的支谱共 68 页，世系记载从一世祖焱公开始，一直延续到第四十七世胡序铭为止。该谱注明社牙公生五子，其中第五子胡禄寿失传，另外四子当为乳川叙伦堂胡氏的房派之祖。此谱也有晚清太平军与清军拉锯战乳川族人被掳去未归的记载。

《叙伦堂祖先谱》清光绪十四年(1888)由四房胡邦贵编辑。该谱一共有14页，从一世祖胡焱即常侍公开始，到四十八世胡德财结束，属乳川四房的支谱，是现在乳川胡氏存世最早的胡氏支谱。

《清光绪二十年乳川叙伦堂胡氏支谱》也属乳川第四房的支谱，现由胡灶顺珍藏。该谱正反一共有88页，支谱后面也录有数页支系图。值得一提的是该谱第十四世开始记载高祖的世系，在介绍到第三十三世高祖回宗时载明胡回宗是乳川胡氏的始迁祖，世系记载到第四十七世胡序源为止，然后又在该谱后几页记载了四房房祖福寿公及五个儿子大多数下衍到第四十七世序字辈族人的支系图，其中胡尚煜一户还记载到了当代胡杰、胡强等小字辈，这为厘清四房各支的直支世系提供了谱牒依据，颇有价值。

3. 民国甲寅敬爱堂《龙川胡氏族谱》

由龙川三架（六三公）迁株树下胡氏编修，主编是胡绩咸，刻本，一套四册，该谱在介绍胡炳衡、胡炳华世系归属时确认为胡宗宪的嫡裔，此谱也是绩溪县域内唯一的刻本宗谱。

4. 绩溪龙川迁江西铅山分支乾隆年间族谱

为清乾隆元年刻本族谱。确载绩溪龙川三十六世孙即胡宗宪之孙胡琯携三子官迁铅山县而后卜居稼轩乡山头村的经过。

5. 乾隆年间《胡氏宗谱》

乾隆四十九年由因任官迁贵州毕节、大定等地的胡宗宪的曾孙胡起后裔编修，一套四册，有残损。分卷一，卷二，卷三，卷四。

卷一内容包括谱序，世系；

卷二内容包括家族文化、春秋祭祀祝词、祠规等；

卷三、卷四是诰、敕封、人物传记，主要是录载宗宪公传。此谱虽有破损，但十分珍贵。其他未介绍的龙川胡氏外迁支派支谱详见龙川胡氏外迁支派现存族谱汇总表。

6. 同治年间抄本《胡氏统宗族谱》

该谱主要记载县内一支龙川胡氏的世系，一共有56页，内容主要有：赐进

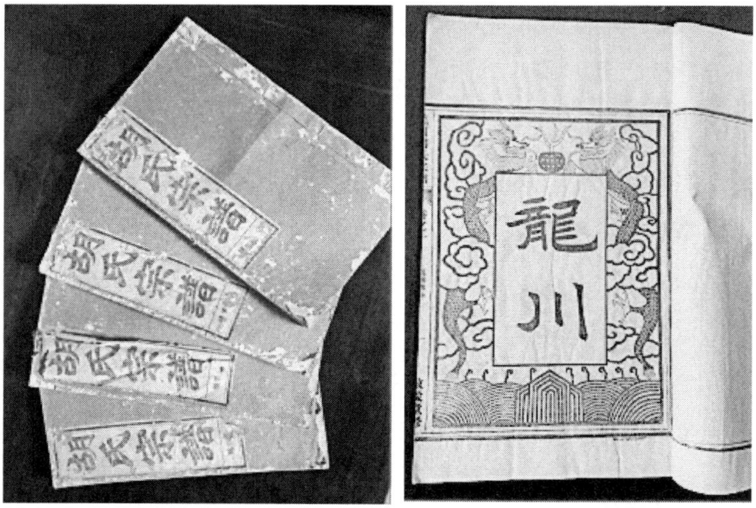

民国甲寅刻本绩溪《龙川胡氏族谱》一套四册
（该谱署名录入了胡炳衡的学历和龙川胡氏族派归属）

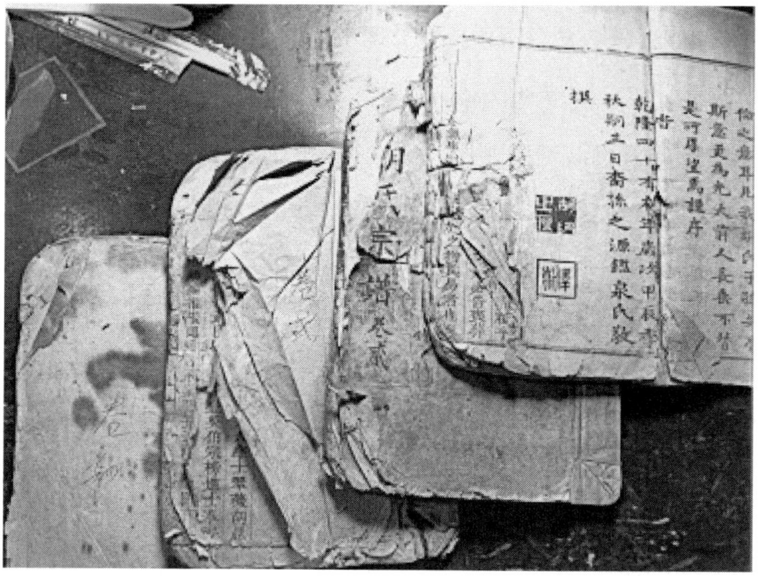

清乾隆四十九年（1784），由因官迁贵州毕节等地的胡宗宪曾孙胡起后裔编修的《胡氏宗谱》一套四册，这是迄今存世最早与绩溪龙川胡氏密切相关的宗谱刻本

士左丞相眘生程元凤撰写于南宋景定二年（1261）的谱序一篇，明洪武三年九月胡桂、胡椿署名的供报一份，胡链与胡焱的肖像各一副，其余内容是与龙川胡氏密切相关的，认定胡链为一世祖，胡焱为三世祖，世系排列从一世一直往下记载到第四十五世为止。该谱简单地介绍谱主的婚娶、子嗣、世次及迁徙等内容，以男性为主，从介绍的支派地域以十三都伏岭为主，从介绍谱主简历所记载的朝代最迟为清同治壬戌年（1862）四月，推断该谱为清同治本，绩溪县档案馆收藏有该谱的复印本。

7. 胡氏宗谱（龙川胡）

2023 年清明在贵州省大方县举行颁谱庆典。该谱由胡世昌主编，有 1468 页。共设十章，依次为序言、源流、婚娶没葬配适、宅落冢墓、字派等共十章，首章之前另设卷首篇，共 39 页，占篇幅最多的是第三章的婚娶没葬配适篇，从第 90 页起，至第 1380 页止，共有 1290 余页，也是当代绩溪龙川胡宗宪嫡裔迁贵州大方等地族人最感兴趣最有获得感的一章。

第二节　南宋景定年间《胡氏统宗谱》与修谱述略

一、南宋景定年间《胡氏统宗谱》

宗谱记载，绩溪龙川胡氏最早在南宋景定年间与绩溪县城金紫胡、歙县东关胡、黟县横岗胡等较早迁入新安的诸支胡氏合修宗谱，名《胡氏统宗谱》。龙川胡氏第二十八世（景定年间宗谱所排世次）孙思诚公参与了南宋景定年间宗谱的编修。至明代，龙川籍名官显臣胡富、胡宗明、胡宗宪有志续修宗谱，均因故未果。胡宗宪嘉靖年间卷入严嵩案冤死狱中，龙川胡氏深受影响，至清代也未能续修成联宗合族的刻本宗谱。另根据洪少锋编著的《望族的故乡——龙川》（合肥工业大学出版社 2005 年 4 月出版）记载：明万历十九年（1591）年应邀参加绩溪龙川胡氏朝廷颁诏赐谥的大礼时，歙县名臣许国写于同年的《胡氏族谱序》（新颁表勋）中，说到从东晋常侍公胡焱到明代胡宗宪，中间一共有 34 世，其中龙川胡氏一共已续修过六次族谱：首修于太师魏国公思谦公；二修于晋郡宪仕仪公；三修于陈枢密使子荣公；四修于宋提干念五公；五修于宋继大学允年公；第六次踵修于宋教授竹训公。但后人经过对修谱人年代与官名等分析，认为疑窦很多，实难确认。故龙川胡氏明清以降在介绍龙川胡氏历代修谱情况时只认定南宋景定二年（1261）龙川人胡思诚与县城金紫胡氏胡相等合修的《胡氏统宗源流谱》为龙川胡氏编修最早的谱牒。

表 1　南宋景定二年（1261）胡氏源流谱总世系（据光绪绩溪金紫胡氏宗谱古系（卷一）整理）

世次	名字	简介	子嗣	备注
一世（总32）	链	字汝仁，出知庐州，官兵部尚书，夫人汪氏，三子。	抜、抗、提	世居青州濮阳板桥村
二世（33）	抜（3—1）	以子焱贵，赠散骑常侍，夫人唐氏，子三：焱、烨、焕。烨行状未详。	焱、烨、焕	胡链长子
	抗（3—2）	以子育贵，赠长史，夫人王氏，子二。	能、育	胡链次子
	提（3—3）	谏议大夫		胡链三子
三世（34）	焱（3—1）	字子琰，在东晋拜监察御史，官至散骑常侍大夫，大兴元年提兵镇歙州居华阳镇大坑口，夫人程氏，子二：埋、堪		光绪金紫胡氏家谱修谱者，又引述坑口派族谱的其他表述，也称胡焱，育三子，享年八十二岁，葬龙川金紫山前，焱为抜之次子。
	焕（3—2）	青州派		抜三子
	能（2—1）			抗长子
	育（2—2）	黟县横冈派见后		抗次子

（续表）

世次	名字	简介	子嗣	备注
四世（35）	埋	后居青州故址		胡燚长子
	堪	子三：铨、铖、府		胡燚次子
五世（36）总世系以下略	铨	子二：宏、宇，宇见后系	子二	
	铖	复居青州		
	府	武节大夫，复居青州		
六世	宇	子三：廷瑾、廷用、廷辉	子三	铨公次子
七世	廷瑾	任湖南普化县令，夫人何氏	子二：柏松	坑口别谱称，有善政、民咸戴之
	廷用	行状未详	子一：椿	
	廷辉	孺人张氏	子一：桂	
八世	柏（2—1）			廷瑾长子
	松（2—2）	邑庠生。子三：汝能、汝卿、汝仁	三子	廷瑾次子
	椿	有隐德。子一：汝明	一子	廷用子
	桂	孺人方氏。子一：汝达		
九世	汝能	官至湖州太守，夫人程氏，子三：文祥、文光、文明	三子	胡松长子
	汝卿	孺人汪氏，子二：文辉、文英	二子	胡松二子
	汝仁	孺人江氏，子一：文伟	一子	胡松三子
	汝明	行状未详		胡椿子
	汝达	迁婺源		胡桂子
十世	文祥	绩溪坑口派始分祖。见后		汝能长子
	文光	郡庠生		汝能次子
	文明	博士业		汝能三子
	文辉	官至谏议大夫，夫人吴氏，子三：友直、友交、友正，友直、友交见后系		
	文英	习武事		
	文伟	邑庠生。新安华阳镇迁宁国		
十一世	友直	子三：伯光、伯仁、伯玉	三子	文辉长子
	友交	子一：伯生	一子	文辉次子

（续表）

世次	名字	简介	子嗣	备注
十二世续表	伯光	孺人方氏，子三：元敬、元贞、元良		
	三子	友直长子		
	伯仁	邑庠生，子一：元忠		友直次子
	伯玉	孺人张氏，子一：元士		友直三子
	伯生	习儒业		友交子
十三世	元敬（3—1）	子三：恢、惟、恬		伯光长子
	元贞（3—2）	习儒业		伯光次子
	元良（3—1）	习儒业		伯光三子
	元忠	博士业		伯仁子
	元士	子一：情		伯玉子
十四世	恢（3—1）			元敬长子
	惟（3—2）			元敬次子
	恬（3—3）	子三：叔尧、叔达、叔重	三子	元敬三子
	情			元士子
十五世	叔尧（3—1）	孺人方氏，子二：道、述，述见后系	二子	恬长子
	叔达（3—2）	孺人程氏，子一：遇、见后系	一子	胡怡次子
	叔重（3—3）	孺人郑氏，子一：逸	一子	胡怡三子
十六世	述（2—1）	子三：敦仁、敦善、敦士		叔尧次子
	遇（1—1）	孺人程氏，子一：敦伦		叔十九世
十七世	敦伦（1—1）	子一：延寿		胡遇子
	敦善（3—2）	孺人江氏，子三，延长、延萧、延庆		胡述次子
	敦士（3—3）	邑庠生		胡述三子
十八世	延寿（1—1）	孺人周氏，子一：宦	一子	敦伦子
	延发（3—1）	奉直大夫，子三：寰、宇	三子	敦善长子
	延萧（3—2）			敦善次子
	延庆（3—3）			敦善三子

（续表）

世次	名字	简介	子嗣	备注
十九世	宧			延寿子
	寰（3—1）			延发长子
	宇（3—2）			延发次子
	宓（3—3）	绩溪市东派按景定谱（绩溪）市东派修至夔公止，今自宓公后以（明）成化谱为正编，为本系，景定谱有与成化谱异者，附见考异中		南宋景定谱的总世系续到宓公后就分续景定谱各支派了。胡公满至宓公为五十世。

表 2　南宋景定年间胡氏宗谱黟县横冈支谱表（据光绪年间绩溪金紫胡氏家谱卷一编辑）

世次	名字	简介	备注
十四世	允静（2—1）	子二：琛、理。允帖简历未详	敬璋长子
十五世	理（2—2）	胡琛简历未详。理二子：沐、浩	允静次子
十六世	沐（2—1）	子二：凯、觊	胡理长子
	浩（2—2）	为驸马，以兄子觊继之	胡理次子
十七世	觊（2—1）	子一：启元见后系	胡沐长子
	告（2—2）	子一：启光	胡沐次子
十八世	启元（1—1）	孺人汪氏，子二：文邦、文明	胡觊子
十九世	文邦（2—1）	子一：公刘，公刘行状未明	胡启元长子
	文明（2—2）	子二：公瑞、公非，次子公非简历未详	胡启元次子
二十世	公瑞（2—1）	为参军，子三：翱周、志周、学周，学周行状未详	文明长子
二十一世	翱周（3—1）	提点淮西盐法事，子三：希贤、希哲、希圣行状未详	公瑞长子
	志周（3—2）	子一希古，希古行状未详	公瑞次子
二十二世	希周（2—2）	授银青光禄大夫，检教国祭酒兼侍御，夫子张氏。子三：恩、宪、思，宪泉州判，恩、思见后系	翱周次子，长子希贵行状未详（三子：希圣）
二十三世	胡恩（2—1）	为干运居西京。子二：在存、在□行状未详	希哲长子
	胡思（3—3）	授泰州司法参军。子一：孝，孝行状未详	希哲三子

（续表）

世次	名字	简介	备注
二十四世	胡存（2—2）	官至中散大夫。子三：汝霖、汝明、汝矿	胡恩次子
二十五世	汝霖（3—1）	授干办。子三：瑞祥、瑞宾、瑞夫	胡存次子
	汝明（3—2）	登进士。	胡存次子
	汝矿（3—3）	登进士。官至会稽太守。	胡存三子
二十六世	瑞祥（3—1）	子二：月隆、日盛，两人行状均未详	胡汝霖长子
	瑞宾（3—2）	迁歙县东关	胡汝霖次子
	瑞夫（3—3）	授钱安县令，子三：日茂、日迁、日升，其中日茂行状未详	胡汝霖三子
二十七世	日迁（3—2）	登进士。子二，凌震、凌云。凌震为光州金竹关守捕府，凌云见后系	瑞夫次子。凌震行状未详。
	日升（3—3）	子一：凌霄见后系	瑞夫三子
二十八世	凌云（2—2）	授（安徽）潜山校正，子三：嵩、崇、仑	日迁次子
	凌霄（1—1）	子二：岐、岩	
二十九世	嵩（3—1）	此三人均为胡凌云之子，行状均未详	胡云之三子，景定谱续修横冈世系至此止。
	崇（3—2）		
	仑（3—3）		
	岩	此二人均为胡升之子，二人行状均未详	景定谱编修黟县横冈派世系到此为止。
	岐		

表3　南宋景定年间胡氏宗谱歙县东关支谱（26—29世）（据光绪绩溪《金紫胡氏家谱》整理）

世次	名字	简介	备注
二十六世(总57世)	瑞宾（3—2）	讳正臣，子一：克	系横冈派分支
二十七世	克（1—1）	郡庠生。赘于歙（县）之金氏，遂家于歙东关。子二：嵩、崇	瑞宾子

（续表）

世次	名字	简介	备注
二十八世	嵩（2—1）	登进士，授湖北运干。夫人程氏，子三：桂荣、桂殿、桂森	胡克长子
	崇（2—2）	淳祐四年进士，官至台州太守，中奉大夫，同修宗谱，夫人许氏，子三：桂元、桂发、桂寿。按郡志臣业传：胡崇，字宗叟，黟（县）人，父正臣，赘于金氏，遂为歙（县）人，与兄嵩同登第，据家谱是崇祖，瑞宾名非崇父，与志异。	胡克次子
二十九世	桂鼎（3—2）	胡嵩长子胡桂荣、三子胡桂青行状均未明，按鼎疑字之说，英也	此附注很重要，根据胡瑞庆子胡已入赘歙县金氏
	桂元（3—1）	均为胡崇之三子，三人行状均未明	
	桂发（3—2）		南宋景定谱编修歙县东关胡氏世景至此止
	桂寿（3—3）		

附注

1. 嘉庆年间绩溪《金紫胡氏家谱》对南宋景定谱的考证分析按语原文：按自链公至此俱依景定谱原本全录，景定谱今存坑口（即绩溪大坑口，也即龙川——编者注），系刊本，纸墨俱古，非出近代。但其中有多未可据信者，如谱载我相公及坑口派思诚公、歙东关派崇公同修，不特相公景定时已殁，即以思诚公考之郡志及本谱载：思诚公登第在淳熙二年，而崇公登第在淳祐四年，中间相去七十年，至淳祐四年至景定二年又十八年，断无同时修谱之理！且景定二年我祖彭公兄弟四人已生，何以此谱仅修至鳌公？而庆云公以下俱未添入，想系彼派修谱依托相公之名，而我派实未有人与修，故多所遗漏，虽自宓公至鳌公，世次不差。而其他旁系与舜申公以来相传之谱不合者甚多。已载入考异中，因书此以谱末，以谂后之修谱者。

编者注：上述附注出自嘉庆年间绩溪《金紫胡修家谱》主纂、礼学大家胡培翚之手，可见考证分析之缜密，续修宗谱之严谨。另又向后人披露了一个重要的胡氏谱牒资料信息，即在嘉庆年间，绩溪龙川（坑口）还妥存有十分珍贵的南宋景定年间胡氏统宗谱。

2. 南宋景定年间胡氏统宗谱载，该谱系由绩溪坑口胡思诚、绩溪县城金紫胡胡相、歙县东关胡崇同修；但在嘉庆年间绩溪县城胡培翚主修本支宗谱时经认真考证分析，认为胡相实际未参与编修而抽掉了景定谱中绩溪金紫胡的世系，而对胡思诚、胡崇参与景定谱的编修也引用徽州府志的记载提出了质疑，但这也是绩溪金紫胡氏的一家之言。

3. 景定谱续修各支世系俱至链公下传的第二十九世止；该谱对绩溪龙川胡氏始迁祖与明代龙川胡宗明续修的本支宗谱（未付梓）对始迁祖认定为胡焱、念五公有六一至六七 7 个儿子的表述不同，认定焱公第七世孙胡文祥为绩溪坑口胡氏始迁祖，念五公育有 3 个儿子，即震、霆、电，这使研究绩溪龙川胡氏的源流多了一份珍贵的互证谱牒资料，更重要的是能使今人一窥南宋景定年间宗谱全豹。故非常有必要将南宋景定年间宗谱世系录入本书中。

附表二　绩溪县内龙川胡分支谱牒现存情况一览表

序号	支派名称	架派归属	现属乡镇	宗谱名称	年代	备注
1	乳坑（乳川）	一架六九支的分支	华阳镇	有五个不同版本的胡氏支谱	清光绪	均抄本
2	岭里（步云里）	一架六九支的分支，支祠称宫保堂	瀛洲镇	岭里胡氏祖宗谱两册	民国	均抄本
3	龙川本村	一架、三架、七架后裔均有	瀛洲镇	支谱、祠谱多册	清同治、光绪、民国时期均有	均抄本
4	株树下	三架支派	伏岭镇	《龙川胡氏族谱》	民国甲寅	刻本
5	桐坑村	一架七三支的分支	伏岭镇	有宗谱一册	待查	手抄本
6	高杨村	七架、四架的分支	长安镇	高村有明崇祯家谱和清嘉庆支谱。村里有清光绪祖宗谱	明崇祯，清嘉庆、光绪	均抄本

（续表）

序号	支派名称	架派归属	现属乡镇	宗谱名称	年代	备注
7	云川村	一架六九支的分支	瀛洲镇	龙川《胡氏族谱》	现存民国甲寅版一套四册	刻本，2003年续修过简谱
8	大坞村		伏岭镇	有祖宗谱多册	多为民国时期	手抄本
9	半茶村	三架支派	瀛洲镇	龙川《胡氏族谱》	民国甲寅	刻本
10	卓溪村	三架支派	伏岭镇	祖宗谱有多册	多为民国时期	手抄本
11	德锦村		伏岭镇	祖宗谱有一册	清宣统	手抄本
12	罗坑村	迁自龙川上村三架支派	伏岭镇	有胡氏家乘	清光绪	手抄本
13	北村下街	一架六九支的分支	伏岭镇	有胡氏家乘	清光绪	手抄本
14	巧川村	一架六九支的分支	瀛洲镇	有祖族谱一册	待查	手抄本
15	党坑村		家朋乡	存族谱	待查	手抄本
16	庄川村	炎公乃世孙为始迁祖	长安镇	新续过宗谱一册	2018年	手抄本
17	际下村	六三公分支	伏岭镇	存有两种祖宗谱	民国	手抄本
18	窑灶上	六三公分支	伏岭镇	龙川《胡氏族谱》	民国甲寅	手抄本
19	塍村		扬溪镇	祖宗谱	2002年	手抄本
20	横形自然村	六一公七三支的分支	伏岭镇	族谱一册存桐坑	待查	手抄本

二、龙川胡氏修谱述略

绩溪龙川胡氏最早在南宋景定年间与绩溪县城金紫胡、歙县东关胡、黟县横岗胡等较早迁入新安的诸支胡氏合修宗谱，名《胡氏统宗源流谱》。龙川胡氏第二十八世（景定年间宗谱所排世次）孙思诚公参与南宋景定年间宗谱编修。

迄至元明，龙川籍名宦胡富、胡宗明、胡宗宪有志续修宗谱，均因故未果。胡宗宪嘉靖年间卷入严嵩案冤死狱中，龙川胡氏深受影响，至清代也未能续修成联宗合族的刻本宗谱。虽然光绪二十四年（1898）龙川胡氏在本支、外迁分支胡氏支持下完成了宗祠大修，但未同步完成宗谱续修。族内有识之士只能编纂抄本的《龙川胡氏族谱》，现唯一存世的刻本族谱为龙川胡氏的分支、六三公派下的株树下胡氏续修于民国甲子年的族谱，4册成套，该谱记载了胡炳衡的世系归属和官名学衔，之后也未见龙川村胡氏续修族谱，只有手抄清迄民国祖宗谱多本，藏存于龙川胡氏七八个支派中。

此外，唯一妥存的乾隆四十九年（1784）刻本《龙川胡氏宗谱》（4册成套）的是龙川迁贵州毕节支派，内中记载了珍贵的胡宗宪生平及世系资料，可补绩溪县内龙川胡氏谱牒之不足。

第三节　龙川胡氏的祠事活动

对龙川胡氏在晚清遭遇的劫难及重大祠事活动，记载之详，描写之细，莫过于龙川人胡尔昌的《同治五年修祠理主新增殉难祠记》了。该记写道：清代康熙五十六年（1717），龙川胡氏举行了重大的祠事活动——越主，整理先祖灵牌至第二十九世止，使寝室中的灵牌次序昭穆，井井有条。到了清乾隆末年，龙川胡氏宗祠进行了大修，面貌为之焕然一新。

祠祭活动十分严谨，“春禴秋尝，式临俨严”，列祖列宗得以奉安寝室中座；但到了晚清的咸丰年间，由于太平天国和清军的拉锯战，兵燹迭现，生灵涂炭，遍地荒凉，“幸赖祖德隆崇”，胡氏宗祠虽然多年失修，残旧严重，但祠堂却未毁于战火，同治五年（1866）族众聚议再次整修宗祠，议定整理祖宗牌位并新制总祖宗牌位，编辑祠谱，重建神龛，以祭奠在战乱中逝去的族人，另新添门壁，又增置祭器、祭桌及其他祠祭用具，使原由宗明公（瓶山公）拟定的祠规、祠例得以大体恢复，宗祠整修于是年四月动工，十月告竣，此篇详细描述龙川胡氏宗祠活动与龙川人在晚清所遭遇劫难的记文由胡尔昌写于同治六年（1867），有对龙川胡氏宗族历史的研究价值。龙川胡氏最后一次宗祠大修同时举行越主的是清光绪二十四年（1898），如今在龙川胡氏迁四都的四架分支——村里留下了珍贵的宗祠修祠启事及丁口捐收据的宗祠档案。胡尔昌整理的龙川胡氏祖宗牌位谱的最大特点是使龙川胡氏第 27 世以后先祖的辈分能够清楚，如 26 世桂字辈分，31 世瑞，32 世应允，33 世必，34 世兆启宗；35 世嘉富，36 世允于等等，一直至第 41 世的辈分都有规律可循，但是各支祠所取的辈分不一，龙川胡氏没有全族统一取用的辈分也从此祠谱中得到了印证。

附录：太平军在绩溪及坑口的活动

清咸丰庚申（1860）年初，太平军攻克安徽泾县、旌德，张芾急令在徽州婺源的江长贵部回援绩溪。清兵未至，太平军已从大会山、浩寨分界山进入绩溪岭北各都，俘虏清军副将杨名声。同年二月初一侍王李世贤、匡王赖义鸿率兵攻入翚岭，防守清兵大部分伤亡，残余清兵逃散。是日恰适绩溪县城居民“二月二”裹粽祀神，太平军见家家煮粽，疑有计，当晚退回八都及旌德等地。咸丰庚申（1860）年八月十六日曾国藩命李元度接替张芾督办徽州防务。太平军得悉徽州清兵防务易主，于咸丰庚申（1860）年八月十九日率军进攻绩溪丛山关，从侧后攻入，太平军攻进绩溪县城，遭到清军张运兰部阻击，遂迂回绩溪楼下、大石门，经大石门、坑口、仁里再度攻占绩溪县城。此次太平军占领县境大部 8 个多月，成立有乡村政权性质的“公局”、设乡官，张贴安民告示，广招贤士和农民入伍，政令严厉。这一时期，毗邻县城的坑口村内的胡氏宗祠和几个支祠均被太平军据为军营，留居村中的族人十不足一。太平军在坑口村驻留期间，坑口人有许多人死于非命，祠堂的灵牌和祠谱也遭到严重毁坏，如今，坑口上村唯一的通转楼屋柱上仍留有太平军的斧痕，同治甲子（1864）年正月二日太平军李世贤部、黄文全部由宁国攻入绩溪县城，坑口村再遭兵灾。

在这场激烈的持久战中，坑口人饱受战乱之苦。据清同治五年龙川人胡尔昌所撰的谱牒资料记载：全村共有数百人在战乱中遇难或失踪，其中死130余人，失踪121人，为此，坑口胡氏特在宗祠东侧设殉难专祠，并在总祖宗牌位刻上失踪族人的名讳，以祭祀在这次拉锯战中逝去的族人。对此，胡尔昌编撰的龙川胡氏族谱、牌位谱（祠谱）有详细记载："咸丰初年，盗贼蜂起，流寇为灾，遍地荒凉，生灵涂炭……"

在太平军与清军展开的4年拉锯战中，坑口村中男女老少经常躲进高山密林，以山果野菜充饥，因饥饿而死于逃难途中的村民不计其数。

第四节　重要谱序、书序选介

一、《宣威坊胡氏宗谱》梅林公家传

梅林公讳宗宪，字汝贞。先世家山东濮阳县，从东晋元帝南渡镇歙州，因家焉。后徙龙川里，代有闻人。传三四世生公大父，讳崑，字松庄，生二子。父，尚仁，字乐山。母方氏，系歙之磻溪巨族。一夕，梦曰"尚书至"，室遂诞公，乐山公心窃喜，知为贵征也，稍长善读书，好览古传记。乐山公谓公不早图自树而猎此以为功……公少师事程学博若父然，及程殁，其孤流离颠沛，衣食不给，公取归供养之若同胞然。殁为之棺，葬一如礼，人皆义之。公好贤礼士，每倒屣出延，谈坐尝十余人。公尝曰"座上客常满，樽中酒不空"，人以为实。然姿禀虽颖异，而性尤嗜学，应酬稍暇，即手不释卷。当军旅倥偬之际，犹手书千百言，千里质疑于东廓邹先生、甘泉湛公、念港罗公，而绪山钱公、龙溪王公则日接见于天真书院。然则，公功业故自有本也。公章奏简洁明净，唐荆川公尝评曰"陆宣公复出也"。所为诗，雄豪超迈，慷慨奋发，类公为人。所著有《文稿》二卷、

《诗稿》一卷、《书稿》七卷、《三巡奏疏》三卷、《条约》二卷、《审录驳词》三卷、《督抚奏稿》十六卷、《公移》四卷，所集定有《万里海防图论》二卷、《筹海图编》十三卷行于世。祖父崑、父尚仁，皆有隐德，不乐仕进。公父因公贵，初赠湖广道监察御史，母方氏赠孺人。及公历进正二品考满，祖父、父皆赠资政大夫、都察院右都御史，兼兵部右侍郎，祖母方氏、母方氏，皆赠夫人。配先夫人章氏，先公七年殁。夫人以女红参戎政，当方张之寇，盖公忧国事，夫人亦忧公之忧，因愤懑而死也。临殁，犹作挥戈状，奋呼“杀倭”者三。初封孺人，再赠夫人。继配王氏，由节守加封太夫人。子男二：长桂奇，由邑庠增广生荫官南京左府都事，娶章氏；次松奇，由国子生以平巨寇王直功，荫授锦衣卫指挥签事，娶汪氏。俱章夫人出。女二……孙男十：焞、炜、燧、炤、爌、桂奇出；灯、焌、煜、烛、焕，松奇出。灯，举人，公殁后赴阙鸣冤，始赐谥、祭葬、荫袭。查《江南通志》载：宗宪公墓在绩溪十二都。灯娶潘氏（歙邑光泽尹潘惺庵公长子国子生少白潘周南公女），娶黄氏（歙邑鸿胪署丞云凌黄公极女），炜娶黄氏（同邑庠生荫袭锦衣纯斋黄廷诚公女）；焌娶于氏（金坛县都宪于素斋长子举人励庵公孙女）；烛娶章氏（同邑九江府检校蓄泉章公长子其序公女）余尚幼。孙女五……。重孙男四：维城、维升，俱庠生，灯出。维封、维鏕，焞出，封袭锦衣；鏕袭浙江报功祠祠生。重孙女一，未娉。公生于正德七年壬申岁（1512）九月二十六日寅时，殁于嘉靖四十四年乙丑岁（1565）十一月初三日巳时，享年五十有四。

注：此传引自清乾隆四十九年（1784）胡宗宪的因任官迁贵州毕节等地的曾孙胡灯后裔编修的《胡氏宗谱》，该谱是现存世最早与绩溪龙川胡氏相关密切的内容较完整刻本谱牒，记载了不少胡宗宪许多鲜为人知的家族秘闻和为官轶事，有很重要的史料价值。

二、重刊《阳明文录》序

胡宗宪

阳明先生以致良知立教天下，士靡不翕然向风，自先生没凡若干年，人愈益仰慕，凡先生生平著作，虽一字一句皆视如连珠拱璧不忍弃。而绪山钱子复诠次成编，名曰《阳明先生文录》，首刻于姑苏，今闽越、河东、关中皆有刻本，亦足以征良知之达诸天下矣！天真书院为先生崇祀之所，四方士来游于此，求观先生之文者，每病其难得。钱子偕龙溪王子谋于予曰：“古人有倚马论道者，兵事虽倥偬亦不可无此意，愿以姑苏本再加校正，梓藏于天真，以惠后学。何如？”予曰：“诺。”遂捐俸金若干两，命同知唐尧臣董其事，以九月某日刻成。钱子谓予宜有言。予素不文，然慕先生之道久矣，何敢以不文辞？予惟千圣一心，万古一道。惟心一，故道一；道一，故学亦一。昔尧之告舜曰：“允执厥中。”及舜命禹又加以“人心惟危，道心惟微，惟精惟一”之三言。夫道心即中也，精一者允执之功而精又一之功也。惟精故一，惟一故中，此万世心学之源，盖蔑以复加矣！其后孔门一贯博约之教，诚正格致之说，亦不过发明精一之旨。而予欲无言，夫子亦已自病，其言之详矣！至孟轲氏又有“知言养气，尽心知性”之说，而指出孝弟为良知良能，言虽益详，而于孔门之教实多发明。自孟氏没而斯道失其传，汉晋诸儒皆以记诵词章为学，说愈繁，而道愈晦；学愈博，而道愈离；以及五季之衰，晦蚀甚矣！有宋大儒周、程、张、朱诸子者出，以斯道为己任，不得已而有言，精一之旨赖以复明，而学者流弊或不免堕落，汉晋几失宗旨，至元之变，斯道且沦没矣。国家百有余年，文教虽盛而流弊亦浸以滋，先生亦不得已而揭“致良知”一语以示人，所以挽流弊而救正之，无非发明孔门致知之教，而羽翼斯道之传。要其指归，则良知即道心也，致即精一也，即周子之所谓“纯心”，程子之所谓“定性”也，夫岂外诸儒而别立一门户耶！是故良知皆实理，致知皆实学，固非堕于空虚，一与事物无干涉，如禅家者流也。然明心见性，与先生“致良知”之说亦略相似。著认错本旨，则高者必以虚寂为务，而离形厌事；卑者则认知觉为性，而自信自便，此则所谓“毫厘之差，千里之谬”，非先生立教之本旨矣。至哉！孔子之告哀公曰：天下之达道五，所以行之者三。君臣也，父子也，夫妇也，昆弟也，朋友之交也，五者天下之达道也；知、仁、勇三者，天下之达德也，所以行之者一也。噫，尽之矣！夫为人臣者，无不知忠其君；为人子者，无不知孝其亲，此良知也。知此、体此、强此而一于诚，为臣尽忠，为子尽孝，此致良知也。尧舜之道孝弟而已矣。舍人伦日用之常而曰：吾得不传之秘。立门户以自高，非予之所望于来学也。钱子起而揖予曰："子言真有裨于先师之教也，夫吾党其共勖诸。"

引自清嘉庆《绩溪县志》

三、绩溪龙川宦迁江西铅山稼轩的乾隆元年胡氏族谱序

胡□□（胡圣儒的族兄）

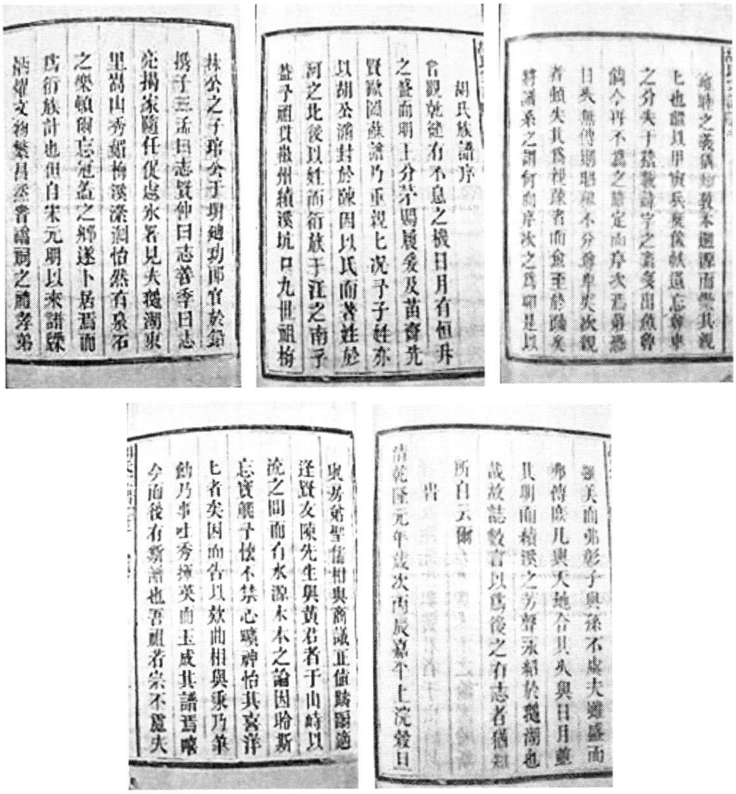

族谱书影

四、乾隆元年胡氏族谱序

胡□□（胡圣儒的族兄）

尝观乾健有不息之机，日月有恒升之盛。而明王分茅赐履爰及苗裔；先贤欧图苏谱，乃重亲亲。况予子姓亦以胡公满封于陈，因以氏而著姓于河之北，后以姓而衍族于江之南乎。盖予祖贯徽州绩溪坑口，九世祖梅林公之子琯公于明迪功郎官于铅（山）。携子三：孟曰志贤，仲曰志善，季曰志亮，揭家随任，促处冰署。见乎鹅湖东里，嵩山秀媚，梅溪潆洄，怡然有泉石之乐，顿尔忘冠盖之乡，遂卜居焉，而为衍族计也。但自宋元明以来，谱牒炳耀，文物繁昌；蒸尝福祠之礼，孝弟雍睦之义，犹知敦本溯源而崇其亲亲也。继以甲寅兵燹，篋帙遗忘，尊卑之分失于稽载，讳字之紊多出鱼鲁。倘今再不为之厘定而序次焉第，恐日久无传则昭穆不分，尊卑失次，亲者顿失其为亲，疏者而愈至于疏矣。将谱系之谓何而序次之为耶？是以与房弟圣儒相与商议。正值踌躇，适逢贤友陈先生与黄君者于山峙以流之间而有水源木本之论。因聆斯忘实触予怀，不禁心旷神怡，其喜洋洋者矣。因而告以款曲，相与秉乃笔勳乃事，吐秀挥英，而玉成其谱焉。嘻今而后有斯谱也。吾祖若宗，不虞夫虽美而弗彰；子与孙，不虑夫虽盛而弗传。庶几与天地合其久，与日月并其明，而绩溪之芳声永绍于鹅湖也哉。故志数言以为后之有志者犹知所自云尔。

乾隆元年岁次丙辰嘉平上浣谷旦

编者注：此谱序曾由原籍绩溪龙川现定居重庆的胡亚民教授译注。

五、《筹海图编》序

胡思仲

近世庙朝，倭寇猖獗，东南半壁，几无宁土。先少保襄懋公节制七省，运筹握胜，扶剿兼施，海内静谧，厥功伟矣。而一念体国之忠，未雨求桑，夙夜孳孳，必巩国家于万禩而后即安。乃总搜群策，著《筹海图编》，共十三卷，凡粤港礁洋之形，火攻水战之具，训练储积之略，遣间山奇之秘，一披阅而胸中靡不了然，无异聚米指掌。真安攘要紧而借著者之司南也。噫，是编也。少保公不惟德及一方，功施一时，而德与功且永垂于后世矣。

乙未岁，（思）伸释褐南宫，谒耿公楚侗，语及少保公勋猷，叹美不置，而又谓伸：天下士有大智大勇而后为真豪杰，有真豪杰自有大作用！胡公柏泉，浙蕃司也。会江右寇起，羽书告急，朝廷擢柏泉公为开府，辞少保公，公曰："今日之役，将受任而后讨贼乎？"曰："然。日声援之，事当应若，桴鼓岂可缓乎？宜急击勿失。"曰："兵将未集，其何能急？正此踌躇。"公曰："行乎，备之矣。"即以素练精兵授之。先声所播，风鹤皆师，贼锋顿挫。旋即殄灭江右，赖以靖安。柏泉公名位由此益隆起。余盖得之柏泉公，犹子所称述者。夫咨之以谋划也。授以兵勇也，而且智不居其名，勇不袭其功，盖总根于公忠为国之大计，故发策决机，往无不合，非真豪杰大作用而何？耿公之言，如此即吾邑葛万说孝廉，晤焦漪园公，语及斯举，辄津津叹，亦若出一口。噫！韩魏公临大节、处危疑，苟利国家，知无不为。尝言为人臣者，尽力以事其君，死生以之，顾事之是，非何如耳；至于成败，天也，岂可豫尤其不成遂不为哉！（思）伸读史至此，服膺其言。

少保公知大臣心事，古今一若合辙，是以楚侗公之言数十年往来于胸而未尝敢忘也。少保公曾孙维极以是篇原版，煅于燐焰，不忍泯先泽，独捐金重梓，亦忠孝之思所激也。（思）伸乐观其成，乃述少保公之轶行，以彰于世，俾后世览是编者不惟法少保公之陈画，以专研制胜，尤当师少保公之阔达宏度胸无府，为策勋树业之本也。

注：胡思伸系明代绩溪金紫胡政声颇著的名臣，与绩溪龙川胡世系亲近。

第六节　龙川友姓来源及谱牒资料简介

一、龙川丁氏源流

龙川丁氏的源流播迁较为复杂，主流的表述是源于公侯。简而言之，丁齐公的第四个儿子叔庚承封济阳，以父谥为姓，丁姓由此而来。郡望则称“济阳郡”，即今山东菏泽市定陶区一带。之后，丁氏后裔渐次由山东迁入河南兰考一带，经兰考再分迁多地。人口在全国来说也是望族，但定居于徽州、绩溪却是小姓，聚落不多。绩溪龙川也曾是丁姓较早的栖居地。此外还有绩溪西关章氏、南关许氏、叶氏、包氏等都在龙川繁栖过。只是斗转星移，胡姓蔚成大族、名人辈出，友姓式微而已。

据县内保存的年代最早的明崇祯四年（1631）刻本丁氏宗谱（残本）的世系图，就有绩溪坑口派的记载，乾隆八年（1743）又进行续修。咸丰年间，遭太平军焚毁，幸好龙川与龙川丁氏的支派——荆州横川两地丁氏，随即搜集资料，“谘访老成，依稀祀簿，即远代难溯，而近代可知。聊举龙川发派以来，下至于兹，修成谱牒，以遗后世，得备参考。”龙川丁氏除建祠外，还设有“清明会”，并筹资购买土地和山场，作为丁氏众产。另按照民国初年抄的《丁氏世系宗谱》记载，坑口丁氏始祖是丁景儒，迁入时间应是元末明初，迁入荆州横川的是十二世丁德元，迁入横川的时间为明末清初年间，约在公元1644年前后。丁氏族谱对龙川丁氏与横川丁氏始迁祖世系的记载存在疑点。坑口丁氏定居不久就建有堂名“承盛堂”，即“丁氏老屋”的祠堂，地点在龙川村后巷，占地面积3分8厘9毛。龙川丁氏后又在清同治年间建有分祠，虽然规模不是很大，内置多块匾额和楹联。“文革”时期被毁，进门柱上楹联也被削去六个字，其他字迹也不同程度受损，依稀可见为：“□□□源远于龙川承祖泽，□□□本近依峨岱美宗”。简而言之，龙川丁氏的总祖居地在山东定陶一带，始迁祖是丁景儒，于元末明初迁入龙川，迁来后多次续修宗谱、建修祠堂，其主要分支在荆州横川，始分祖是第十二世孙丁德元，从龙川迁入横川的时间约为明末清初。详见已故汪汉水《龙川及荆州横川丁姓考略》一文。

二、龙川及荆州横川丁姓考略

汪汉水

绩溪龙川，以其秀丽风光、悠久历史和众多名人而久负盛名。荆州横川，现名横坞村，处于穷乡僻壤之中，知者不多。这两个村庄，都有丁氏后裔，又是同祖同宗，历史上，有着很深的渊源。但随着岁月的流逝，逐渐被人遗忘。最近，有幸接触到龙川、横川丁氏谱牒和有关资料，笔者对两地丁氏繁衍有了大致了解，特撰此文。

丁氏家族的渊源较为复杂。目前，最为认同的是丁姓源于公侯。据史书记载，周代开国功臣姜子牙因功勋卓著而被封为齐太公。其子姜汲是周成王的重臣，又是周康王的顾命大臣，死后赠谥为齐丁公。齐丁公的第四个儿子叔庚承封济阳，以父谥为姓，丁姓由此而来。并望出济阳，称“济阳郡”，即今山东定陶县一带。后来，丁氏子孙，逐步由山东迁入河南兰考地区，然后又向四处迁徙，遍布全国。丁姓，在全国来讲是一个上千万人口的大姓，但在徽州，特别是绩溪，还是小姓，人口不多，聚居点也不多。在人们的记忆中，绩溪龙川，则是“龙川胡”独姓居住地，其实不然。历史上龙川除作为胡氏聚居地以外，还有西关章氏、南关许氏、叶氏、包氏、丁氏都曾居住过。其中，尤其以丁氏的历史最长。而荆州横川的丁氏，又是龙川丁氏第十二世孙丁德元与子丁社福发脉而去的。

明崇祯四年（1631）的《丁氏宗谱》，是我们至今发现的绩溪最早的丁氏宗谱刻本。此谱是残本，记叙也很简单，首页记“开源谱图”，就在“丁氏统宗族谱世系图”中，注明了“绩溪坑口派”。足见是龙川、横川丁氏家族的老谱。谱载，一世祖道兴，宦移歙州，镇守新安，爱其郡西溪山水清秀，遂寄居焉，是新安始祖。但有一记述令人费解，那就是八世启发，生庆一、庆二、庆三、庆四、庆五、庆六六兄弟。其中，庆三迁浙江，庆四迁南乡，庆五迁荆州，庆六迁坑口，但未载迁入时间。《丁氏宗谱》中记载的九世“庆”字辈应先于十七世大师八代，而大师生于唐庄宗同光元年，即公元923年。按25岁一代计算，庆字辈应往前推200年，应是唐开元十一年（723）前后。按照民国初年抄本《丁氏世系宗谱》记载，坑口丁氏始祖是丁景儒，迁入时间应是元末明初，迁入荆州横川的是十二世德元。两谱记叙不一致，唐开元年间迁入龙川、横川之说也许有悖事实。

据民国初年抄的《丁氏世系宗谱》载：元末明初，时任青州副史的丁景儒，“林分一枝，迁居绩东，遂为龙川始祖。创业垂统，以裕云礽，厥后克昌，乃建祠宇，以崇祭祀，报答祖功。阅历元明，延及皇清，约有十世”。自丁氏落籍龙川，时值胡氏已在此繁衍千余年，已成望族。但丁氏也不示弱，在这“风水宝地”之上，辛勤劳作，致力于发家兴业，在短时间内也赢得了一定发展，丁口日甚。定居不久就建有“丁氏老屋”，奉祀先祖。在明万历丁巳年（1617），业主丁浩捐出地基，十世孙丁瑞云同子尚恒发起兴建“丁氏宗祠”。除父子捐助以外，全族男丁每人出银1两，女丁每人供饭30工，土地税由全族负担。取名“承盛堂”，地点在龙川村后巷，占地面积3分8厘9毛。清顺治丙申年（1656）进行修缮。康熙甲戌年（1694）遭火灾，后又重建。乾隆元年（1736）至六年（1742），丁氏又买下丁尚儒和胡又鸣、胡成元的老屋基，将祠堂扩建，并在祠前筑有照墙、路道、空坦等，使祠堂初具规模，成为龙川村一座宏伟的建筑。在乾隆、嘉庆《绩溪县志》中均有记载。丁氏除建祠外，还设有“清明会”，并筹资购买土地和山场，作为丁氏众产。明崇祯十四年（1641），丁氏纂修了宗谱，乾隆八年（1743）又进行续修。咸丰年间，遭太平军焚毁，幸好龙川、横川两地丁氏，随即搜集资料，“谘访老成，依稀祀簿，即远代难溯，而近代可知。聊举龙川发派以来，下至于兹，修成谱牒，以遗后世，得备参考”。也就是清末民初的待刊稿——《丁氏世系宗谱》问世，成为现在我们研究龙川丁氏不可多得的史料，十分珍贵。

龙川丁氏十二世德元，是必铉次子，携儿社福，肇迹荆州，寄居横川，由是椒聊繁衍，瓜瓞长绵。尽管《丁氏世系宗谱》未记迁居时间，但可推算：德元为龙川丁氏十二世孙，按25年为一代计算，应是龙川发脉已300年。假如龙川丁氏迁入时间为元末明初（1368）不错的话，那迁入横川的时间为明末清初，约在公元1644年前后。谱中最后一个登记的“发福”，是民国癸丑年（1913）出生，属龙川发派二十三世，横川发派十一世。加之民国间至今已有近百年，尚有4代之多，那就是横川发派达15代，至今有360多年。横川丁氏为何离开当时的宝地龙川，来到众山环抱的荆州，谱中没加说明，现人更不得而知，也许是一个宗族通过数代的繁衍，人口压力很快地超过了当地的生态承载能量，他们不得不东迁西徙，开拓新的生存空间；或是丁姓与胡姓之间、本族之间产生矛盾而迁离；或是有人为离开闹市，远离喧嚣，去寻找一份清静安宁而已。本族虽未有显赫业绩和显赫人物，但丁氏发脉较快，现在已有人口二百余人。丁氏也在清同治年间（1862—1864）建有分祠，虽然规模不是很大，内置多块匾额和楹联。“文革”时期被毁，进门柱上楹联也被削去六个字，其他字迹也不同程度受损，依稀可见为：“□□□源远于龙川承祖泽，□□□本近依峨岱美宗”。2002年，横川丁氏子孙筹资出工，将祠堂进行修缮，代表龙川丁氏历史的“齐侯世家”“奉使青州”“承盛堂”三块匾额也悬挂正堂。遗憾的是，楹联未加修复，它那斑驳依稀的文字，足以证明横川丁氏迁自龙川，与龙川丁氏同宗同祖的渊源。

尽管横川丁氏自龙川发派后得以发展，自己也建有分祠，但他们仍“亲情于其笃焉，族谊于此敦焉，祖德宗功亦于此而报焉”。虽居两地，心系一宗。每逢年头和清明节，横川丁氏族长都率众裔，步行70里，到龙川宗祠和丁氏祖墓进香祭祀，历代不废。每逢族内修祠（坟），横川丁氏都按丁筹款，给予支持。雍正九年（1731），他们还将土名竹坞的松杉杂木2000余株，折价银30两，作“胜祖公会”维修风水、祠堂之资。在乾隆八年（1743），横川丁氏仍诣龙川祖祠祭主。龙川丁氏，乾隆年间出资在本村胡氏购得基地，为丁氏宗祠建照墙、路道等设施。道光二年（1822），被龙川丁氏长房“丁羽门”的丁锡彪，私下卖与胡来顺建屋。道光九年（1829）开始打墙脚，被到龙川丁祠祭祀的横川丁氏发现，在先劝说并出钱赎回未成的情况下，横川丁氏族长丁尚志同坑口分长丁启相等人联合向县衙告状，后被收回归祠。由此可见，龙川、横川两村丁氏，虽然分家，但关系甚密，亲如兄弟。是否有两地过继补嗣和横川回迁之事，现有谱中无明显记载。

在龙川，先于丁氏在此居住的是胡氏。据载，晋散骑常侍胡焱，在东晋大兴元年（318），领兵镇守歙县，后举家定居龙川。青州副史丁景儒，在元末明初迁入龙川，胡氏先于丁氏迁入1050年。丁氏迁入时，胡氏已经成为名甲当地的世家大族。两姓虽有人口、实力之悬殊，但两族之间同饮一溪水，同种一畈田，久之产生了感情，世代友好。由于世远年湮，直接反映这方面的文字不多，但从两姓宗谱和互卖土地房产契约中也可窥一斑。双方宗谱中都频频出现娶对方族人为妻的记载。在雍正和乾隆年间，两族之间经常互卖（当）土地和房屋，在这些契约中，都有丁、胡两姓贤士充当中证人，以维护买卖的公正。更有甚者，原在丁氏祠堂边的屋主和地主，大多数为胡姓人，他们为了丁氏扩建宗祠的需要，有的将地和房屋卖于丁氏，有的订立“一墙两域”协议，全力支持丁氏这建祠大事。

据《丁氏世系宗谱》所载：丁氏“由汉而来及于两晋、隋、唐、五代、赵宋，其间不少闻人，无庸悉举”。自龙川发派以来，也出了一些名人。除一世景儒，任青州副使以外，还有二世用睦，爵承事郎；三世继祖，爵中议大夫。继高，爵承德郎；四世崇礼，江西教谕；十一世必光，河南副使转杭州判。还有明万历（天启）壬戌（1622）进士，升授四川布政使司右参议的丁绾；山东济南府通判的子任；刑部广东清吏司郎中、云南曲靖府知府、署贵州监军道副使事、赠太常寺少卿的子俭；南京济川卫经历司经历的云树等，可谓人才辈出。当时，龙川丁氏人丁兴旺，载入《丁氏世系宗谱》九世“庆”字辈，就有15人；十世“富”字辈，有18人；十三世“龙”字辈，有25人。丁氏发至十四世“大”字辈，有23人，分六个房派。雍正十一年（1733），在出售祖坟边空地和收纳巧坑（现名巧川）田租作为修理祖坟之费的协议中，六个房派代表都签了字。但令人遗憾的是，因《丁氏世系宗谱》是祖谱在咸丰年间被太平军焚毁后，在民国初年，通过有限的文字和长者回忆编纂而成。编者是横川丁氏后裔，无疑对历史较近的横川丁氏记载得详细一些，对龙川丁氏记载较为简略，不少人的挂线都用“住传”“无考”之字，这就给后人留下了种种猜测，甚至有人推出龙川丁氏“累世单传”之说，笔者认为是资料不全而产生的后果。

雍正十一年（1733）的契约中曾记载，“今有前街下祖坟，因丁姓四散居住，未立有祀产，以致坟面倾颓，无人修理。清明祭祖，各处丁姓不能会合。”由此可见，此时龙川的丁氏已分迁各地，在外发展。当地人丁急剧减少，直至现在仅剩个别人家。虽然对龙川丁氏来说是一件憾事，但毕竟这些龙川丁氏子孙，为求得生存和发展而纷纷走出大山，出外创业，不畏艰辛地去开拓新的生活，赢得了丁氏旅外家族的兴盛。

注：此文为绩溪县档案局原局长汪汉水生前经阅读相关谱牒，认真撰写而成，引用本文时除个别字句作了修饰外，文章主要内容未作改动。

三、龙川村包姓来历

龙川村的包姓即包代富一大家（包代富入赘龙川后误写为包大富）原籍在荆州下胡家村钱家坞自然村，荆州乡的包姓除主要分布在钱家坞外，在下村党及九华行政村深坑自然村（同宗）也有少量分布，共有包姓约有 320 人，其中钱家坞的包姓约占本乡包姓的 85%。现存包姓族谱为民国九年刻本，一套 4 册，长期担任龙川村主要领导的包大（代）富原系钱家坞人，他的父辈（父亲名包一位）都上了包氏族谱。包大（代）富属荆州包氏的 36 代孙，为代字辈，包代富定居龙川等地的子孙等近 20 人。

第七节　元明时期新安姓氏志对龙川胡氏的介绍

一、《新安大族志》

《新安大族志》：由元代的休宁人陈定宇编撰。按迁入古徽州（新安）时间的先后来排序，并不分哪一族姓孰重孰轻。叙述基本框架是：姓氏、村名、方位、派别四大要素。对绩溪胡氏大族主要介绍绩溪县城的金紫胡、遵义胡和胡里的明

经胡，并附注简单的始迁祖、来源、派别等，但对绩溪龙川胡仅冠名，未有简介。（引自该志 p36/37）

二、《新安名族志前卷·胡》

绩溪胡氏名族：石京，十四都；上庄、宅坦，皆八都。

龙川坑口

始祖胡焱，字子琰，原居青州汉阳县，仕晋，官至散骑常侍。大兴元年提兵镇歙州，民赖以安，朝赐之田宅，因家于新安。初居华阳镇，后以龙川山水秀丽，遂卜筑川口周家马，名曰坑口，卒葬荆紫山前□□，土名常侍墓。三世廷瑾，任湘南潭州善化县令，有善政，民咸戴之。五世汝能，授职潮州太守。七世永济，授职严州太守。十世思谦，授职太师，封魏国公。十二世张护，授职建德县令。十四世叶环，授职惠安县令。十六世仪凤，授职常山县令。十七世思舜，授职建昌府同知。十八世任，授职南昌府推官。十九世子荣，黄州枢密使，子兴，钱塘县令。二十一世之纲，粮田三万七千九顷七十五亩，进粮百万，敕封提干，赐县玄字基地六亩。生七子，电封为府君。二十二世震，淳熙十四年敕封提举，镇守知兰。二十三世孝祥，授职□康太守。二十四世思诚，中淳熙二年进士，历官学士，殿试咸淳黄甲第十名，授迪功郎。岩悦，补耆儒职事。二十五世士海，治《周礼》，宋授西都郎，以王事疾卒，后赠进功郎；士杞，宋授承信郎，殿帅府干；士奇，治《春秋》，补太学生；崇俊，治《尚书》；朱，授太学掌书；元龙，授西都郎□待补太学生；士周，受鹰房提领；士英，授学录。云龙，中宋进士，领两浙漕举。二十六世遂孙，号竹洲，学行超卓，为时名儒，授合肥县儒学教授；鸾，提督安抚司军；桂一、桂二、桂三、桂四、桂五，俱中宋进士，桂四授职教论，复以贡士历官南安县尹。焱孙补太学生，后封提干，尝捐赀筑本府东南门城及建□；德一，由绩溪县尉调昌化尉；尊权，绩溪县尉；仲武，监务大使。二十七世伯淳，授职教谕，伯玉、伯成俱造士；德裕，授职教论；同，任壬山教谕。二十八世善同，以孙富赠户部尚书。二十九世道弘，以子富赠户部尚书。三十世富，登成化戊戌进士，历官至户部尚书，以礼致仕，卒谥康惠，钦赐葬祭。彦申，洪武己卯乡试，文渊阁修书，差福建催征，奏免累年逋负，民咸赖之。昱，以贡士历官通江县令。三十一世子愈，成化戊子乡试，历官四川叙州府通判；韶，以恩生授上林苑监录事。三十二世曰兴荣、俊荣，俱以齿德宾乡饮；曰敏，举邑庠生，屡举不第，寻以衣巾奉祠，学行为乡邦重。三十三世拱旸、弟光，同癸卯乡试，任分水县教谕，光以《书经》成化甲辰进士，历官曲靖军民府同知；耀以于宗明敕封户部主事；德纯，嘉靖乙卯乡试，历官曲江县令；懋德，甲辰贡士；邦祥、邦定、邦宁、三畏，俱县庠生。三十四世继荣，辛丑贡士，宗华同弟宗明中嘉靖丙子科乡试，授钧州知州；宗明丁丑进士，历官都察院右副都御史，总督辽东诸军务，寻致仕；宗憲，戊戌进士，见任湖广道监察御史；宗明弟宗周补太学生；宗岱、宗尧、宗唐、宗训、宗龙，俱庠生。三十五世毓芝、一凤、华子毓才、毓豸，咸宾；毓祥、一旸、茂才、毓尹，俱县庠生；明子毓秀、毓桂，俱学生；憲子一桂，庠生，一松，太学生。曰富，历官大理评事寺副、山东佥事、广东副使、湖广按察使、陕西布政、顺天府尹、大理正卿、户部侍郎，有政声，时以言忤瑾，罢归，瑾诛，升户部尚书，卒赠太子少保康惠公，恩赐葬祭，有司编徭役守其墓；曰光，任广东州府推官，时纂修批责不采丁知县行状，陈公甫有诗曰：“州里欢腾此郡推，挥毫今彻九泉知。古来士论都元气，天下人心自秉彝。太史书须凡例定，相卿爰是长官遗。凭君更向郊原周，怕有人间未采诗。”见《白沙集》。以事忤中贵，谪白泥驿驿丞，迁四川灌县知县，有惠政，配享二郎神司，见《灌县志》。曰德纯，宰青田县，以忤时相调曲江县，铨部以张九龄期待之。曰宗华，钧州知府，有异政，赖平安者数百人，尝以文学受知于大学士廷相，钧人请受壁经，如进士徐衍祚辈，一时登科者皆出其门。曰宗明，历官户部主事员外郎郎中、福建参议副使参政，左右布政都察院都御史，总督辽东诸边务。先是福建积弊，田归宦家，而粮多累诸小民，谓浮粮极力裁革，乡宦深衔之。在辽东沿边诸郡设立城堡，虏入则趋避其中，人赖全活者甚众，辽人每旦夕焚香南拜遥祝。曰宗憲，湖广道监察御史巡按，隆庆以边间任之。时北虏寇，奋身为长城，京师赖无恐，被虏子女，邀截数千人以还，以金旌之。

引自（明）戴廷明、程尚宽等撰，朱万曙、王平、何庆善、于石点校，黄山书社 2004 年 5 月重印的《新安名族志前卷·胡》第 320—323 页。

第五章 家风文化

第一节 龙川村祖训

绩溪龙川胡氏家训（新修）

上知祖宗之源流，下衍子孙之繁续；

修德行人，以守兴业；

隆恩尚义，以惇合族；

读书取荣，以显父母；

患难相恤，有无相济；

敬所当敬，忍所当忍；

以小事大，以卑事尊；

弗见利忘义，以富欺贫；

不因家产起争端，不因田地以生谋意；

五毒不可染，美德尽可宣；

勤俭传家宝，世代竞相传。

第二节　祠规（选介）

一、民国甲子《龙川胡氏宗谱》12 条规

1. 我族自宋明清尚未修谱，后世无传，所传抄录不完。鸾公、诏公、凤公支派纂修，颇费搜讨，参稽互证，悉本乎此。

2. 像以著列祖之仪容，赞以彰先人之功德。像赞列前，尊祖也。

3. 谱首统系始祖常侍焱公，遵录旧谱，重统宗也。晋常侍公而上世次失考，不复为图示，阙疑也。次分系祖万通公，重始迁祖也。

4. 图系用线，五世一图，仿欧苏式也。五系尽而复始，仍以前图第五世冠首，分识其父于上，以次续之端委，世次明矣。

5. 系图皆书名，临文不讳，礼训然也。

6. 系图名下注字及号，次行实、次生殁年月、次娶葬、子女，示有序也；葬不一地，分各注，合称合，异同辨矣；娶不一人，曰继娶，侧室妻妾彰矣。

7. 无子而立同宗子为嗣者，列名于生父下，书某出继某，列图于后父下者，以某儿子继某为嗣，螟蛉抱养概绝不书，免乱宗也。

8. 妇人义当从一而终，有夫亡再醮及有故被出者，虽有子不书，母义所当削也。

9. 家谱与国史异。史以别贤奸，寓褒贬，故善恶并书；谱则当为亲者讳，书善不书恶，如怙恶不悛，贻玷家族者，黜之可也。

10. 祖墓宜保护，某山某向，土名悉书，俾众晓也。

11. 祠产春秋祭祀宜保守字号、税额，载明垂后。

12. 祖宗垂训子孙附列之，遵祖训也；族规，重家法也。

注：这是极为罕见的民国甲子《龙川胡氏族谱》的条规，内容简练朴实，条规对本族存在阙疑的古系及对附列的祖训、族规等，都有如实记录。

第三节　龙川胡氏的村规民约

一、龙川村村规民约

锦绣龙川，绿水青山，乡风文明，社会和谐；
酗酒滋事，偷盗赌博，破财败家，危害良多；
身正为范，德高为美，家庭和睦，邻里互助；
公共财物，大家爱护，蓄意破坏。可恨可恶；
爱国守法、敬业奉献，诚信经营、团结友善；
酗酒驾车、超速行驶，害人害己，坚决遏制；
反对迷信，信奉科学，红白大事，减办为佳；
见义勇为，扶危济困，倡导公平，弘扬正义；
房前屋后，背街小巷，乱堆乱放，行为不端；
森林防火，秸秆焚烧，人人有责，牢记在心；
尊师重教，文明礼貌，勤劳致富，节俭持家；
家风家训，传承弘扬，村规民约，自觉维护；
家庭养殖，文明圈养，垃圾乱扔，人人唾弃；
邪教惑众，造谣传谣，危害极大，涉嫌犯罪；
男女平等，厚养薄葬；移风易俗，破除陋习，
民主管理，珍惜权利，建我家乡，爱我村庄。

二、绩溪龙川“七架”分支——长安镇高杨村村规民约“三字经”

高杨村，山旮旯，资源广，粮为主；
国有法，家有训，村有规，应遵守；

守初心，担使命，爱祖国，爱集体；
党干群，关系融，村风正，治安优；
严律己，宽待人，若为官，要廉洁；
黄赌毒，众远离，偷骗抢，不可为；
公益事，多出力，献爱心，流芳名；
好男儿，去部队，保家园，固国防；
建新房，要审批，滥伐木，必严惩；
保洁费，自觉交，环境美，利身体；
新农保，新农合，惠民生，促保障；
秸秆物，禁焚烧，要还田，保蓝天；
排污水，倒垃圾，不随意，利于人；
家畜禽，要圈养，农家肥，应推广；
红白事，简易办，树新风，破旧俗；
反邪教，不迷信，讲科学，扬正气；
酒醉驾，路杀手，违交规，法必究；
爱儿童，重教育，防溺水，惜生命；
敬老人，孝父母，夫妻和，家业旺；
邻里间，和为贵，做人者，诚为先；
勤劳作，同致富，俭持家，奔小康；
新时代，新理念，不信谣，不传谣；
诸村务，代表议，立标杆，民看齐；
落实好，众受益，传下去，利千秋。

第四节　龙川胡氏迁黔大支族约族规与家风选介

一、族约族规

我族传家，以耕读为重，忠孝为本，讲仁义道德，宽厚待人，热爱祖国，热爱民族，热爱家乡，遵纪守法，讲文明，重礼仪，从事工农商学兵，勤劳致富，注重教育。

国以民为本，民以食为天。故食为首，食从何来，耕也；有食必有劳动，发展生产，有文化，有品德，有修养，即：修身齐家治国平天下。为此，我历代祖训以耕读为重，作为传家中心，世代不可抛废，方能使我胡氏子孙立于中华。

我祖遗训，士农工商各得其所，胡氏子孙，历代个个必须有正当职业，谋求生计，切记：不许不务正业，不许漂游浪荡，不许搞歪门邪道，不许胡作非为。当今从业，以工农商兵为主体，或习一技一艺，维持生活，互相帮助，互相支持。

自古常言说得好，大事不成小事成，脚踏实地谋生路，丰衣足食须苦功，扎扎实实事必成。小生意，起早摸黑苦经营；大企业，运筹帷幄用智慧。求生致富莫压人，莫靠家财莫坐等，坐等吃空万不行。

娶媳择性行，嫁女择郎婿，更择其门第风教之美，既择之而不遇，天也，但不可希图富贵财物。求淑女勿计厚奁，不要重男轻女，不要嫌贫爱富，男女平等，婚姻自由。忠孝为立国传家之本，胡氏传家以忠孝为主，历代我族子孙忠孝者不乏其人，大有人在，于国于家光辉千秋，奉劝诸君行孝道，一件一件记在心，堂前父母西天佛，何必灵山拜世尊，孝顺还生孝顺子，忤逆还生忤逆儿，孝心感动天和地，臣报君恩子奉亲，为人记得这篇话，及早回头孝双亲。

学校教育十分重要，提倡男女都要读书，增长文化知识，才能适应社会发展和社会进步，报效国家，这关系到国家、民族、家族的兴衰存亡。

（引自该谱第八章传承篇第 1413 页）

二、家风

为官为民，家国情怀，清正廉洁，
敦厚淳朴，立德养品，服务国家；
士农工商，遵纪守法，忠孝仁义，
造福子孙，勤劳善良，奉献社会。

此《家风》由万君拟订，经修谱委员会审定通过，凡我族人，须秉承家风，训示子孙，发扬光大为要。

（引自该谱第八章传承篇第 1412 页）

第五节　保护村庄山场生态的碑刻

龙川胡氏宗祠《奉宪碑文》

署绩溪县正堂，加十级，记录十次田，为佥叩给示，勒碑永禁。

事据恩贡生胡炳坤、教谕衔池州府训导胡湛、觉罗官校教习胡泮、布政司经历胡洪溥、浙江即补府经历胡祥麟、翰林院孔目胡成训、贡生胡浣林，生员胡铭浚、胡华照、胡凤仪、胡佩兰、胡大莹、胡琦、胡霿、胡克健、胡良囗、胡良鸿，监生胡嗣怀、胡浣沛、胡浣淦、胡德馨、胡天焘、胡照、胡茂辉、胡胜辉、胡烜、胡名瀚、胡瑞祥、胡成琨、胡俊卿、胡志谦、胡监廷、胡鹤龄、胡柏龄、胡洪泽、胡良本；职员胡作揖、胡浣光、胡明藻、胡洪照、胡良汇；耆民胡金相、胡瑞发等秉称：生等统祖晋散骑常侍焱公，世祖宋提干念五及德应公、伏音公，安葬土名虎林坑，派衍丁繁，寔为发祥之地。该处祖墓来龙，属鳞册“资字”“事字”等号，自龙须山发派，及土名正班坞、金紫山一带，左右山场均为来龙出脉处所。

自宋元迄今，子孙附葬者不可悉数，是以世代相沿。凡属“资”“事”字等号产石山场，无论众业己业，俱不准取石烧灰，亦不得私卖他姓，所以保祖坟，而庇丁命。迭奉前宪示禁有案，兹因派丁无知，不识禁令之严，希射取石之利，业经生等，控奉提究，蒙公处息，情愿受罚伏罪，并安醮祖墓，勒碑永禁，嗣后不再掘为此复申前禁。

佥叩恩赏给示，勒石永禁口存。叹感上秉等情到，县据此除批示外，合行出示严禁。为此，仰该处人民知悉。查得龙须山系郡城来龙正脉，自此分枝及正班坞、金紫山一带，无论众业己业，概行禁止，不得开矿掘损。嗣后如有不肖派丁，沟通顽梗石工，胆敢破禁开矿恃事，许该生等指明禀县以凭，立拿严究，按律重办，绝不姑宽。各宜凛遵毋违，特示。右仰知悉实其。

（清）咸丰七年六月告示

引自《望族的故乡龙川》（洪少锋著）P125/127，合肥工业大学出版社 2005 年 9 月版。

第六章　村级组织

第一节　行政组织

一、民国以前

因为龙川村建村时间始于东晋年间，晋代至唐代一段时间长期属歙县管辖的龙川村的行政区划与功能情况不详，迄至宋太平兴国五年（980）绩溪始定乡里名，县设十个乡二十六里，绩溪县域的龙川村归属始较清晰，龙川村属新安乡十二都龙山里管辖，元代，龙川村仍属新安乡管辖。元代行乡都制，新定每五十户为一社，龙川设社数当在三个左右。另据清嘉庆《绩溪县志》记载，到了元代至元十九年（1282）绩溪有12764户，当时划定有255多个社。明代的乡都划分仍沿袭元制，都以下定每110户编为一图，龙川村是图的常设之村。清代初期沿袭明代的行政制度，到了清顺治初年推出保甲新规，规定每十户立一牌。十牌立一甲，十甲立一保，保甲制从此以后就一直盛行至民国。乡、都、保、里（图）系清代以前乡村基层的行政组织，其主要作用是兴办社学、书院、征收赋税（钱粮），维持基层治安，调处民间纠纷，促进公益事业发展，强化统治等，对此，明万历版《绩溪县志》有些许记载。

二、民国时期

民国时期尤其是抗日战争时期都实行保甲制。这期间出任龙川乡村的负责人，由于年代已久，难以汇编成年份衔接比较紧密的名单，通过查找相关宗谱与档案，能确认先后担任十二都都董的龙川人、祠首和保长、联保主任的有：

十二都董

胡仲镛（民国六年即 1917 年前后）。

胡谦（约民国二十年即 1931 年前后）；这从民国二十年三月十五日绩溪县召开共有 54 人参加的第一次行政会议，十二都的都董龙川人胡谦也应邀参加了会议得到佐证。

龙川胡氏宗祠祠首

胡缉熙（民国六年即 1917 年前后）。

保长、联保主任

胡晓山：任保长期间在民国二十三年（1934）至民国二十八年（1939）间，具体任期待查；新中国成立之初胡晓山还负责坑口部分土改房产所有权证的填发。

胡伯元：抗战期间，民国三十二年（1943）当过保长。

胡欲然：1946 年间担任过保长，新中国成立后曾在本乡汪村任教师，后因查出历史问题被清除出教师队伍，20 世纪 80 年代初落实政策时平反，恢复教师工籍，办理退休教师手续。

在此前后，龙川村的胡之宝也担任过龙川保保长，胡松照任过国民党绩溪县区分部监察委员。新中国建立后在整顿农业生产合作社时被调整社内任职或受到清除出社的处理。

此外，浒里村当时是龙麓保公所的所在地，清宣统末年（1911），胡佑民任龙麓保保长。方本祚在民国二十八年（1939）短暂任过设在浒里的龙麓保保长，浒里村的胡有成曾任国民党绩溪县区分部书记。此外，王思庭当保丁一年，当保长仅三天；胡根桃任保长三个月，即 1947 年 1 月到 3 月。数王福根当甲长最短，即 1942 年中的十天。

甲长及其他任民国时期龙川保其他职务的人员：通过新中国建立后坑口乡的整社和 1956 年城厢区坑口乡党员登记表等资料，梳理出在民国时期（包括抗日战争时期），坑口村为生活和形势所迫，加入国民党或同时担任甲长、保丁、副保长、模范队员的有：胡邦文、胡定燕、胡灶德、胡全贵、胡观志、胡永全、胡汪太、胡观贤、胡社如、胡观安、胡福真、胡连生、胡观生、胡观全、胡福根，胡根寿、胡定高、方汪成、章汪林、章社根、章社贵、章汪水、王福根、方贤生、王思庭等 28 人，其中属章汪水担任甲长时间最长，一共有 5 年 11 个月。担任甲长最短的是胡根寿和胡福真，均仅为一个月。

第二节　政党组织

一、民国时期龙川中共党组织的建立

中国共产党的基层党组织一直是大坑口村迎来新中国成立和新中国成立以后大坑口村开展各项活动和事业发展的领导核心，从 1950 年 9 月 12 日填发的绩溪县扬溪区大坑口村党员登记表可以发现，当时上报的坑口村党支部一共有党员十人。其中，在抗日战争期间的 1943 年 10 月和 12 月，先后入党的有胡社楼和胡守元两人，随后 1944 年又有胡渭元加入了中共党组织。还有胡观生是 1946 年 3 月加入中共党组织的，另外六人都是 1949 年 3 月加入中共党组织的。可以说，中共大坑口党支部早在新中国成立之前就已成立了，大坑口的党员加入党组织时间之早，党员党龄之长，都名列绩溪全县前茅，正是有这一强有力的党支部，大坑口村在新中国建立后开展的各项运动（活动）时，都能带领村其他社会组织和村民卓有成效地开展各项工作，并取得优异的成绩。详见附表。

附表一　绩溪县扬溪区党员登记表（大坑口村 1950 年 8 月 4 日填）

姓名	性别	年龄	文化	出身	成分		入党及转正		现在职务		现职业	籍贯	备注
					原来	现在	入党时间	候补	党内	党外			
胡全贵	男	30	初小	农	佃中	佃中	1949.3 正式	/	支书	治安员	农	绩溪大坑口	
胡美富	男	34	初小	农	贫农	贫农	1949.3 正式	/	组员	村长	农	绩溪大坑口	
刘厚平	男	34	初小	农	贫农	贫农	1949.3 正式	/	宣传	秘书	农	绩溪大坑口	
胡定海	男	56	粗识	农	佃中	佃中	1949.3 正式	/	小组长	农会副主任	农	绩溪大坑口	
胡观生	男	56	粗识	商	贫农	贫农	1946.3 正式	/	党员	/	农	绩溪大坑口	
胡邦文	男	44	初小	农	中农	中农	1949.3	候补	党员	/	农	绩溪大坑口	
胡定燕	男	43	初小	农	贫农	贫农	1949.3	候补	小组长	/	农	绩溪大坑口	

附注：自然村还有三个党员未登上去（指龙坑的胡守元、胡社柱等 1943 年加入共产党的党员——编者注）

附表二　绩溪县扬溪区大坑口村党员登记表（1950 年 9 月 12 日填表）

姓名	性别	年龄	文化	出身	成分		入党及转正	现在职务		籍贯	备注
					原来	现在		党内	党外		
胡全贵	男	30	初小	农	佃中	佃中	1949.3		治安员	绩溪县大坑口	
胡美富	男	34	初小	农	贫农	贫农	1949.3		村长	绩溪县大坑口	
胡定海	男	36	粗识	农	佃中	佃中	1949.3	小组长	农会副主任	绩溪县大坑口	村支书
胡观生	男	56	粗识	商	贫农	贫农	1946.3	党员	农会副主任	绩溪县大坑口	

（续表）

姓名	性别	年龄	文化	出身	成分		入党及转正	现在职务		籍贯	备注
					原来	现在		党内	党外		
胡邦文	男	44	初小	农	中农	中农	1949.3	党员		绩溪县大坑口	
胡定燕	男	43	初小	农	贫农	贫农	1949.3	小组长		绩溪县大坑口	
刘厚平	男	34	初小	农	贫农	贫农	1949.3		秘书	绩溪县大坑口	
胡守元	男	24	粗识	农	贫农	贫农	1943.12			绩溪县大坑口	
胡社楼	男	32	初小	农	贫农	贫农	1943.10			绩溪县大坑口	
胡渭元	男	33	初小	农	贫农	贫农	1944	村副支书	水利员	绩溪县大坑口	

二、民国时期龙川村国民党保甲简况

民国时期国民党为控制乡村组织进而为巩固其在基层统治，采取了许多“组织”措施，如保长、甲长、保校校长，必须首先加入国民党，如担任过龙川联保主任的胡晓山，担任过龙川保保长的胡伯元、胡欲然、胡之宝等人都曾加入了国民党，其中胡松照还担任国民党绩溪县区分部的监察委员，至于担任甲长同时被要求加入国民党的则更多，总数达20余人，这些曾是国民党员的甲长，在新中国成立后开展的农业生产互助组和初级农业合作社的整社过程中都交代清楚了这一历史，并在农业生产合作社运动中担任一定工作。

三、新中国成立之初至改革开放前的党建工作

从土地改革到1983年人民公社生产大队转为村民委员会，坑口乡（坑口村）的中共党组织都一直发挥着领导核心作用。以1952年为例，当时大坑口村党支部的党建工作主要内容有：一、党小组每个星期要开会一次；二、村党支部大会

每半个月召开一次；三、坚持学习制度。根据当时党员标准的第八条规定，党员必须努力学习；四、党支部的月报制度，在每个月的几号前将村党支部的月报填好，上交给区委会。月报的主要内容有：党员思想情况，党支部领导群众起了哪些核心作用，还要举典型例子，反馈村情民意。五、每月五号要将缴纳的党费交到中共扬溪区委会。此外，这一时期所经历的各项政治、经济重大活动，村党支部都起着领导核心作用。比如从 1951 年 3 月开始创办到 1954 年春全部完成组建的坑口乡 20 个农业生产互助组，其中有 14 个是常年固定的互助组，6 个是临时季节性互助组，这 20 个互助组中，有共产党员 14 人，共青团员 36 人，妇女积极分子 11 人。据 1954 年 4 月的统计，坑口村党支部共有党员 16 人，其中男性 15 人，女性 1 人，另加宣传员 3 人，党员中兼任互助组组长的有 7 人。他们都在党支部的领导下，积极组织、引导坑口村 20 个农业生产互助组向正确的方向发展，贯彻党组织的方针政策，其次是 1954 年底完成的坑口乡八个农业生产初级合作社的组建、健全，也始终体现党支部的战斗堡垒作用，在 1955 年秋完成建立的坑口乡耀新、耀光、三八、建新、利民等八个农业初级生产合作社，中共坑口乡党支部在各初级社的建立、健全和整社过程中，一直发挥领导作用，八个初级合作社中一共有 20 名党员、31 名团员、25 名乡政府委员参与其中，党员最多的是建新社，有党员 7 人，其次是三八社和浒川社分别各有党员 4 人，党、团员有 3 人以上的社都设有党小组或团小组，以确保坑口乡的农业合作社建设政治方向正确，这些活跃在农业生产合作社建设中的团员和妇女干部以后都成为坑口党支部的培养新党员的对象，坑口乡农业生产合作社抓政治思想教育工作的主要做法有：一、明确分工，发挥本社各阶层社员的作用；二、运用批评和自我批评的有效形式对社员进行教育；三、通过民校对社员进行教育，民校每星期上两堂政治教育课，教员由副社长兼政治委员担任，同时，农业生产合作社还订有一份《徽州报》和《安徽农民报》，以读报的方式，有的放矢对社员进行政治思想教育；1956 年春开始的城厢区各党支部整建党工作的主要内容有：以学习发展农业纲要四十条和党员八项条件标准为主要内容，结合打消党员对推广双季稻和双季连作的保守思想，经教育普遍提高了思想认识，宣传方式主要有漫谈，黑板报和广播等形式，成效比较显著。1954 年大坑口乡共确认入党积极分子 4 人，其中大坑口村 3 人，浒里村 1 人，1954 年 10 月上旬扬溪区坑口乡确定了四名建党对象，他们分别是：胡观全，男，22 岁，初小文化，时任本乡一小队长，已参加了互助组；胡云昌：20 岁，时任乡财粮委，群众；胡观贵，33 岁，时任乡治安员；方广华：浒里村人，时年 17 岁，共青团员，高小文化，担任乡民校教师。在同年 12 月下旬上报给扬溪区的农村调整培养支部骨干情况统计表中，有关大坑口乡已确定培养为正副党支部书记的对象有 2 人，培养支部委员对象有 6 人，一共 8 人，当时扬溪区共有农村党支部 8 个，党小组 51 个，正式党员 90 人，候补党员 40 人，还有特设的党支部教员共 8 人。20 世纪 50 年代中期，绩溪县城厢区共设有两个总支部，十个分支部，其中在七个分支部中配备了支部教员共 23 人，其中专职支部教员 19 人，教育方法采用集中和分散巡回学习相结合的方式，各农业合作社还配备了政治副社长。1955 年 12 月，坑口乡根据绩溪县委新设乡的安排，由坑口、巧川和划岭里乡的一半合并而成，共产党员人数也因此增加了很多，坑口乡浒里村的党支部书记叫王福根，乡长汪观水。坑口乡 1949 年以前共发展共产党员 21 名，而坑口村的龙坑则在 1943 年就发展党员两名，1946 至 1949 年 5 月这段时间发展的党员众多，如巧川村在 1947 年发展党员 21 名。新中国成立之初，坑口村为纯洁党组织，清除了曾任国民党党员的共产党员 9 人，巧川村也开除了一些曾是国民党党员的共产党员。浒里村开除曾是国民党党员的共产党员 5 人，全乡一共开除 17 人。坑口乡的浒里村在 1949 年以前就建立中共党支部，当时的党支部书记叫方秀文，后来继任书记是方久富，方久富担任支书仅两个月后去了上海。1950 年实行土改时，汪观水担任浒里村党支部书记。1953 年元月整党后，王福根继任浒里村的支书；巧川村从 1947 年由汪观善到巧川村开始发展党员，胡银元和胡定高都由汪观善培养发展，然后由胡银元和胡定高两人继续在巧川村发展共产党员一共 19 人，党支部是在 1950 年土地改革后成立的。岭外村的党支部是新中国在绩溪县建立后才成立的，发展情况详见附表。经 1956 年元月上旬中共绩溪县城厢区有关党员数字的统计，当时大坑口乡的大坑有党员 3 人，坑口乡的汪村有党员 5 人，岱上有党员 4 人，百鸟墓村有党员 6 人，外巧川村有党员 1 人。中巧川村有党员9人，里巧川村有党员5人，合计33人。在此后的坑口乡的农业生产高级合作社、人民公社、坑口生产大队的转型过程中，坑口乡（村）的党支部一直是坑口村各项事业的核心，坑口村的党建工作与时俱进地创新开展，并延续至今。

四、新中国建立后的乡村选举

1.1954年大坑口乡的普选

1954年春大坑口乡进行了一次新中国成立以来规模宏大、操作规范的选举，选举产生了原乡筹委会主任汪观水为乡长、原农会副主任胡柳生、原乡妇会副主任姚月华（女）为副乡长及十名委员的共13人组成的大坑口乡人民政府（详见附表）。坑口乡工作组还为此撰写了“绩溪县大坑口乡普选工作总结”。当时的坑口乡由浒里、畔坑和大坑口三个自然村组成。全乡共有1315人，男636人，女646人。另有149人在外谋业。1954年坑口乡18岁以上的选民有693人，参加选举的有530人。常住人口占总人口的83.4%，参选选民占总选民数的79.8%，未参加选举的选民有男46人，女115人，合计161人。没有选举权的一共有14人。男4人，女10人，还有丧失选举权的病患一共有3人，男2人，女1人。参选人数占选民总数的76.76%，女选民占选民总数的58.33%。

附：绩溪县人民政府扬溪区坑口乡普选产生正副乡长委员简明登记

当选职务	姓名	性别	年龄	原职任	政治面目	备注
乡长	汪观水	男	41	筹委会主任	党员	
副乡长	胡柳生	男	47	农会副主任	群众	
副乡长	姚月华	女	28	妇会副主任	群众	
委员	胡渭元	男	40	乡代表	党员	
委员	方善修	男	35		党员	
委员	王思庭	男	36	治安主任	党员	
委员	胡善庭	男	23	筹委会副主任	党员	

（续表）

当选职务	姓名	性别	年龄	原职任	政治面目	备注
委员	胡禹言	男	23	武装文书	群众	
委员	胡荣昌	男	20	乡税收员	群众	
委员	胡善清	男	39	治安委员	党员	
委员	包大富	男	28	乡队长	群众	
委员	胡守元	男	31	乡代表	党员	
委员	方满体	女	21	乡代表	团员	
说明						

绩溪县扬溪区大坑口乡党员简明登记表（1954 年 6 月 3 日）

姓名		性别	年龄	家庭出身	现在职业	文化程度	入党情况					现任职务		参加互助合作情况			本人简历	备注
现名	别名						何年月	在何地	候补期	转正年月		党内	党外	临时组	常年组	合作社		
胡社桂		男	40	农	务农	初小	1943		3 个月	1943.12								王忠候介绍入党
胡永元		男	32	农	务农	10			10 个月	1950.2								胡社桂介绍入党
胡定海		男	68	农	务农	初小	1943.12											程志堂介绍人
胡全贵		男	35	农	务农	不识字	1949.3	大坑口								社主任		程志堂介绍人
胡渭元		男	48	农	务农	初小	1949.3	大坑口										胡社柱介绍
胡观界		男	41	农	务农	不识字	1944.1			1947.9								程杏孙、孙观海介绍
王镛根		男	48	农	务农	初小	1950.3	芜湖							组长			方秀世介绍
胡善清		男	40	农	务农	初小	1949.5								组长			方秀世介绍

（续表）

姓名		性别	年龄	家庭出身	现在职业	文化程度	入党情况					现任职务		参加互助合作情况			本人简历	备注
现名	别名						何年月	在何地	候补期	转正年月		党内	党外	临时组	常年组	合作社		
方善修		男	36	农	务农	初小	1949.8	本村							组员			汪干模介绍
王翠仙		女	26	农	务农	初小	1949.8	本村							组织			方界恒介绍
洪华利		男		农	务农	初识												方秀女介绍
方贤生		男	53	农	务农													方秀女介绍
汪观水		男	42	农	务农		1949.5	本村										汪开根介绍

五、改革开放以来

1. 龙川村基层党组织

龙川村现设党委和村民委员会，党委下设 3 个党支部，8 个党小组，党员 103 名，经 2021 年底换届选举后，新一届龙川村两委成员是：胡友农：村党委书记兼村委会主任；胡微亮：村党委副书记兼村委委员；方泳青（女）：村党委委员、村委会副主任；胡建武：村党委委员，村监督委员会主任；胡春苗（女）：村党会成员；胡杭琦（女）：村委会委员。其中“光荣在党 50 年”的党员 10 名。2011 年新建村部大楼（党群服务中心），建筑面积 1762 平方米。

龙川景区于 2012 年获评为国家 AAAAA 级旅游景区，2012 年龙川村被列为第一批中国传统村落；2017 年设立国家级龙川风景名胜区；该村获“全国民主法治示范村”、“全国妇联基层组织建设示范村”、“全国文明村镇”、国家级“生态村”、省“五个好村党组织标兵”、省“先进基层党组织”、市“十大美丽乡村”、市“十大美好乡村”等称号。胡强、胡武明、包兴华、许秋玲、方泳青、王正波获评“宣城好人”。

2. 村妇女联合会

民国以前坑口村妇女维护权益的民间组织或团体资料失考，到了民国早期，由于受绩溪县成立妇女天足会的影响。坑口作为毗连县城的大村，村中妇女放足和天足者越来越多，长期困扰妇女生产、生活的缠足陋习逐渐被铲除。

而作为在抗日战争时期安徽省未沦陷的14个县之一的绩溪县，在民国二十七年（1938）也成立了妇女抗敌协会，简称妇抗会，在妇抗会的领导下。包括毗邻县城的坑口村在内的一些妇女也参加了抗日救亡运动，自发地向抗日将士募捐寒衣和慰劳金，缝制布鞋，为抗日战争尽了绵薄之力。

1949年10月，绩溪县正式成立了县妇女民主联合会，坑口村（乡）也于1950年成立了村（乡）妇联会，同年9月和12月两次召开了全县妇女代表大会，全县妇女参加政治活动、学习文化和新《婚姻法》掀起了高潮，坑口村（乡）的妇女在1951年为支援抗美援朝战争捐款。1950年元月1日上报的数字大坑口参加妇会有89人，经过土地改革后的整顿和发展，坑口村妇会会员163人，坑口村1952年夏邱仙任村妇女主任，章菊娟1954年任村妇女会副主任，1956年起任坑口村妇女会主任，之后的张兰娟任龙川村妇女主任任职时间较长；现任村妇女主任叫胡春苗。

瀛洲公社第四次妇女代表大会（1978）坑口村代表一览表

序号	姓名	生产队名称	出生年月	备注
1	张兰娟	向阳生产队	1926	时任村妇女副主任
2	胡秀花	龙须生产队	1932	
3	胡卫平	龙须生产队	1959.5	
4	胡韵玲	燎原生产队	1958.6	时任生产队副队长
5	胡爱时	东风生产队	1954.4	
6	丁丽亚	向阳生产队	1956.11	中共党员
7	胡华苹	红旗生产队	1959.10	
8	汪如清	龙坑生产队	1956.4	
9	胡春月	红旗生产队	1953	
10	章宝仙	东风生产队	1933	
11	程亚芬		1956.8	

3. 村共青团

坑口村共青团的前身为1949年秋成立的绩溪县民主青年联合会的下属一个支部。1949年10月绩溪县开始筹建中国新民主主义青年团绩溪县工作委员会，先在县直机关、县中和县工商系统等单位成立团支部。到了1957年，易名为中国共产主义青年团绩溪县委员会，坑口村的团支部也由此才确定正式名称并沿用至今。1950年元月1日上报的数字，坑口有青年团10人，土地改革后，经过整顿和发展，坑口村有青年团12人，1954年，大坑口乡有团支部1个，团员37人，根据1954年6月下旬共青团绩溪县扬溪区的组织发展工作计划，区在坑口乡拟发展团员4人，安排在夏季和冬季两个阶段发展。1955年7月，扬溪区共选出团代表20人，其中坑口乡有3人，代表选取与否，主要以在农业生产互助合作和创办农业生产合作社的运动中的表现为主要评价指标。

1956年5月中旬，绩溪县城厢区开展了结合整社建社的整团工作，是年坑口村团支部书记叫邵其乐，以高村乡团总支的整团工作为标杆，有八个超龄的团员办了退团手续，坑口乡的前锋农业生产合作社的团支部还组织了青年突击队，开展插秧和旱季抢收工作，成效比较显著。当时城厢区团委规定，有团员十人及十人以上的乡建立团分支部，坑口乡的生产队有团员3人以上的则建立团小组，团总支委员会一般由11至13人组成，设团支书1人。副支书1至2人，组委1人，宣委1人，生产合作委1人，纪检委1人，扫盲委1人，血防委1人，妇女委1人，少儿委1人，体卫委1人，绿化委1人，配备人员较多，分工比较明细。经1956年元月上旬城厢区的统计，当时坑口乡共有团员39人，其中大坑有团员4人，汪村有2人，岱上有团员7人；百鸟墓有团员6人，外巧川村有团员5人。中巧川村有团员10人，里巧川村有团员5人，一共39人。

1977年元月，坑口村有团员59人，团支部书记汪锦佳、副书记胡度时（女）。

坑口大队1961年团支部及团员一览表

序号	姓名	性别	入团时间	团内任职	家族成分	其他任职	备注
1	胡长乐	男	1952	团小组组长			初小文化

（续表）

序号	姓名	性别	入团时间	团内任职	家族成分	其他任职	备注
2	胡家顺	男	1952		中农	生产队长	
3	张永平	男	1956		贫农	会计兼统计	
4	胡腊桂	女	1952				
5	方庆介	男	1956				
6	章明文	男	1954.10				
7	洪观仙	女	1953				
8	胡秀琴	女	1950.3				
9	胡和乐	男	1953.3				
10	胡金芝	女	1950.3				
11	方体芳	女	1950.7				初小文化
12	胡华明	男	1953.2		中农		
13	胡美利	女	1953.2	团支部书记	中农		
14	胡观金	男	1953.2		中农	生产队长	
15	胡美仲	男	1950.3		中农		高小文化
16	章全如	男	1950.3		中农		
17	张计体	男	1950.3				

4. 村民兵组织

坑口村的民兵组织最早筹建于新中国成立之前的 1949 年初，当时属于苏浙皖新四军的外围组织。1949 年 5 月新中国在绩溪县成立后，随着坑口村民主政权的建立，民兵组织也随之正式成立起来，1950 年 12 月下旬人民武装自卫队（后来统称为民兵）员 114 人，基干自卫队员 30 人，同年 12 月下旬横川村有人民武装（自卫队）队员 15 人，基干队员 8 人；

其主要任务是开展反霸斗争，协助基层政府抓捕逃亡的反革命分子，维护社会治安，保卫新生的基层人民政权。1952 年，中共中央和政务院颁发《民兵暂行条例》，坑口村就有了民兵连排班编制，1958 年已划属绩溪城厢区管辖，坑口大队设民兵连长一个。

之后又于 1962 年 4 月坑口村的民兵进行了整顿，坑口大队党支部书记多兼任民兵连长或指导员，1976 年又设立了群众专政的民兵指挥部。随着 20 世纪 80

年代初实行改革开放，坑口村的民兵组织的职能以协助乡镇武装部征兵、关心有条件的退伍军人申办定补等工作为主。1986 年，坑口村民兵连指导员由村党支部书记钱来富兼任。

5. 关爱孤老协会

龙川村的老年协会先成立于 2008 年，之后于 2012 年成立龙川村的关心下一代协会，村老年协会会长和关协理事长都由胡少白兼任。举办的活动主要有舞龙、舞狮和为龙川小学学生上革命传统教育课和村史课。还有重阳节慰问老年人，高考结束后奖励考取大学本科的学子，每年春节前还举办写春联、象棋和扑克比赛等文娱活动。

附录：龙川村新中国成立后担任过村主要领导的名录

查绩溪县第四区（扬溪区）、城厢区和瀛洲人民公社（瀛洲乡、镇人民政府）等资料，坑口（大坑口、龙川）在新中国成立以来，担任过主要乡村干部的并不限龙川的胡姓，新中国成立前迁入龙川的友姓担任村主要干部的占相当比例，如 1951 年坑口村长张春发，村农会主席王嫩木；1950 年 9 月的报表同时证明，当时坑口村的党支部书记叫胡定海，胡定海也是 1949 年 3 月入党的，1952 年夏。汪观水任浒里村党支部书记；胡松发任横川村党支部书记；1953 年至 1956 年任坑口村党支部书记是王福根，1955 年下半年坑口乡乡域扩大，划岭里乡的一半、巧川村等村并入坑口乡，调整后的坑口乡党支部书记为汪观水，乡长章汪水。1958 年 7 月起坑口前锋农业生产合作社党支部书记是包大富，社长是胡荣昌；1958 年 12 月整党后新任村党支部书记是胡新长，从 20 世纪 50 年代后期开始，坑口村就由包大富担任村党支部书记兼大队长（革委会主任）并一直连任至 1976 年，其间 1965 年，坑口大队由邵其乐担任过大队长。1976 年底至 1985 年初，坑口大队（坑口村委会）的主要负责人是胡云昌和胡连根，1986 年由邵宗云任坑口村村委会主任，1986 年后至 1991 年钱来富任坑口村党支部书记，1992 年至 2001 年，由胡观炎担任大坑口村党总支书记。2001 年，胡亦俭开始担任坑口村党支部副书记，之后一直由胡亦俭担任坑口村党总支书记，并兼任两届村委会主任至 2021 年 12 月。其间，胡利文于 2008 年至 2011 年担任龙川村委会主任；2011 年至 2014 年由邵千军选任龙川村委会主任。2021 年 12 月迄今，由胡友农担任龙川村党总支书记兼村委会主任。

第七章　生产形式

第一节　土地私有制与租佃制

明清时期乃至上溯至元宋以前坑口村内的田地、山场多归私人所有，子承父业，田地可以租典，买卖自由，耕地总面积约为1300亩（含旱地）。坑口的祠田不多，有20多亩，桥会的田地山场也不多，归桥会“众有”。作物一稻一沤（冬季翻耕沤田）或一稻一麦（油），无水源的田块则种玉米、高粱等旱粮。随着清代中期许多水塘和河堨等水利设施的修筑，作物一年两熟比例有所上升，但亩产不高，一般在200—300斤之间。若遇荒年，缺粮户十有六七。故需每年从外地运进粮食以补不足。迄至民国，田地所有制仍未改变，但田地被旅外富商或豪绅兼并的现象严重，一些农户沦为佃户或雇农，尤其是坑口的龙坑自然村村民多租种龙须与坑口的富户水田，生活艰难。

民国以前坑口村民的农业生产技术落后，作物产量不高。水田冬种小麦或油菜。夏种白谷、金裹银、毛糯等长秆稻种，多施用有机肥。遇虫害，采用滴桐油、撒枯饼或手捉的土法防治，常用的农具有牛力牵引的木犁、耖耙、踏耙及锄头、板屋等，工效不高。

附录：新中国成立前的农民协会。民国十六年（1927）2月，国民党绩溪县党部农工部指导成立县农民协会，章剑候、曹成琪、曹茂祖等先后担任会长。同年三月初，各区乡成立分会，四月大坑口、仁里、油坑口和临溪村会会员数百人进城，同城区工人、市民一道揪斗贪污勒索、草菅人命的县警察局长（代理过县长）金铭。经驻城的国民革命军第二军第六师公审，判处金铭有期徒刑五年。此后，区乡农会又相继游斗当地民愤极大的土豪劣绅。同年6月下旬，县区乡农协会被政变后改组的国民党县党部取缔。民国二十三年（1934）7月，国民党绩溪县党部恢复农民协会，并令全县重建12个乡镇分会。民国三十二年（1943）国民党绩溪县政府强制全县13个乡镇恢复农会，至民国三十五年（1946），除来苏大障等乡外，均已成立，会员达4245人。

第二节　大坑口及所辖各村的农民协会

1949年7月，绩溪县农民协会筹备委员会成立，同年9月召开农民协会成立大会，包括大坑口在内的农民代表共3864人参加，同年底会员就增至6920人。大坑口村也成立了农民协会。1950年，大坑口农会有会员180人，妇女联合会会员89人，青年团团员10人，民兵有28人，土改后发展农会会员共288人，妇女联合会会员163人，共青团团员12人，民兵29人。1950年土改前大坑口村农会的成分构成是：贫农119人，中农66人，地主1人，富农1人，一共180人；参加妇女会，简称妇会：贫农：42人；中农：47人，一共89人，参加青年团：贫农2人，中农8人，地主1人，一共11人；参加民兵：贫农7人，中农21人，地主2人，一共由30人组成。

大坑口村的农会下设组宣股、治安保卫股、没收分配股、生产股，共四个股。大坑口农会成分构成是：贫农112人，中农66人，富农1人，地主1人。妇会有贫农42人，中农47人。共青团中有贫农2人，中农8人，民兵中有贫农7人，中农21人。

在土地改革过程中，大坑口村被开除的农会人员有 2 人，共青团有 2 人，民兵 1 人，共 5 人。同时，在土地改革过程中新发展的农会成员有 110 人，妇女会有 74 人，青年团有 3 人，民兵 8 人，共 195 人。壮大了在区乡党委（党支部）领导下的村土地改革的力量。另据 1950 年 12 月上旬填报的第四区大坑口农民代表汇总表载，大坑口代表的配额数为 40 人，其中贫下中农 20 人，占 50%，中农 20 人，也占 50%，大坑口农协干部共 11 人，正副主任 4 人，男女各 2 人，委员 7 人，男 4 人，女 3 人，协会依法没收、征收地主、富农的土地分配给本村的贫雇农，没收和征收地主多余粮食也分配给贫雇农。又据 1950 年浒里等村统计，该村总人口 369 人，横川 315 人，大坑口 898 人。1950 年大坑村农民协会干部：正副主任有 4 人，委员 6 人，合计 10 人，其中贫农 3 人，中农 7 人。1950 年浒里土改总结大会选出农会主席方定生、副主席汪观生。至 1951 年，大坑口村设村长 2 人，村委 6 人，农会主席一正三副共 4 人，委员 3 人，农会代表 20 人，会员共 136 人，张春发是大坑口村长之一，王嫩木是大坑口村农会主席之一，这个新中国成立后不久成立的大坑村行政班子对本村的土地改革、成立农民生产互助组等，都起了重要作用。至 1954 年 7 月，中共绩溪县委成立农村工作部，各乡村的农民协会随之撤销。

第三节　农民土地所有制（土地改革）

1950 年秋开始的绩溪县第四区土地改革，以横川村为核心组，具体协调、指导大坑口、瀛洲、浒里、梧村、百龙、云阳、孔岱、巧川、周仙、横川、王村十一个村的土地、房产改革。坑口村的土改则正式开始于 1951 年 8 月 8 日，坑口村（含龙须 . 龙坑）在绩溪县委土改工作队的指导下，开展了本村的土地改革运动。当时坑口村有 445 户（含横川），1120 余人，全村包括祠田、学田在内共 976 亩，本村的农民协会在土改中发挥了重要作用。坑口还成立了由 34 人组成的土地改革发证委员会。具体负责本村土改工作，土改工作内容主要包括土地、房产（含祠堂庙宇等）调查、登记以及填写土地证草表等，工作量巨大，因此坑口村又动用了回乡的一些原工商职员和小学教师参与，经过调查，土地、房产面积匡算和阶级成分的划分，坑口村共划分了 5 户地主，1 户富农，没收和征收了一些地主和富农的土地，然后进行土地登记、地籍整理，土改证的抄录和颁发土地证，经过这几个阶段，终于于 1951 年 9 月完成了坑口村的土改任务，通过土地改革，坑口村共有 455 户的农户（包括坑口的上元桥会和杨桥会的土地在内，坑口行政村的土改发证分大坑口与坑口两拨填发，其中署名坑口的土地房产所有权证的有 330 户，署名大坑口颁发的土地房产所有权证的有 115 户），另上元桥会的可耕地有 0.424 亩，代管人是胡其宝；杨桥会有可耕地 23 段，计 6.222 亩，可耕地计有 19 亩，但坑口众多的祠堂厅屋的土改登记资料却未能查到。与坑口同步进行的土改工作的浒里村，土地房产所有权证由方生云填发，共 149 户份；其中坐落在浒里的南隅支祠——宫保堂，登记有瓦房 6 间，计 0.55 亩，由胡如春代管；方姓登记的大小支祠有四座。德兴公祠：瓦房 1 间，建筑面积 0.198 亩，由方松彬代管，68 户共同登记；志良公祠，瓦房三间，建筑面积 0.22 亩，代管人是方善修，由 10 户共同登记；元容公祠：瓦房 1 间，建筑面积 0.066 亩，由方观信代管，21 户共同登记；善德堂：瓦房 3 间，建筑面积 0.055 亩，方汪信代管，8 户共同登记；龙川村的龙须土地房产证共颁发了 53 份；现龙川村的横川村民组（原横川乡）的上横形村的太子堂、高氏宗祠、洪氏支祠，下横形的王氏支祠与大坑的胡氏祠堂也都在土地改革期间进行了登记，确立代管人并颁发了土地房产所有权证。包括横川三个自然村在内的坑口土地房产证由胡晓山填发，共 330 户，时间均为 1951 年，由村长或农会主席担任财粮委员兼秘书，其他村干部为当然委员。与全县的土地改革发证整籍工作内容一样，坑口村的土改发证整籍工作分为三个阶段，第一阶段从 1951 年 9 月 5 日起开始，分为宣传教育阶段，共七天，第二阶段共九天，以解决土地改革遗留的问题。第三阶段，填表发证一共七天，填好后逐户上门宣读，有错即纠。发证时结合抗美援朝、中苏友好及生产代耕等工作结合进行。又依据政策征收富农、工商业主规定范围内的土地、房屋分配给无地或少地的贫困农民。由于龙坑自然村的许多村民都是民国时期从十五都岔坑为了谋生迁来龙坑种山租田维持生活的，得益于这次土改，龙坑村的许多村民都分得了土地，为妥善结束第四区的土地改革，第四（区公所设扬溪）区及15个村主要干部于1951年6月26日召开全区村干部联席会议，布置结束土地改革的准备工作，会期两天。会议围绕发证、整籍和评产三位一体的中心工作展开，会议同时结合捐款支持抗美援朝、镇压反革命（包括管制工作）以及发展生产等。

附录：编者另通过细阅近年编纂的《龙川胡氏宗谱》有关坑口祠堂、厅屋的名称和面积，了解到新中国成立前坑口十三座祠堂、厅屋的有关数据，依次是：六三公祠（协根宅）三架：建筑面积0.316亩（210.67平方米，下同），宝勅楼（厅房三间），0.12亩（80平方米）；顺德堂（厅房三间），0.173亩（115.32平方米）；崇德堂（瓦房三间），0.316亩（210.67平方米）；大宗堂（厅屋三间），0.665亩（436.67平方米）；少保府（瓦房三间），0.382亩（254.67平方米）；怀德堂（寿根宅）；六九公祠（中桥头），一架二房0.312亩（208.13平方米）；御书楼：0.2亩（133.33平方米）；通德堂（瓦房三间）0.115亩（76.67平方米）；思敬堂（厅房三间，后为村医疗室），0.155亩（103.33平方米）；苏州厅（少保府后竹园）尚书府（瓦房三间）0.438亩（292平方米）。这对研究坑口胡氏祠堂、“官厅”的分布、构成及面积很有助益。

第四节　互助组

随着全国范围的土地改革任务的完成，党中央又发出了开展互助合作运动的指示。广大坑口村的农民积极响应党的号召，鉴于土改后，农户的生产资料占有不均衡，有的有役牛、耕具，有的却没有，因此影响了农民生产的积极性。大坑口村的农业生产互助组始于1950年11月党员胡全贵在县参加的党员训练班，在党训班上胡全贵听取了关于发展农业生产互助组的报告，1951年1月胡全贵就在大坑口创办了一个季节性农业生产互助组，由此拉开了大坑口村创办农业生产互助组的序幕。1951年5月，加入胡全贵任组长的季节性互助组的农户就达到29户。同年9月，胡全贵任组长的季节性互助组又转为固定性的农业生产互助组。从当时相关的统计报表来看，坑口乡（含浒里）的互助组的创办形成高潮的阶段是从1953年1月到4月，极少数创办于1954年1月。互助组参加人数最多的是胡定燕任组长的常年固定互助组，入组人数有119人，入组人数最少的是王万祥任组长的季节性临时互助组，入组人数为12人。在20个两种类型的生产互助组中，共有14名党员和36名团员参与各个互助组，绝大多数还担任互助组的领导职务，在坑口乡的各生产互助组中起着领导核心作用，此外20个生产互助组正组长全由男性担任，其中11个组配备了女性副组长。明细情况详见坑口乡互助组组建情况概览表。至1953年秋，绩溪县第四区坑口乡互助组建立健全的情况是：临时季节性互助组一共建有6个，参加农户48户，210人；常年固定的互助组有13个，参加农户有182户，733人，另经1953年5月1日统计，坑口乡（含浒里）仍有单干农户52户，共144人，耕牛6头，坑口乡只能说基本实现了全乡村民都参加互助组的目标，坑口乡之所以取得这么优异的成绩，与时任乡党支部书记胡定海、村长张春发和乡农会主席王嫩木等乡主要领导的坚强领导密不可分，当时坑口乡党支部副书记胡渭元、乡农会副会长兼党支部宣委胡金柱都担任互助组组长，乡党支部书记胡定海同时兼任互助组组员。如胡浩然任组长的龙上互助组，建组当年，粮食就增产二成。为方便指导促进互助组的工作，乡和区政府还专门设计一种表格，对参加互助组的总人数、整半劳力、土地面积、种植粮食作物品名以及耕牛、农具和互助组负责人、生产情况等分项填入表中。1955年三四月间，坑口村的多个农业生产互助组组成组联会，由组联会主任、副主任联署向村党支部提交申办农业生产初级合作社的申请，然后由村党支部将办社申请转呈区委会和中共绩溪县委农村工作部。同时，办社成功的初级农业生产合作社还同时纷纷制定社章。

附坑口乡互助组组建情况概况表（1954 年 2 月填）

互助组名称	筹建时间	形成专业常年性时间	人口			劳动力			耕地		大型农具					耕畜	党员	团员
			男	女	合计	男	女	合计	水田	旱地	犁	耖	耙	水车	板屋	黄牛		
三八合作社	1951.3	1954.2.27	29	21	50	14	16	30	62.04	5.82	9	4	3	2	2	4.5	2	6
方汪成（组长）	1953.7	1953.3	14	21	35	4	11	15	36.3	9.7	6	4	2	3	1	2.5		2
胡善清（组长）	1953.1	1953.3	11	18	29	7	5	12	34.55	10.65	6	4	4	5	2	5.5	1	2
方本祚（组长）	1953.3	1953.3	31	30	61	13	17	30	78.95	19.19	14	12	12	9		12	1	2
方家宿	1953.3	1953.10	19	19	38	8	11	19	36.2	11	5	4	3	4	1	5	2	1
王福根	1952.2	1952.2	19	16	35	5	11	16	42.05	13.6	8	8	5	8	4	4	1	2
方善修	1953.3	1953.3	29	28	57	11	15	26	32.95	28.25	15	10	13	8	4	4.4	2	4
张家桂	1953.3	1953.3	17	24	41	9	17	26	57.35	9.83	10	6	7	7	2	5.75		1
胡善庭	1953.4	1953.4	25	23	48	12	15	27	59.23	9.83	7	7	6	7	4	6.5	2	5
胡松义	1954.1	1954.1	32	32	64	15	17	32	80.36	17.61	18	8	9	8	2	12		2
胡定燕	1951.10	1952.2	59	60	119	56	36	92	119.10	18.6	12	8	8	3	5	9.5		4
刘厚平	1953.1	1953.1	39	52	91	18	24	42	95.00	14.6	17	12	7	8	1	9.25		1
王嫩木	1951.10	1951.10	15	25	40	8	13	21	46.15	5.1	4	2	2	4		3		
胡松熙	1953.8	1953.8	12	19	31	5	9	14	30.81	6.375	8	5	5	5	3	4		
胡汪灶	1952.2	1952.2	25	33	58	12	18	30	69.2	11.57	9	9	7	8	3	7	1	
胡灶贤	1953.3		5	7	12	3	6	9	20.95	3.1	4	4	2	2	1	3.5		
方灶德	1953.3		11	8	19	5	4	9	22.1	4.7	2	2	1	2	1	2.25		1
胡守元	1953.3		46	51	97	37	11	38	54.3	13.13	12	7	7	9		9.5	2	2
张世益	1953.3		16	14	30	6	5	11	20.98	5.2	4	4	3	4		4		1
吕观庆	1953.3		12	10	22	4	6	10	17.75	5.71	4	4	4	4		1.75	1	
王方祥	1953.4		6	6	12	4	3	7	9.1	5.3	2	4	2	1	1	1.25		

注：三八农业初级生产合作社是坑口乡由互助组转为农业生产初级合作社最早的一个。

第五节　初级社与高级社

一、初级农业生产合作社

坑口村在时任村农会主席王嫩木、副会长胡全贵的具体负责下，继完成土地改革和发放土地房产所有权证后，又按照党中央的统一部署，逐步走上集体化的道路，于是就从1954年起，把坑口村办得比较好的互助组及时引导向初级农业合作社转化。初级农业合作社按照自愿的原则，农民将现有的土地、耕牛、农具等作为股份入社，也即均作价算为公积金。社员入社的劳动付出，实行评工计分，年底分配，刚建立的初级社规定，社员退股，允许带走入股的土地和公积金，体现了入社自由自愿，退社自由的原则。其时，农民的土地由初级社集体经营，年终能得到纯收入20%—30%的分红。也就是说，初级社保留了农民的土地所有权，因此属于半社会主义的性质。1954年9月下旬，坑口乡确定胡生义、胡德灶、胡定燕、汪福根任组长的四个常年固定的农业生产互助组，为本乡第一期创设农业生产初级合作社的对象。1955年1月，坑口乡对粮食统购统销的有关数据进行了总结：1954年全乡有余粮户为91户，共246人，够吃户有69户，共194人，缺粮户为179户，有713人；1955年全乡余粮户143户，有431人，够吃户达49户，共166人，缺粮户有154户，共有人口430人。全乡食用量粮食总数为608529斤，1953年缴纳公粮为53200斤，1954年缴纳公粮为55927斤，1954年共实统销粮食97600斤，共统购粮食数为37028斤。1955年全乡统销粮食87395斤，1955年全乡共实统购粮食75183斤。

1955年三四月间，坑口乡的多个互助组成立组联会，先制订龙川乡初级农业生产合作社的社章，同时向龙川乡、扬溪区区委提出办初级合作社的申请。坑口基点乡——“三八”农业生产合作社的基本情况是：该社成立于1954年1月，入社农户共14户，男社员有27人，女社员25人。田根据肥瘠划分为九个等级，地划分为三个等级；农业社内有共产党员 4 人，团员 4 人，群众 44 人。由于坑口乡发展农业生产互助组的基础扎实，再加上本乡三八生产互助组率先在坑口乡成立了农业生产初级合作社，1955 年春，坑口乡建立农业生产初级合作社迎来了高潮，在此期间相继建立了耀新、耀光、建新、利民、裕民、浒川、群力七个农业生产初级合作社，耀光社的主任是胡炳如，副主任是包大富、胡永吉；裕民社的主任是胡观全，群力合作社的主任是胡荣昌，“三八”社的主任是胡全贵，1954 年 9 月中旬，中共扬溪区委撰写了关于坑口乡农业生产互助合作情况的调查报告，又称绩溪县扬溪区坑口基点乡“三八”农业社调查报告。该报告称：坑口乡的“三八”农业社成立于 1954 年元月，1953 年“三八”社水田亩产达 497 斤，1954 年计划达 555 斤。当时对水田的估产分为八个等级，旱地估产达三个等级。1955 年秋，经过听取各社的反馈意见，当时任坑口乡整社负责人的程观林对少数有历史问题或表现不佳的社负责人进行了调整，个别人还被清除出社，坑口乡建立农业生产合作社的流程主要有：一、宣传教育阶段；二、生产资料作价入社，土地定租，耕牛作价入股；三、总产量中提出 5% 作为公积金；四、通过一定程序产生合作社的干部并制定各项制度。另根据扬溪区党委对坑口乡农业生产合作社由初级向高级发展的 1955—1957 年的计划安排，坑口乡的六个农业生产初级合作社要合并成全社会主义性质的大型合作社，两个初级社合并成为半社会主义性质的农业生产合作社，为全部建成一个坑口乡的农业生产高级合作社奠定基础。

附扬溪区坑口乡农业生产初级合作社基本情况表（1955年8月）

社名	户数		人口			大型农具						土地面积			劳动力		役牛		政治面目		行政职务			
	原有	现有	男	女	合计	犁	耖	耙	水车	板屋	其他	水田	旱地	其他	男	女	大	小	党员	团员	半脱产	政府委员	代表	部门主任
辉新		20	37	36	73	7	7	7	2	8		63.17	46.8		21	27	6	2	1	1		3		
跃光胡炳如		30	49	73	122	24	17	16	4	14	24	132.5	63.29		29	41	14	2	1	5	2	1		
建新		23	42	56	98	16	13	13	6	14	2	102.6	47.2		21	27	8	2	7	5	1	5	3	1
利民		23	34	52	86	10	10	10	4	10	1				19	27	10	3	2	2		3		1
三八胡全贵	14	19	38	37	75	12	6	7	3	7	10	72.17	45.32		30	21	5		4	5	1	5		1
裕民胡观全		25	39	49	88	7	7	7	3	10	1	102.8	18.7		28	28	6	1	1	6		4	1	
浒川		25	47	55	102	15	10	12	4	9	1	102.6	31.26		20	27	10	2	4	5	1	4	2	
群力胡云昌		25	43	58	101	16	8	13	2	9		166.8	191		22	27	7	2	1	3				4
合计		190	329	416	745	97	78	85	28	81	39	680.64	271.67		190	213	66	14	22	32	5	25	6	7

注：社名栏内的名字即社长，其他社因原社主任有历史政治问题，经整社负责人同意被调整或开除出社。

二、高级农业生产合作社

1956年初，坑口乡已划归城厢区管辖，坑口乡辖12个村：坑口、浒里、岱上、汪村、龙坑、龙须、百鸟墓、外巧川、中巧川、里巧川、杨滩、前村、上村。坑口乡整建党结合整社，从1956年春开始至同年8月基本结束，为期7个月。为了加强坑口乡对并社、升社、扩社工作的领导，乡成立了由九人组成的临时党总支部。坑口乡的整建党结合整社的主要做法有：全乡分为三个片区由支委分工包片；以抓生产为中心安排整党整社工作，同时将一些党员和干部在建社过程中的表现分为四个类型：积极负责型有17人；工作成绩一般的有30人；工作相对落后，对待工作态度也不好的有5人，脱离群众、走资本主义道路的有1人，乡党支部对上述四类党员和社干部分类进行思想教育，同时整党和整社与培养积极分子相结合。是年，坑口乡共培养新党员8人，培养积极分子13人。消灭了无党员驻社的农业生产合作社两个，即农益社和新光社。是年，绩溪县城厢区把坑口乡的结合整党将扩社、并社、升社作为成立高级农业生产合作社的经验总结后在全区推广。

1. 在合并合作社、扩大合作社和升级合作社方面，坑口乡走在城厢区全区的前列。全乡当时参加农业合作社的农户有547户，占本乡农户总数的98.15%，其中参加高级社的农户有530户，占全乡农户总数的95%，1956年10月中旬以后，坑口乡的农业生产合作社由低级向高级合并的方向转化。到了同年十月下旬，坑口乡将原来的七个农业生产合作社合并成立一个高级农业生产合作社，入社的农户达310户。

2. 抓生产成绩显著。根据县三级扩大干部会上宣布的计划，坑口乡分别在各个合作社制定了秋耕、秋种的生产计划，原计划全乡旱季作物种植1990亩，实际完成2060亩，超过计划的3.15%；

3. 帮助有党员身份的社长转变思想。如坑口乡岭外初级合作社的胡根桃社长，在初级社转为高级农业生产合作社筹委会时，曾坚辞不任，想撂担子，后经党支部做工作转变了思想，乐意担任岭外农业初级社升格为高级农业生产合作社筹委会的主任，使岭外的升社工作进展顺利。在绩溪县委农村工作部的统一安排下，才建立、健全不久的坑口乡的三八、利民、耀新、浒川等八个农业初级合作社合并成一个前锋高级农业生产合作社，坑口乡所属的龙坑自然村则成立了龙坑高级农业生产合作社，龙须也成立了龙须高级农业生产合作社，前锋高级农业生产合作社辖红旗、东风、燎原等六个生产队，也就是后来人民公社成立后坑口村生产组织的基本框架，首任高级社社长是胡全贵。坑口村的三个高级农业合作社取消了入社农户的土地分红和初级社的分配权限，高级社同时还设立管理委员会和监察委员会，生产队为基本的劳动组织形式。当时坑口村共有人口1172人，其中男526人，女646人，水田有1227.4亩，旱地372.9亩。根据城厢区农技站提供的数据，当时坑口乡种植的双晚稻品种有小红稻、小冬稻等，从1957年开始，又实行“三包”“五定”到生产队，即包工、包产、包费用，定品种、定产量、定肥料、定技术措施、定工分，超产归生产队所有，减产赔偿，因而较好地调动了社员的积极性。1956 年，根据坑口乡前锋高级农业生产合作社结算分配计划表得知，该计划表分为收入、支出和分配三大类。收入部分的主粮品种有小麦、大麦、油菜、豌豆、稻谷、蚕豆、晚稻、糯谷、芋头、高粱、黄豆、玉米、花生等。经济作物和农副产品收入来源有笋干、蚕茧、茶叶、鱼苗、草鱼、水碓、茭白、油坊、柏子、甘蔗、劳务输出等。费用支出主要是生产行政类支出、公积金、公益金和应分配数这四大类构成。

第六节　人民公社

一、人民公社

1958 年 10 月，绩溪县全面推行人民公社化，成立了六个人民公社，实行政社合一、一大二公，坑口村的前锋高级农业合作社以及龙坑、龙须的两个高级农业生产合作社一起并入瀛洲大队，统由华阳人民公社管辖。据统计，当时前锋社有农户 312 户，1173 人，社支书兼社长为胡全贵，副社长兼支委是胡荣昌，村长周世荣，1958 年 12 月整党后新任村党支部书记是胡新长。另查阅当时有关资料和报表获知，华阳镇人民公社总户数有 6678 户，21161 人，其中非农业人口有 2855 人，合计 24016 人，加入人民公社的农业户有 5984 户，非农业户 218 户，共计有 6202 户，占总户数的 92.5%，华阳镇人民公社管辖的六个大队是城厢、高村、雄路、湖里、瀛洲、大源，大队以下设队、社，那时瀛洲大队共设托儿所 22 个，工作人员 181 人，小孩 375 人，幼儿园 6 个，工作人员 8 人，小孩 181 人。由于坑口大队良好的地理位置和有众多建筑面积较大的祠堂、厅屋，成了瀛洲大队开设公社食堂的首选，当时坑口大队开设大小食堂 34 个，其中 30 户以下的食堂有 13 个，31 至 50 户的食堂有 18 个，50 至 100 户的食堂有 3 个，为食堂服务的人员共 84 人，84 人中，已设有党支部的党员 16 人，设有团小组中的团员 6 人，群众 62 人，在食堂就餐的人数高达 4649 人。此外，坑口大队为核心组，具体负责坑口、半茶、瀛洲、巧川、岭里、岭外六个大队的各项事务。1959 年，坑口大队有生产队 7 个，生产组共 47 个。自成立人民公社后，坑口大队由一个大队七个生产队（后改设八个生产队）的集体所有制的框架一直延续到 20 世纪 80 年代初。

二、责任田

1961 年底，党中央发出《关于农村人民公社当前政策问题的紧急指示信》，即 12 条。随后，又制定了《人民公社工作条例（草案）》，又称 60 条，开始着手纠正近年来农村基层中的政策错误。全县由六个公社、23 个生产大队、202 个生产队，划定为 22 个公社，184 个大队、1430 个生产队。重新划定的坑口大队以前锋社为基础细分为坑口、龙须、龙坑等十二个生产小队，同年县委派出工作组在坑口大队开展整风整社，根据中央 12 条和人民公社 60 条的指示，改大队或管理区核算，为生产队核算，劳力、土地、耕畜、农具等都固定到生产队，也称为“四固定”，实行自负盈亏，独立核算，农村公共食堂予以停办，同时部分退赔了“大跃进”时期平调社员的农具、厨具等财产，“五风”得到有效遏制，少数犯过错误的村干部也得到了处理。12 条和 60 条还规定，社员可以经营少量的自留地。瀛洲公社各大队因此出现了开荒种粮热潮，农民的生活有了显著好转。同年春，安徽省委推行“五统一”下的农业生产管理形式，即“包产到队，定产到田，责任到人”，以后在坑口大队变为责任田，对此，1962 年 1 月，中央对安徽实行的责任田的做法进行了严厉批评，要求限期纠正，至 1963 年底，坑口大队与绩溪县及安徽其他县区的大队一样，都改为以生产队为核算单位的集体所有制。

三、三级所有队为基础

1962年，坑口大队由原来的前锋高级农业生产合作社时定的七个生产小队细分为12个生产小队，每个小队人口仅74人，同年横川生产大队分为五个生产小队，每个生产队约67人，都比较符合当时在“大跃进”之后农村经济比较困难的这一现实情况。按照当时中央60条的规定，生产队为基本的核算单位，即三级（公社、大队、生产队）所有，队为基础，坑口大队各生产队为了搞好农业生产经营，普遍建立起一整套的管理制度，主要内容有：评工计分，每个社员都被评定有劳动底分。一般正劳动力男的为十分工，女的为七分工，辅助劳力即年龄偏大或者未成年者，一般评为六分工和五分工。社员每一个劳力都有工分簿，由生产队派记工员按底分记工，出勤也由生产队长派工，年底按所得工分参与生产队的分配。定额管理：许多能固定工分的农活，如耕田、插秧、收割、除草，生产队都按土地的肥瘠、路途远近、农活的难易等因素逐一田块评定工分定额，如耕一亩田，记一个工，割一亩田的水稻，计四个工。社员如果超额完成任务，就可多得工分。副业、手工业管理：如果社员外出从事副业、手工业劳动，所得的收入必须交给生产队，生产队给外出从事手工业、副业的社员记上相应的工分，一般按社会工资（当时是每工1.2元），记一个工分；社员生产的石灰、草木灰、蓄粪也必须交给生产队，由生产队折算成工分。对自留地也有相应的限制：当时60条规定，社员可经营少量的菜地、自留地和开荒地，但面积都不可能超过人均占有田地的5%–15%，超过部分属于资本主义的尾巴，必须坚决要割掉；口粮分配：国家对生产队的粮食征购任务，一定三年不变。生产队收获的粮食，除完成国家征购任务外，留足种子和一定数量的储备粮，其余作为口粮分配给社员，增产可以多分口粮，减产则少分，一般每人可分500到600斤原粮的口粮。社员分到的粮食分为两部分，一部分是基本口粮，约占粮食总数的70%；一部分是工分粮，约占总量的30%。由于干农活都是大呼隆，出工不出力现象比较严重，所以坑口各生产队的工分值一般每个工都在五六角之间，很少有每工达一元的，还有的生产队工分值不足4角钱，被戏称为煤油队（当时每斤煤油0.38元）。

龙川村（大坑口、坑口）在新中国成立后农具（机）变化情况表

年份	村名	农具（机）名称														备注
		役牛	耖	耙	犁等	水车	喷雾器	板屋	脚踏打稻机	机动打稻机	电动打稻机	手扶拖拉机	小型拖拉机	抽水机	水泵	
20世纪50年代初	坑口	76	128	110	176	112		37								农业互助组
	浒里															仿浒里村
	横川															因横川属瀛洲村
农业初级合作社	坑口	76	78	85	97	30		28								数据不全
	浒里															含浒里村
	横川															
1965年	坑口					33	2									
	浒里		30	37	70	9										
	横川		30	30	47	9										
1972年	坑口	79					15								11	汽油机7台，柴油机7台，电动机1台
	浒里	55														
	横川						5									
1974年	坑口						2		16			1				
	浒里						5		6			2			4	柴油机1台，电动机1台
	横川						1									
1981年	坑口	79					18						9			电动，共60匹，3台
	浒里	45							16			2				
	横川	27					3		11			2				电动机2台，48千瓦

四、农业学大寨

农业学大寨作为20世纪60年代兴起时间长达七八年的一场在农村抓革命抓生产的运动，至今仍影响深远，1968年龙川村的学大寨开始搞宣传试点。1969年3月，村革委会开始研究部署农业学大寨运动：大造经济林和兴植桑园；整修和扩建河渠、河坝等水利工程。全村七个生产队投工兴修水利。通过认真阅读这一时期的农业生产统计报表，可以了解到坑口大队与现属龙川村民委员会管辖的浒里、横川大队农业生产由全靠牛耕人种向半机械化过渡的过程，尤其是1974年的农业生产报表还给我们留下了当时浒里、横川两个大队手工业的统计数据，较为珍贵，特予选介。

查阅1972年坑口大队农业生产统计报表（下同），坑口大队当时有272户、1166人，其中非农户4户，上海知青2人，共有生产队7个。耕地805亩，旱地135亩，菜园地55亩。当年使用化肥用量141担，其中尿素64担。村有役牛（含水牛）79头，全年养猪605头。自宰自食肉猪248头，户均养猪1.31头，有桑园20亩。养蚕卖茧共12担。而1963年，坑口大队有生产队12个，235户，共893人，其中男372人，女521人，共有耕地1006亩，水田850亩，旱地122亩。1963年浒里村有110户，8个生产队，396人，耕地410亩，水田362亩，旱地48亩。1964年横川大队有92户，369人，其中男164人，女205人，耕地336亩，旱地70亩，村大队书记叫胡松发；坑口大队书记包大富，大队长胡云昌，浒里大队长胡世溥。1965年，横川大队有生产队5个，共有水田332亩，旱地71亩；坑口大队有235户、963人，男420人，女542人，生产队12个，耕地972亩，旱地120亩。为了扫清障碍，对社员开垦的山地全部收归集体。1970年9月，龙川村干部随县、社干部赴浙江临安指南大队学习种植双季稻，之后双季稻在龙川村得到推广。复种指数和粮食产量明显提高。为了集中劳力大搞农田基本建设，刹住手工业、副业单干风，村特成立手工业综合社。1975、1976两年，龙川村大搞以改土治水为中心的农田基本建设，提出“白天拼命干，小雨当晴天，大雨大雪也要干”的口号。这两年龙川村投入大量劳力开辟近山茶园，改造登源河及建机灌站，其中仅登源河龙川村域一段就投工17704个。1972年，浒里大队有机耕田215亩，施用化肥96担，其中尿素29担，有黄牛、水牛55头，年末养猪存栏188头。全年饲养343头，自食猪155头，户均存栏1.5头，养羊6只，养鸡440只，有桑园25亩，售蚕茧11担。1972年，横川大队有生产队3个，共104户，469人，当年施用化肥75担，全年养猪267头，年末存栏数140头。自食肉猪127头，户均养猪1.3头，羊6只，养鸡鸭340只。横川当年有茶园30亩，产茶19担。1973年，瀛洲公社共有15个生产大队，61个生产队。1973年，坑口大队始有一台拖拉机，12匹马力；农用水泵四台，这是农业机械化出现的端倪，浒里有水泵一个。1973年，坑口大队共有生产队七个，人口1186人，户数271户，脚踏打稻机有16部，碾米机3部，磨粉机两部，也就是从1973年开始，坑口大队以及现属龙川的浒里、横川的水碓慢慢退出历史舞台。1973年坑口大队有人力喷雾器15部，化肥用量17100斤，其中尿素3400斤，碳铵13700斤，水稻亩产380斤，总产量570698斤，油料种植面积267亩，单产52斤，林地172亩，有林地94亩，油桐16亩。1974年坑口有碾米机四部、磨粉机3部，磨料机1部、农用水泵11个，汽油机7台、电动机1台，17.5千瓦，柴油机3台，50匹马力。通电生产队一共有5个，高产稳产田达到244亩，机灌168亩，电灌100亩，自流灌溉609亩。这一年，坑口大队共种双季水稻343亩，桑园12亩，蚕茧13担，木材砍伐量97立方米，毛竹1070根。役牛75头，烧砖14万块，烧瓦49万片。建粮食加工厂1个，砖瓦窑4个，并配备了质保员13个，详见附表。

由于农田基本建设投工过多，当年各生产队收益少，再加上干活大呼隆，非生产性开支加大，财务管理有些混乱，导致工分值下降，年终分配超支户多。但从长远来看，大包干后未连年投劳大搞农田基本建设仍能旱涝保收，主要得益于农业学大寨时期兴修的水利设施。

龙川村（坑口、浒里、横川）若干年份粮经种养情况表

大队名称	年份	主粮					油料类		蚕茧（担）	茶叶（担）	猪（头）	牛（头）
		水稻（亩）			小麦	玉米	油菜	豆类				
		早稻	双季	单季								
坑口	1972								12		605	79
浒里	1972											
横川	1972								11	19	343	
坑口	1974	20	343				13		13			95
浒里	1974											
横川	1974											
坑口	1982	521										
浒里		571	221							958	86	
横川	1982	188	188	227							485	41
坑口	1982	154	170	228		50					361	29
浒里	1981	521	533	210							886	79
横川	1981	198	214	217							255	
坑口	1981	161	182	202							155	
浒里	1983	521	521	210							958	98
横川	1983	188	188	227							440	
坑口	1983	165	180	195								
浒里	1994	30	28	766		40						
横川	1994	50	45	354		40						
	1994			388		20						

第七节　家庭联产承包责任制

1979年春，坑口大队有少数生产队开始酝酿联系产量划分作业组。7月中旬，瀛洲乡领导到坑口大队就推行生产责任制的问题展开调研，召集有关生产队的人员座谈，形成推行生产责任制的初步共识：

1. 土地划片，联系产量。以大队下达指标到生产队，每增加100斤奖工若干个，减产100斤，减工数个；

2. 由生产小组定额，记工统一；

3. 生产计划、茬口安排、收入分配均由生产队统一安排；

4. 水利、粮管、育秧等由生产队统一管理。

时隔不久，东风队率先在全村实行包产到户，接着其他生产队也搞了分田到户、责任到人。上述几个生产队的包产到户都是在 1980 年中央关于进一步加强和完善农业生产责任制的几个问题的通知（75 号文件）下达之前。75 号文件下达后，村领导认为生产队包产到户过火了，曾做工作要求这几个生产队均改为包产到组。

稍后，县委终于决定将田承包到人。此后，全村另外几个生产队也推行了家庭承包联产责任制。原本由生产队负担的民办教师、赤脚医生费用均改为收费维持。

为了保证退伍军人、独生子女的口粮田，各队根据本队实际情况，采取留机动田、不留机动田但“生增死减”及“生不增死不减”这 3 种方式之一来应对。1982 年 3 月，坑口全村各农户均签订了联产承包责任制合同。同年农业生产统计报表也加了农户签订家庭联产承包生产责任制百分率一栏，在此期间，坑口大队又进行了林业三定，颁发了林权证书。至此，坑口村的实行农村家庭承包生产责任制圆满结束。

龙川村 1981 年实行家庭联产承包责任制后，农业生产发展迅猛。由于普遍推广杂交水稻良种和配套实施化学除草，1981 年全村 800 多亩水稻总产 41.6 万千克，产油菜籽 9.4 万千克。在此后 20 多年，粮油产量一直比较稳定并略有增长。2011 年后，旱作西瓜、草莓、荷兰豆、大棚反季节蔬菜种植、茶叶及玉米种植面积增加，水稻种植面积相应减少，平均每亩田地收入比单种水稻时的不足 1700 元增加了 1300 多元。又随着农机化率的提高，村中富余劳动力外出打工，每个农户的务工收入明显超过务农收入，2019 年底，平均每户务工收入 4 万元，适龄且有专技特长的农民工夫妇年打工收入可高达 20 万元左右。伴随着龙川村民经济收入增加，教育事业逐年发展。龙川村学子就读本科者逐年增加，

2009 年至 2019 年共有 58 人就读本科和大专（含浒里、横川、不含职业学校），还有 18 人攻读研究生。

第八章 农业

第一节 农业

明清时期坑口村内田地、山场多归私人所有，子承父业，田地可以租典，买卖自由。祠田和学田归龙川胡氏宗祠及五个支祠所有。作物一稻一沤（冬季翻耕沤田）或一稻一麦（油），无水源的田块则种玉米、高粱等旱粮。随着清代中期许多水塘和河堨等水利设施的修筑，作物一年两熟比例上升，但亩产不高，一般在200—300斤之间。若遇荒年，缺粮户十有六七。故需每年从县外运进粮食以补不足。迄至民国，田地所有制仍未改变，但田地被旅外富商或豪绅兼并的现象趋于严重，一些农户沦为佃户或雇农。

村内共有祠田二十余亩，由本村和外村70余户佃农耕作，年收租谷600多斤。这一时期的农业生产技术落后，作物产量不高。水田冬种小麦或油菜。水稻种植以明代《绩溪县志》就记载过的白谷、金裹银、毛糯等长秆稻种为主，多施用有机肥。遇虫危害，采用滴桐油、撒枯饼或手捉的土法防治，旱地种玉米、高粱、蚕豆、豌豆等，常用的农具有牛力牵引的木犁、耖耙、踏耙及锄头、板屋等。

中华人民共和国成立后，土地制度经历了个体私有、村队集体所有和家庭联产承包这三个阶段。农田种植制度也相应进行了改革。大坑口在土改进行的热火朝天期间，还利用空隙时间布置栽桑苗3000株，保证完成4000株的栽种桑树任务，水利冬修水坝两处，共投工2000多工，培塘四处，新增灌溉面积153.3亩，第二年春季保证水利工程修好，农作物种植大致经历了一稻一麦（油）、水稻套种、双季连作、粮油三熟及一稻一油（或一经一麦）这五个阶段。施肥除有机肥外，还逐步使用了氨水、石灰氮、硫酸铵、碳酸氢铵、尿素、氯化钾、复合肥等，水稻产量由于普遍采用杂交良种，亩产由原来的三四百斤增加到20世纪90年代以来的每亩千斤以上，粮蔬品种也已基本实现杂交化，配方施肥，化学除草等规范化栽培技术得到了普及。

中华人民共和国成立初期，防治病虫害仍用土法。20世纪50年代曾用过残留毒性较重的六六六粉、滴滴涕等农药治虫，20世纪60年代末一些生产队采用微生物和土农药治虫。20世纪70年代后，普遍采用高效、低毒的农药防治。常用的农药和除草剂有甲胺磷、杀虫双、叶蝉散、二甲四氯、丁草胺、乙草胺等。

农机具除木犁、耖耙外，还增加了喷粉器、喷雾器、脚踏（机动、电动）打稻机、拖拉机等。1965年全村有耕牛76头、水车27部、喷粉器1架、喷雾器11架。到1983年，全村有喷雾器65架，人力打稻机43台，平板车20辆，手扶拖拉机7辆。20世纪80年代中期以后打稻机、拖拉机使用明显减少，板屋、耕牛一直是脱粒、耕种的主要农具。1999年秋，村内开始有农户利用小型拖拉机和脱粒机耕种、收获。2000年以后，随着青壮劳力外出打工者不断增加，龙川村水稻秋收普遍实现联合收割机作业，受稻谷价格和机收成本增加影响，2005年以来水稻种植面积逐渐下降，旱作物种植面积增加。近年经济作物以烟叶、药材和草莓为主，近年已成为村民稳定收入的渠道之一，平均每年种植面积在200亩，但价格波动较大。

附1972年坑口大队各生产队的户数、人口、水田面积情况：坑口龙坑：17户78人，水田54亩；龙须：35户、164人，田119亩；上村：44户195人，田123亩；东风：55户、215人，田157亩；向阳：34户、149人，田113亩；红旗57户、238人，田159亩；燎原：30户、137人，田86亩。

一、种植业

民国以前大坑口种植业的资料缺失，无法体现，新中国成立后才有比较详尽的涉农种植业的统计数据。新中国建立后大坑口种田施用肥料的精确数据，最早体现在1951年5月11日上报的报表中，是年大坑口村有耕牛75.5头，石灰窑7处，当时已烧石灰11灶，计3720担，菜枯饼存246担。每亩田标准的施肥量是：石灰400斤，牛粪适当，猪粪适当，草木灰30斤，枯饼25斤，其他肥料50斤1亩。而在同年同月填写的报表中，横川村有耕牛42头，其中已打过预防针的有35头，石灰窑4处，菜枯饼原有30担，草木灰120担，每亩追肥的标准是：石灰400斤，牛粪8担，草木灰30斤，菜枯饼40斤。全是有机肥。坑口乡农业种植选种的方法则主要有盐水选种、泥水选种和清水选种三种。积肥的种类主要有草木灰、畜粪、人粪、绿肥、石灰、塘泥等。

另从新中国成立后的1952年扬溪区农业生产定期报告表中能了解到大坑口当时的种植概况。具体的内容是：当时大坑口村种植的粮食类有14项，棉花类有2项，麻类有5项，烟叶类有2项，油料作物有2项，还有牧草，其他作物如绿肥、蔬菜、薄荷、蓝靛等，一共有4项。但大坑各互助组实际种植的仅有4大项，一为早稻、中稻、晚稻，春小麦、小米及玉米，其他的如甘薯、马铃薯都未体现。大豆也种了不少，其中水稻类种了1137亩，土烟种植6亩，苎麻1亩，花生25亩，芝麻还有蔬菜3亩，现属龙川行政村的浒里村同年填写的表格内容有：水稻共390.99亩，玉米50.9亩，高粱0.5亩，甘薯种了9.8亩；芋头10亩，还种有粗绒棉2.5亩，芝麻8.8亩，蔬菜20.4亩。1955年坑口乡的农作物种植仍以水稻为主，当年种植水稻1155亩，单产455斤，1954年种植水稻的密植有六至七寸、七至八寸、九至一尺、一尺以上这四种间距。其次是种大麦和小麦，小麦种484亩，单产110斤；大麦种100亩，单产也是110斤，再次是油菜，种296亩，单产80斤；种玉米380亩，单产138斤。玉米中还种植60天的早熟玉米，种100亩，单产80斤，水稻还种植再生稻，共种了7亩，单产仅40斤，总产为280斤。1956年夏秋坑口乡的粮食复种指数达到了高潮。这一年，坑口乡水田种植面积达 1992 亩，旱地种植面积达 800 亩。山地 123 亩，粮食单产每亩达到 1004 斤，总产量达 2000443 斤。农作物种植分为秋收作物、夏收作物以及晚秋作物三大类。秋收作物主要种植有水稻，其中分为早稻、大豆、高粱、红薯（胜利百号）、玉米等；夏收作物主要种植有小麦、大麦、蚕豆、豌豆、马铃薯、春玉米等；晚秋作物主要种植有双季稻、田玉米、荞麦、马铃薯、双季晚作稻，其中双季稻是年种 400 亩，双季晚作稻种植 200 亩。由此可见，20 世纪 50 年代初，大坑口村及现属龙川村管辖的浒里村的农业种植的粮油品种比较多，且都是无公害的健康食品。虽然坑口村人在种植业发展上一直精耕细作，但口粮求大于供的局面却长期存在。1955 年 1 月，坑口乡对粮食统购统销的有关数据进行了总结：1954 年全乡有余粮户为 91 户，共 246 人。够吃户有 69 户，共 194 人；缺粮户为 179 户，有 713 人；1955 年全乡余粮户 143 户，有 431 人。够吃户达 49 户，共 166 人；缺粮户有 154 户，共有人口 430 人。全乡食用量粮食总数为 608529 斤，1953 年缴纳公粮为 53200 斤，1954 年缴纳公粮为 55927 斤，1954 年共实统销粮食 97600 斤，共统购粮食数为 37028 斤。1955 年全乡统销粮食 87395 斤，1955 年全乡共实统购粮食 75183 斤。1956 年坑口乡与城厢区的临溪乡、金沙乡一样，都是本区亩产争达千斤的乡之一。

二、养殖业

现龙川村下辖的大坑口、浒里、横川三个村民组，历史上的养殖业主要有养猪、养牛、养蚕及养羊，但在新中国成立以前龙川村养殖业情况的数据为空白，无从统计。新中国成立之初的 1950 年起，当时的大坑口、浒里和横川才有比较准确全面的养殖业数据，但也只限于耕畜。1950 年大坑村有黄牛 98 头。1951 年增加到 107 头，1952 年为 105 头；浒里村 1950 年养牛 54 头，1951 年为 61 头，1952 年达到 65 头。横川村的大坑自然村 1950 年有黄牛 16 头，1957 年为 17 头，1952 年也为 17 头，养猪、养鸡、养羊的数据仍属空白，到了 1972 年因为保存较完整的农业生产统计报表，大坑口、浒里、横川三个村，才有比较准确、全面的养殖业数据。1972年，大坑口养猪605头，养牛78头，养鸡1208只，养羊39只；浒里村养猪357头，养牛79头，养鸡440只；横川村养猪267头，养牛33头，养鸡340只，养羊6只。大坑口另出售蚕茧12担；到了1981年，大坑口养牛就有79头，养猪432头，养羊47头；浒里养牛43头，养猪255头，养羊21头；横川村，养猪361头，养牛27头。到了1981年，横川村养猪361头，牛27头，养羊20头。大坑村另出售蚕茧13担；1982年的数据不很全，大坑口养牛86头，养鸡1320只，浒里养牛41头，其他的各项数字缺。

1982年的数据比较全面。大坑口村是年养牛86头，养猪958头，养鸡达1320只，出售蚕茧14担。浒里村养牛41头，养猪485头，横川养牛29头，养猪361头。到了20世纪90年代以后，村里的农业生产统计报表有了较大变化，增加了不少第三产业发展的内容。

三、农具农机

农具的变革、改进过程，是农业经济发展的一个缩影，从1952年统计上报的绩溪县第四区大坑口等村各项基本数据重新调查统计表有关农具部分的内容来看，它真实反映了20世纪50年代初现属龙川村的大坑口、浒里、横川（大坑）村小型农具的构成、存量，这与当时的生产力水平完全吻合。当时各种农具以犁、耖耙、踏耙、四齿耙等为主，甚至细化到锄头、耘田刨、板屋、水车、谷篓、粪桶、镰刀等等，是迄今以来所见到的大坑口等村最细致的农具分类和存量的真实反映。当时全是木质为主的传统农具，这也是20世纪50年代初并可上溯到民国、清代乃至明代所用的传统农具，到了1973年，大坑口浒里和横川的农具才可以说出现了一个跳跃性的革命。那年坑口大队有了一台小型拖拉机耕田，还有四台水泵用于农田抽水，这是使用电动小型农机的先河，之后的1974年、1975年随着小型拖拉机、排灌机、脚踏打稻机和农用电动机、柴油机的相继出现，有力地促进了坑口、浒里、横川的农业经济发展，到了1982年，坑口村的农机更出现了机动的脱粒机，还有电灌站、机灌站等水利设施。这都是实行改革开放以后大坑口等村农业经济发展出现的可喜变化。

1. 传统种植业农具

大坑口村的传统农具与县内其他乡村基本相同，多为木铁竹制一类。大型耕种类农具有犁、耙、耖为主，小型播种类农具有锄头、四齿钯、两齿钯等，大型田管类农具有手动或脚踏水车等，小型田管类农具就有耘田刨、挖草锄等，大型收获类农具则有板屋、风车等，小型收获类农具则有竹篓、络筛、畚箕等，其他种植业的农具有：茶箩、茶焙，值得一提的是，徽州人喜欢在有的农具如板屋、竹篓上写有姓氏标志与希冀五谷丰登的内容，如竹篓上写：清光绪某年绩溪十二都龙川瑞霭堂或顺德堂胡某某办的字样，板屋上则直书“堆金积金”“吾亦有秋”或“歌丰唱收”（意喻板屋拍打稻把发出有节奏的声音）。

2. 传统养殖业农具

坑口村及相邻乡村所常用养殖业的农具有：蚕架、蚕匾、桑叶篮、猪栅、兔舍、鱼草篮、草刀、竹卡箩、猪食槽、土蜂箱（桶）等，现在仍常用的有茶箩、猪栅、鱼草篮等。对蚕匾大坑口人也欢喜留点标志，常见的有绩溪县十二都龙川宫保堂胡某某办用等字样。

附表 1：绩溪县第四区大坑口等村各项基本数据重新调查统计表
（木制为主农具部分，1952 年 6 月 11 日填报）

自然村名	全村总户数	非农人口	全村总人口	贫农（户）	中农（户）	富农（户）	小土地出租	工商业	地主	在外人口				水田	旱地
										参军	参干	经商	其他		
大坑口、龙坑	226	85	887	119	84	2	9	3	9	18	6	50	35	829.38	248.33
浒里	99	28	390	54	37		7		1	4	7		28	298.12	186.48
横川（大坑）	36	19	142	12	21		1	2		4		15		139.36	34.33

各类农具																
村别	年份	犁	耖耙	踏耙	四齿钯	锄头	耕田刨	板屋	水车	晒簟	谷箩	粪桶	柴刀	镰刀	其他	备注
大坑口	1950 年	89	56	60	95	620	115	78	25	185	1108	425	223	224	502 件	有些数据分析的约数
	1951 年	90	56	62	95	620	115	80	30	189	1120	425	223	224	522 件	
	1952 年	95	60	65	102	678	133	84	30	195	1130	425	238	250	522 件	

（续表）

村别	年份	各类农具													备注
		犁	耖耙	踏耙	四齿钯	锄头	耕田刨	板屋	水车	晒簟	谷箩	粪桶	柴刀	镰刀	其他	
浒里	1950年	38	30	32	61	192	64	31	17	104	478	171	176	86	92斧头	
	1951年	38	38	37	63	206	68	34	17	111	493	178	181	91	98	
	1952年	42	41	38	65	219	72	39	17	119	526	184	189	98	109	
横川大坑	1950年	18	7	8	11	51	17	11	3	39	158	37	31	45		大坑其他类农具未填
	1951年	18	7	8	11	59	18	14	3	44	182	37	37	48		
	1952年	18	7	8	12	77	20	14	3	44	182	37	40	55		

附表2：龙川村（大坑口、浒里、横川）若干年机动农机统计表

单位：台、匹

大队名称	年份	农机名称（1973年始，大坑口始用水泵一台）								
		水泵	小型拖拉机	旋耕机	排灌机	脚踏打稻机	电动机	柴油机	汽油机	机动脱粒机
大坑口	1980年	1	3/36				22/287			
浒里						16				
横川										
大坑口	1974年	11	2（24匹）	2	3/48	16	1/7.5	3/50	7	
浒里		1			5/28.5		1/7.5	1/8	3/10.5	
横川			1（12匹）			6				
大坑口	1975年									
浒里										
横川						7	1/30	1/12	2/7	
大坑口	1977年		4/48	13/124.5		21				4/39.5
浒里			1/12	4/50		12				
横川		1	1/12	3/48						
大坑口	1982年		3			36	3/53			
浒里						18				
横川			2							
大坑口	1981年		9（108匹）			16				1/7.5
浒里			2（24匹）							
横川			2（24匹）			11				
大坑口	1979年	12				25	18/247.5			4/1.5
浒里		6	2/24			15	5/74.5			
横川										

第二节　林业

明清以前，龙川村内的山场以祠山占多数，其余山场以私有为主。山场分布浒里、横川和龙坑较多，龙川的祠山分为显祖坟山、来龙山、水口山等。土改时祠山改归国家所有。1956 年村民私有山林则折价并入农业生产合作社，归集体所有。1958 年无偿平调社员私有林山，划归公社、大队和私人三级所有。1962 年落实中央 60 条精神，退划零星小片山场作社员自留地。1984 年 2 月，村里除村民组办的林场外，其余集体山林划片分段，承包到户或归村民组集体所有，签订合同，经营权 50 年不变。龙川包括浒里、横川等村民组现有山场面积 2.2 万多亩，其中林山 12000 多亩，人工林 1000 多亩，竹园 1200 多亩。

明清时期，除祠堂发动族众植树外，其余多为个人自发栽种。

抗战时期，绩溪吴兴周、吴植甫、吴南翔等 14 人提议成立绩溪翚阳林场，并公布了简章，简章有 16 款，但限于时局最终没有成功。同样是抗日战争时期，民国二十九年（1940），绩溪县设立了由周植夫任所长的森林事业所，雇员工 1 人，专门整理苗圃，播种育苗，规定每砍一株大树，需补植小树 50 棵。民国二十八年（1939）6 月，时任县长王贻锷还出具严禁乱砍滥伐的布告，违者予以追究，绝不姑息。民国二十三年（1934）1 月 20 日，时任县长马吉笙同意在扬溪村口的三元殿前的空旷地作为开办一区苗圃的地点，并同意拨款 50 元作为开办经费。同年 9 月下旬，在第一区中心小学开办一共有 40 人参加的农林讲习班。

同时规定 3 月 12 日植树，包括龙川保在内，每乡镇植树 5000 株，每保植树 1000 株，住户每户植树 10 株，学生每人植树 5 株。最终多流于形式。

中华人民共和国成立后，村民植树连年不断，多栽植在村周边地区。1951 年浒里村在土地改革时，登记为村公有的有林山 410 亩，柴山 260 亩，竹山 1.8 亩，茶山 2.8 亩，料石山 100 亩，荒石山 616.9 亩。合计共 1391.5 亩。1954 年春，大坑口乡遵照上级制定的“谁种谁有、伙种伙有、材种材有”的奖励政策，扦插杉木苗 10801 株，种松苗 15 亩，种杂树 700 株，栽茶棵 750 株，种果树 320 株，培养杂树 25710 株，育苗 15500 株。20 世纪 50 年代后期，土高炉炼钢铁需要木炭，将村水口许多数百年树龄的古树砍伐大半。1954 年坑口乡栽种桑苗的任务数是 46030 株，实际完成栽种桑苗有 45132 株，其中甲级类桑苗栽种有 41582 株。

1964 年龙川村对山林所有权证执证进行了登记，确认全大队十二个生产队有村、队所有的林山共 233 亩。

20 世纪 80 年代中期，龙坑、横川等组办林场和个人领办，营造了不少用材林，1991 年，瀛洲乡人民政府颁发文件，任命坑口行政村龙坑林场场长为汪新家，副场长为胡三明。同年 11 月 2 日，乡政府又发文同意成立大坑坞林场，场长方如茂，副场长胡俊昌，同时还聘任了两个林场的会计和出纳。2000 年以后，安徽省人民政府对村集体和个人承包山场的公益林木予以补助，龙川村山场的生态环境更加良好，涵养水源的功能也相应提高。经一年的林权改革，2008 年 8 月龙川村组集体所有的山场都获发了林权证，全村八个村民组的林农都完成了林权改革并收到林权证，原杂木、草甸山场均划定为公益林。同年，龙川村浒里的林权改革登记村民组集体所有的有 2224 亩，横川村民组有 1315.5 亩。

附：坑口大队及生产队绩溪山林所有权证执证存根表（1964 年）

队名	项目	坐落	面积（亩）	四至				备注
				东	南	西	北	
坑口大队	林山	石镜一号	3	横川塘山	前山降	岭	路	
	毛山	古售堂	15	古售堂	乌岭降	水碓	严岭	
	林山	古朱坑、野山、桥会山	80					
	毛山	西岸人家后	10					
	林山	纵龙山	8	下亭湾	石人石马坟	从龙降	从龙降	
龙坑生产队	各类山场		90					
坑口第三、四生产队	林山、半林山、竹林等	胖田片、社屋坑片、上作片等	39.5					

（续表）

队名	项目	坐落	面积（亩）	四至				备注
				东	南	西	北	
坑口大队第五生产队	毛山、半成林山、竹山等	芦柴塘、下坑、下岱等处	8.1					
坑口大队七队	林山、毛山、柴山等		27					阴培、阴培西边
坑口大队八队	同上	状元头、柱头、灰灶湾、丛林里等	13					
坑口大队第九、十生产队	同上	洪家坑口湾、半坑降、太子会山等	19.5					
坑口大队第十二生产队	毛山、林山等	半斤坞、下坑、土地堂等	10					
合计			233					

第三节　水利

一、清代中期以前十二都的河碣

清嘉庆《绩溪县志》在水利、河碣这一节记载：龙须碣在十二都龙须村，麻榨河在十二都横塍，考坑碣在十二都，白石碣在十二都天马山下，胡前碣在十一都瀛川下。十二都（瀛洲）另有龙川大坝，大坝从现龙川村的大坑自然村筑起，至十一都的梧川石壁山下，堤坝全长约六里。

清乾隆丁卯年（1747），位于登源河畔的龙川村被大水冲决河堤，淹没不少水田、房屋，绩溪县衙拨款修筑河堤，大家公推胡枝萃领头修复河堤，由于胡枝萃过于辛劳，突逝于修河堤工地，河坝修竣后，族人特建祠敬祀他，并名此河坝为铁亭坝。民国时期无大坑口村的水利设施及维修情况的数据保存，难以统计。

二、新中国成立以后龙川村的水利建设

新中国成立后，最早记载坑口村的水利设施及修护数据的是1951年。根据是年坑口村填的有关水利设施的统计报表来看，1951年5月上旬，坑口未修的水塘有八口，能灌稻田的共38亩，修护良好的水塘有11口，能灌溉稻田114.5亩，保护比较好、正常使用的河碣有9个，能灌溉稻田314.15亩。次年水利冬修水坝两处，需2000多工，坯塘四口，新增灌溉面积153.3亩，第二年春季为保证水利工程维修，1952年10月，扬溪区完成将所辖的18个行政村并为十个乡的撤村划乡任务，坑口乡与浒里等村合并为坑口乡，坑口乡下设水利建设委员会，专门有人负责水利建设，为促进和加快坑口乡的水利建设提供了组织保证。1954年冬大坑口乡兴修水利工程共10个，其中水塘五口，河碣五处，到了1955年春，已超额完成4个水利工程，共投工1080个，受益灌溉农田新增289.64亩。

农业机械灌溉是自流灌溉的进步和变革，也使登源河的水资源得到有效利用。1972年坑口大队购进了第一台排灌机。与此同时，浒里大队购进了五台排灌机械；到了1977年，大坑口大队有排灌机械13台，横川有3台，浒里有5台。1978年，坑口大队共有排灌机械17台，总马力达180.5匹，浒里有排灌机械7台。1979年，坑口大队设有机灌站3座，还增设了村办电站两座，到了1982年坑口大队除已有的三座机灌站外，又添设了三座电动机灌站，使坑口村的农业水利条件得到明显改善。

坐落于登源河畔的龙川村，近年来也是绩溪县农水项目实施的重点。2021年，在登源河十八碣实施了改建工程，总投资约120万元，由乡镇组织实施；又据绩溪县2022至2023年度抗旱和农田水利设施建设资金安排表，该年段在龙川村山官岱脚打了一口机井，并配套安装了抽水泵、铺设水管等，安排了专项资金。

第九章　工商业

第一节　本地工商

一、龙川本村民国及民国以前村内商铺

大部分创设于晚清的店铺有四家，其中三家为日杂店，一家为药店。店名叫胡日盛的杂货店，由胡观众创设于晚清，店铺面积在村中数最大，主营日用百货，兼营肉食、豆制品，并自酿烧酒出售，店铺有一间大门面，店址在现县龙川景区的澄心堂纸作坊，店雇员三个，一直经营到新中国成立后的工商业改造，即公私合营为止。

胡观柏创设的杂货店，店名待考，主营日杂百货，兼营肉食，有一间大门面，店址在现龙川胡氏宗祠隔壁。20世纪50年代初，因店主是不法地主，被镇压，店遂关歇。

胡焕然店，店名不详。该店创设于清朝晚期，一间门面，不雇员工，经营日杂百货，同时代户加工面条，该店现仍由其后人经营，店址在龙川下石桥头。

坑口药店，店名待考。由本村程华基创设于民国初年，店址在现龙川下石桥头旁，主营中西药，兼外出门诊，擅长医治跌打损伤，医技较好，雇工一人，该药店经营至20世纪70年代初程华基调入瀛洲医院上班为止。（被采访人：2022年7月，时年83岁的胡周伦，时年79岁的胡少白）

二、贩木业与乌排运输

20世纪60年代中期以前，上溯至民国、明清等朝代，龙川的青壮年每逢汛期，都要利用登源河高涨的河水，将从山上砍伐的木材，扎成木排流放至歙县深渡，再外运各地，以赚取微利，改善生活。

龙川人另利用竹排，又称“乌排”来运送货物，兼及带客。“乌排”用10至12根大毛竹编成，长有一丈五六尺，一人乘坐一排，至多可载重两千斤。昔时，北村、湖村一带农民烧石灰，所需灰料都用乌排从瀛洲、坑口逆水上运，一般十多只乌排结帮承运，撑篙背纤逆水而上，纤夫多身强力壮的青壮年，最远可达石门、湖村，顺流可直抵歙县深渡，商客再改乘客船往排岭、兰溪、杭州等地，直至20世纪60年代初县城至北村公路开通，乌排水运才消失。

三、缫丝业

龙川抗战期间在绩溪办丝厂不算早，就全县而言是第五家，但却开了木制缫丝机缫丝的先河。1941年，正处于抗日战争的相持阶段，由于时局形势严峻，其时绩溪县内曾有的岭北、孔灵、前川三个丝厂相继关闭，只剩下一个十一都仁里丝厂还在艰难生产，为此，青年时代外出苏南经商，直到抗日战争中期才返回家乡的胡炼九先生了解当时全县范围内积压大量本地和从浙江收购来的干茧，靠一家丝厂缫茧，可能要好几年也无法将蚕茧缫完，且仁里丝厂既无储茧仓库，又缺防护设施，所有干茧都堆放在一座破旧祠堂里，任其虫蛀、鼠咬与霉变，耗损太大。于是就萌生了在家乡龙川办缫丝厂的想法。他将这个想法与往来密切并积极资助过的皖南游击队领导人胡明、唐辉等做了汇报，获得了他们的热情赞许与支持。随后他多次亲赴仁里丝厂做调查研究。不久，他在该厂扬返车间发现一位名叫张和尚的技术工人，此人懂得前缫、后缫技术，又善经营，于是他请求张师傅为自己建缫丝厂助一臂之力，张师傅爽快答应了。

他们遇到的第一个难题是：时逢抗战，缫丝机以及配套设备无法前往上海和无锡采购。面对这一大难题，两人绞尽脑汁，最终决定自力更生，土法上马。他们利用绩溪山区丰富的木材资源，以木代铁，用坚实的木材制造缫丝机、扬返车，然后再用铜皮、铁皮、柴油桶等材料改制成缫丝机上诸如添绪器、索绪器之类的配件。张师傅又步行至歙县深渡乘坐木船，经新安江到富春江，由梅城绕道去东阳，聘请13名曾在上海铁厂制造过缫丝机的能工巧匠前来帮忙。在这13名技术工中，有位叫吴德福的，手艺尤为高超，又肯刻苦钻研技术。他与同事们一道，仿照仁里丝厂的机器，自绘图纸，用很短的时间，以木材制造成功了一台中国独一无二的木质缫丝机样品，征得胡炼九同意后，进行初试，结果令人满意。紧接着马不停蹄，他又一鼓作气制造了25台。缫丝机上的鼓轮也是用木材制成，一些小零件还是用毛竹制成的。就在1941年冬天，胡炼九在龙川成功创建了龙川缫丝厂，招收女工进厂做工。

1942年春，与复兴公司皖南分公司正式签订合同，接受代缫业务。然而开工不久，困难接踵而至，首先是缫丝女工不足，第一批在本村招了十几名，第二批又在邻村招了十几名，仍然不能满足生产需要。胡炼九先生毅然动员两个女儿进厂缫丝，他们全家缫丝一时成了乡间美谈。但好景不长，正当龙川缫丝厂办得刚红火时，日本侵略者断绝了原料茧运输，1944年11月，胡炼九苦心经营的龙川缫丝厂被迫关闭，胡炼九第一次回乡创业就这样成了泡影。

四、手工业

坑口村的手工业资料保存不全，采访村中老人仅知坑口的竹匠系丁姓；新中国建立后，比较权威的龙川村手工业资料主要见载于1974年横川大队与浒里大队的农业生产统计报表手工业栏目，横川大队当时的工匠有：铁匠1人；铜锡匠1人；石匠5人；砖匠4人；窑匠2人；木匠5人；檞匠5人；竹匠2人；裁缝1人；同年浒里的手工业工匠有：砖匠：3人；木匠3人；桶匠1人；竹匠3人，屠工1人。遗憾的是，1974年的坑口大队农业生产统计报表未设手工业栏目。此外，从龙川村的坑口、浒里、横川20世纪70年代初以来农业生产统计报表来看，这三个大队都应有水车、水碓及油榨一类手工业匠作的，但当时仅浒里、横川有某一年的部分统计，碓匠、车匠等都未有体现，这种缺失现在已经很难弥补了。

五、粮油加工

20世纪70年代初以前，大坑口、浒里、横川、龙须都使用水碓加工稻谷和小麦，到了1973年，农副产品的加工出现了革命性的飞跃，那年大坑口村开始购进了一台碾米机、两台磨粉机，1974年碾米机就猛增到四台，磨粉机三台；1977年磨粉机也增加到四台，还出现了榨油机一台；1981年大坑口村的新增两台碾米机，增加四台榨油机，两台磨粉机，浒里村也有碾米机和磨粉机各两台。到了1980年，大坑口村浒里大队、横川大队的碾米机等不但数量有所增长，而且还由柴油机发动优化为电力带动，还增加了山芋粉碎机一台，水碓渐渐退出了粮食加工的舞台，2000年以后，碾米机的机型向带风自净方向发展，2010年随着出米率、整米率更高的胶辊碾米机的风行，粮食加工进入了现代化自动化的时代。

20世纪70年代末以前一直运行的龙川村水碓有两处，通俗地称为上村碓和下村碓。上村碓舂米的石碓臼有六个，并设有磨面的磨坊，同时附设有油坊，代户加工油菜籽和芝麻等，一直运行到20世纪70年代后期，机动碾米机（电动）和榨油机风行才收歇。

下村碓的设计和上村碓一样，舂米、磨面、榨油兼有，均为合股创办，现均无存。（被采访人：时年83岁的胡周伦，79年的胡少白。时间：2022年7月）

20世纪70年代初以前，上溯至民国、清代及其更远的朝代，浒里村有两座水碓：一座在浒里靠登源河水口边，有六个石碓舀，附设磨面的磨坊和榨油的油坊，另一处在浒里靠山里的叫庙碣的地方，这个水碓仅有四个碓臼，不设磨坊和油榨。此外，村中还开设有两爿杂货店和两个豆腐加工作坊。（被采访人：时年87岁的方如高，69岁的王和平。时间：2022年7月）

民国以前，大坑村也有水碓，由大坑胡华胥晚清时在瀛洲买田修筑，共有五个铁碓头，附设磨坊和油坊，一直经营到20世纪80年代初电动榨油机、机动碾米机风行时才关歇，水碓由胡华胥在家务农的儿子胡昭如和胡昭声轮流管理。随着20世纪70年代初机动碾米机和磨粉机的问世，坑口、浒里、横川的水碓慢慢退出稻米、小麦加工的市场，此后又增加了榨油机，龙川全村的粮油加工全部实行了机械化。

第二节　旅外工商

一、典当业

明代嘉靖迄清代初期，龙川胡氏与登源河畔的仁里程姓都是十二都经营典当业的徽商劲旅，据《安徽金融史料》记载：继以胡程为主的十二都人在绩溪县域建成64家当铺外，之后又相继在浙江金华、寿昌和江苏南通、如皋等地开设当铺20多爿，极一时之盛。

二、茶业

龙川本村的胡氏在外埠设店经营茶叶，主要集中在龙川的胡沆源家族，其他多小本负贩，挣点蝇头小利。起因是胡沆源的祖辈曾一心想考取功名但多次科考不中式，还导致家庭一贫如洗，遂留下遗训，叫子孙不要再苦读书走科考之路，还是经商为宜。清代道光年间，胡沆源经亲戚推荐至江苏东台县一茶叶店当学徒，由于他为人忠实、勤俭，深得店主信任，后来该店就委他任水客（采购员），时常回茶场收购茶叶，工资较丰厚，采购时也可兼顾自己买点茶叶转给商贩，挣点利润。胡沆源之子胡树铭在苏北一茶叶店当学徒出道后，其时太平天国队伍开到绩溪，大坑口村中人大多数逃入山中避难。胡树铭一家的妇孺们则逃来苏北租房寄居。此时，长江以北太平天国军队尚未达到，在茶叶上市时，胡树铭曾冒着生命危险，回到徽州老家采购一批茶叶再经浙江杭州水路运至苏北，维系了店中的正常业务，店主为此获利颇丰，赠给胡沆源一笔酬劳，加之胡沆源平时通过做水客也积累了一点资金，这就成了他后来自己开茶叶店的资本。之后在清道光年间，胡沆源与洪王两姓的亲戚共三个股东，合资在泰兴县黄桥镇东大街开设裕泰和茶叶店，以茶叶为主，经营铁锅、草席、油漆等，但因为该镇原有大型杂货店带卖这类商品，故此店开业后，销售情况不好，洪王两家便撤资，裕泰和就成为胡沆源在三泰地区独资经营的茶号，一直经营到新中国建立后公私合营。通过100多年的不懈努力，该店已成为泰兴境内远近闻名的名店，业务旺盛时，店员最多时近20人，几乎与此同时，胡沆源又在靖江县的季家市开设胡源泰茶号，经营上则主销瓷器和草席，之后又在姜堰镇开设胡源泰茶号。胡树铭清末去世后，胡炳华、胡炳衡继承店业，于民国初年在姜堰东大街增设胡震泰茶号，胡炳衡、炳华兄弟因病先后早逝后，店业由他兄弟内人艰难主持，其间为振兴胡源泰茶业，胡炳仁、胡增善与胡炳衡家人等通力合作，协助打理胡源泰茶号，使茶号生意得以转亏为盈。之后增字辈四兄弟都成人后店业也又迎来了生机，直至抗战爆发，1937年在泰县白米镇开设胡泰源号，因时局危难，生意清淡，该店于1948年关歇。1941年在上海创设胡源泰联合申庄，因托运茶叶被日伪侵夺，店业运转严重受挫。综合所述，自胡沆源起始在三泰地区经营茶业，前后达100余年，四代接续经营，共开设茶号八爿，其中有五爿店艰难维持到公私合营。成为龙川人经营茶业的典范。（本材料根据胡树铭后人所写的《胡氏业茶史》与詹皖、张自强合著的《胡源泰茶庄春秋》整理编辑）

三、五洋百货业

为避太平天国与清军的拉锯战，胡沆源的另一房子孙胡炳仁也离开绩溪龙川赴江苏谋生，先在江苏六合汇聚，旋即被官兵冲散的家人又辗转到江苏姜堰会合定居，胡炳仁、胡增善等就居姜堰东大街（北）正对东板桥的一个名叫“喜庆巷”的狭小巷子里，胡亚民教授的父亲就在这里出生。据上辈人相传，胡炳仁、胡增善等曾在姜堰开设三爿洋货店，生意曾很旺盛。

20 世纪 30 年代极盛时期在姜堰镇的三爿洋货店，经营五洋百货，又在上海开堂会，把上海的一些知名的美女都请到，后来因时局动荡，三爿店就关歇了。这是旅外龙川人在江苏三泰地区经营百货业的一个案例。

四、徽厨及徽菜馆

民国及民国以前，龙川村的徽菜名厨主要有胡敬庭，民国时期在上海大富贵酒楼当主厨，一直任主厨，至民国后期因病早逝，其次是胡安金，在上海一名酒楼任主厨，也在民国后期因病早逝，再就是胡观生（1934—2008），他出身贫寒，孩提时代父母就双亡，由胞姐抚养成人，13 岁时赴浙江嘉兴老东园菜馆当学徒，该馆由同籍人胡安生创办，由于胡观田勤学苦练厨艺，厨艺精进很快，很快就成为该馆厨师的骨干，1953 年起先后在中国人民解放军嘉兴机场、连城机场、惠安机场担任飞行员食堂的总厨、厨师长。1981 年起，经层层选拔，派驻我国驻法国使馆从事厨艺工作，先后担任副总厨、总厨等职，多次为出访法国的我国领导人服务，屡受好评，先后四次受到中国驻法国大使馆的嘉奖。龙川村浒里人多往浙江宁波习商，当店员的较多，也有做水客生意的，如高彩生等，抗战爆发后店业停歇，村人大多回村务农；大坑人同期从事徽厨生意的较多，如胡世宗民国初期就在浙江嘉兴、上海开设饭店多爿，店业旺盛时受惠的村人三十余人，世宗还曾任嘉兴商会会长。新中国建立后，大坑仍有不少徽菜名厨在合肥、杭州高档酒店任名厨，如胡世斌一手创办合肥逍遥津公园餐馆，与同村胡子恒等一起为来合肥逍遥津的国家高级领导人烹饪高档徽菜，受到好评；又如胡春生及儿子胡德余，均是名厨，胡德余还应邀赴日本展示厨艺七八年，为国家争得了荣誉。新中国建立尤其是实行改革开放后，大坑人有许多人去徽厨学校进修厨艺，考取厨师资格，或自营餐馆，或受聘在各酒店担任厨师，也有子承父艺（胡德林户）当厨师自己开设饭店或去外埠当厨师的人数逾三十人，大坑是绩溪继伏岭之后又一徽厨之乡。

第三节　文旅经济

一、文旅经济简介

自 20 世纪 90 年代后期尤其是进入 2000 年以来，龙川村认真发掘 5A 景区龙川特有的名人文化资源，着力发展特色文旅业，取得了骄人的成绩，截至 2022 年 8 月底，经编者一一去现场初步统计，龙川村域有 72 家涉及文化旅游业的店铺，以经营食宿的酒店为主，建筑面积在 400 多平方米左右的酒店一共有 22 家，经营小吃的店铺有 4 家。经营文物和文化物品的专营店有 9 家，经营土特产和茶饮一类店铺有 11 家，此外包括龙川邮局等在内的其他特色行业门店有 9 家。在全县乃至全市所有行政村中，因发展文旅业而崛起的第三产业数量名列全市前茅乃至第一，这也是实行改革开放给龙川村带来的翻天覆地的变化。

附表一：龙川行政村涉旅店铺统计表（龙川村域沿华龙公路龙须至大坑一线）

序号	商铺名称	经营方向	楼层	备注
1	山水人家	综合经营	四层半	龙须村
2	龙须山农家乐	综合经营	三层	龙坑村
3	龙池庄园	食宿为主	主楼四层加附楼三层	
4	实惠农家客栈	食宿为主	两层	
5	龙川向阳商店	日用商品	三层	

（续表）

序号	商铺名称	经营方向	楼层	备注
6	龙德山庄	食宿为主	三层半	
7	龙须山酒家	食宿为主	四层	
8	鲜味楼酒家	食宿为主	三层	
9	胡日盛酒店	日用商品	三层半	
10	金仙特色小吃	早餐为主		
11	凤山小吃	早餐为主		
12	龙源客栈	食宿为主		
13	诗春商店	日用商品	三层	
14	梦徽美居酒店	食宿为主		
15	世辉商店	日用商品	三层	
16	风味卤菜店	经营熟食	一层	
17	花圈纸扎店	经营冥品	两层	
18	凤山商店	日用经营	三层	
19	龙跃客栈	食宿为主	四层	
20	五福楼酒店	食宿为主	四层	
21	巧媚小吃	早餐为主	两层	
22	德宝轩文物店	古董文物	两层	
23	献萍商店	日用品		
24	龙韵酒店	食宿为主	三层	
25	七星楼酒店	食宿为主	四层	
26	龙德山庄	食宿为主	三层半	
27	徽味楼农家院	食宿为主		
28	尚书府客栈	食宿为主		
29	老胡客栈	食宿为主		
30	老房子私房菜	经营菜食		往村中
31	龙川赛光客栈	食宿兼营	四层	村中
32	龙川乡村土菜馆	经营菜食	三层	龙川村委会附近
33	龙川迎宾馆	食宿兼营		四星级酒店
34	龙泉人	食宿兼营		大坑
35	云居酒店	食宿教研兼顾	三层	
36	中国龙川康养旅居中心	待开业	三层	

（续表）

附表二：龙川村龙溪河两侧及停车广场商铺一览表

序号	商铺名称	经营方向	楼层	备注
1	胡氏烧饼坊·胡氏酱菜店			
2	一品面馆			
3	徽菜民宿			深入巷中
4	寻梦徽州客栈	食宿兼营		
5	保光文物店	古董文物		
6	如心客栈	主营菜食		
7	龙川旭昌轩文物店	古董文物		
8	龙川铁壶（樟木箱）	批发		
9	龙川剁椒	副食经营		
10	胡氏宴酒店	白酒为主		
11	农家小院	供应菜食	二层	
12	慎德堂古玩	古董文物		
13	嘉艺轩	古董文物		
14	古风石刻	艺术品制作		
15	四宝堂	文房四宝		
16	龙川特产	特产经营		
17	传统糕点	特产经营		
18	龙川山货食材	特产经营		
19	龙川手工糕点	特产经营		
20	清逸茶轩	茶饮		
21	售土特产长廊			
22	粮家洲酒坊	主营白酒		
23	胡家休息站	茶饮		
24	野生山核桃店	经营特产		
25	胡氏茶庄	售茶兼茶饮		
26	龙川邮局	邮品特供		
27	徽州特色毛豆腐店	特色小吃		
28	保光文物二店	文物古董		
29	古月楼酒家		二层	
30	胡氏龙游菜馆		三层	
31	龙川一楼		三层	
32	胡氏龙家客栈		三层	

（续表）

序号	商铺名称	经营方向	楼层	备注
33	聚文斋	文物及文化作品		
34	聚石轩	文物及文化类作品		
35	鲜味楼酒店	食宿兼营	四层	
36	半亩田斋日用商品	小吃		
37	抱墨斋文物店	文物及文化物品		
38	龙川胡家面馆	面食为主	一层	

二、主要景点

1. 龙川胡氏宗祠

宗祠位于现绩溪县瀛洲镇坑口村（龙川村），为龙川胡氏的总祠。

龙川胡氏宗祠始建于宋代，明嘉靖二十六年（1547）大修，属于龙川胡氏家族祭祀祖先和先贤的场所，清光绪四年（1878）又进行重修，现当时重修宗祠劝捐的启事和收取修祠专用资金的收据仍保存于绩溪高杨村胡氏族人家中。宗祠坐北朝南，三进七开间由影壁、泮池（由龙溪河替代）和平台、门楼、天井、廊庑、享堂、厢房、寝厅、特祭祠等十大部分构成，纵深 84 米，宽 24 米，总建筑面积为 1564 平方米。建筑格式采用中轴线东西对称十分严谨的布局方法。门楼的形制为重檐歇山式，由 28 根立柱和 33 根月梁构建而成，斗拱承挑屋檐，戗角腾空，脊檐架云。仪门上画有两尊尉迟恭、秦叔宝的门神，仪门两侧，则有石鼓相对，石狮蹲立石鼓两侧，门楼和正厅之间与左右两廊庑连线，廊庑的前沿柱清一色采用方石柱，上架木层架。门楼、正厅、东西廊庑形成 13.7m × 13m 的长方形的天井（县人俗称明堂）。以山带水，气势飞动。祠内装饰精美，尤以保存完好的各类徽派木雕为最，有“徽派木雕艺术宝库”之称。龙川胡氏宗祠于 1988 年元月被国务院公布为全国重点文物保护单位。该祠在清代及清代以前，都是龙川人举行重大祠事活动的最重要场所，民国中期以后龙川保小学一直设于祠中，兼举办祠祭活动。新中国建立之初，龙川胡氏宗祠大门曾挂有绩溪县伏龙乡大坑口初级小学的白底蓝色的校牌，以取代民国以来龙川的私立中兴初级小学校牌。新中国成立后至20世纪80年代后期，一直辟为龙川小学校舍，1988年该祠公布为全国重点文物保护单位后成为龙川景区最主要的景点之一。宗祠的保护和维修力度空前增强。宗祠东侧的小祠为龙川胡氏的特祭祠。

相传龙川是坑口村的古称。村前有龙须山，村中有一条小溪（称川）穿村而过，称为龙川。后人认为小溪（又称坑）出口流入登源大河，龙可以畅游溪中，遂改称坑口。这个传说至今仍在龙川村人中流传。

2. 奕世尚书牌坊

牌坊为纪念出自龙川村的且相隔一个甲子年（60年）的明代户部尚书胡富、兵部尚书胡宗宪而由明廷敕建。它坐落于绩溪县大坑口村中石桥畔，建于明嘉靖四十一年（1562）。主体结构由4根柱、4根定盘枋和7根额枋组成，高为10米，宽有9米。系用花岗石和茶园石搭配凿制而成。牌坊的整体结构采用侧脚做法，向内收敛，四大柱子抹去棱角，即所谓讹角柱；立柱的南北两向各有抱鼓石护靠，造就了端庄稳重、傲然挺拔的美感效果；坊顶为歇山式，用茶园石板砍凿而成，由斗拱支撑并挑檐。各正脊两端，鳌鱼对峙，明间正脊中部置火焰珠，八大戗角翘然腾飞。主楼正中装置竖式“恩荣”匾，其四周盘以浮雕双龙戏珠纹。下方花板南北两面，分别镌书“奕世尚书”和“奕世宫保”。书法遒劲流畅、气韵不凡，为书法大家文徵明手书。

1986年7月，奕世尚书坊被安徽省人民政府公布为省级文物保护单位，2013年3月被国务院公布为全国重点文物保护单位，现已成为龙川景区一个主要景点。

3. 胡炳衡故居

胡炳衡故居位于绩溪县瀛洲乡坑口村龙川溪南岸中部地段，门牌号为010，占地面积共251平方米，建筑面积有180平方米。该老宅前厅在20世纪50年代遭火灾损毁，2004年在原址上修复。后室因年久失修，白蚁、黄蜂的蛀蚀而局部损毁，又于1997年维修，后室保存完好；后室西边有一厨房，厨房前边有一方形水井，水井干涸；东向房屋在20世纪70年代因生活需要而改为现代民居。胡炳衡宅为砖木结构，硬山屋顶，山墙封砌马头墙，呈前厅后室布局，该宅木雕较精美。胡炳衡与其子胡增钰在新中国成立前常年在江苏泰兴、姜堰一带经营茶业，但仍继承祖传产业，此宅的产权在新中国成立后土改时仍由胡炳衡之子胡增钰登记。现根据建筑风格来看，该宅当属清道光年间的徽派民居。此宅的后堂为原来的建筑，室内的撑拱、雀替等木构件雕饰精美。此宅于 2004 年 10 月 28 日被公布为安徽省重点文物保护单位。2013 年 3 月与龙川的明代奕世尚书坊一起，以胡炳衡宅的名义被国务院公布为全国重点文物保护单位，但暂时不对外开放。

4. 胡宗宪抗倭纪念馆

2013 年 5 月 1 日建成正式对外开放。该馆运用声、光、电等高科技手段再现了绩溪龙川籍抗倭名臣胡宗宪抗击倭寇、平定海疆的英雄业绩。该纪念馆的开馆也打响了绩溪龙川争创 5A 景区的“头炮”。据介绍，胡宗宪抗倭纪念馆建设方案于 2009 年 8 月 18 日通过专家评审，前后经过一年多的紧张建设，于 2010 年 4 月 30 日举行开馆仪式。胡宗宪抗倭纪念馆馆址就设在少保府原址，民国时期少保府一度被本村人胡炼九利用开设缫丝厂，新中国成立后少保府长期作为坑口村前锋农业合作社社址、坑口大队部和坑口小学学舍使用，据悉建纪念馆总投资约 1200 万元，建筑面积达 1500 平方米，分“和谐之源”“龙川骄子”“抗击倭寇”“抚民兴业”等六个展厅。

为再现胡宗宪当年抗击倭寇的业绩，纪念馆运用了“电子连环画”“幻影成像”等手段，逼真地再现了胡宗宪“计歼王直”“智歼徐海”“鸳鸯阵”等历史场景，游客还可以参与互动大型场景，亲临胡宗宪“身冒炮火”的抗倭战斗场面，在 2010 年全省旅游工作大会上，安徽省曾提出当年力推四个 4A 景区升级为 5A，这其中就包括绩溪龙川景区。

5. 胡富纪念馆

龙川籍的明代户部尚书胡富纪念馆位于瀛洲镇龙川景区水街，2015 年 8 月成功申报并被命名为“宣城市廉政教育基地”，于 2015 年 9 月 11 日揭牌并对外开放。2016 年 4 月被评为“省级廉政教育基地”。

胡富（1454—1522），字永年，绩溪龙川人，官至户部尚书。成化十四年（1478）进士，在任期间勤政廉洁，政声颇著。

该馆就是为纪念这一明代绩溪籍清正廉洁的名臣而建，胡富纪念馆占地面积约 800 平方米，展厅陈列面积 200 多平方米，分为“少年神童、大器晚成；公正执法、平反冤狱；刚正不阿、不畏权贵；勤政廉政、爱民如子”四个展区，通过图片、视频、雕塑、实物、场景等多种形式，借助声、光、电、影等现代科技手段，生动直观地展现了胡富勤政廉政的感人事迹，喻志言情、律己教人。胡富纪念馆紧邻胡宗宪少保府。

6. 绩溪龙川水街

龙川水街长约 500 米，水街溪水源于扬溪镇的石金山麓，南流经瀛洲镇的岭里至岭外（现为燎原村所辖的自然村），折向东流，在龙川村凤山下流入村中，流经龙川村中的小河村民习惯称之为小溪，自龙川村开发旅游后改称龙溪，河床用卵石铺设，原注入此溪河的污水也经用排污管作净化处理，此溪河穿村汇入登源河，河床降比为 500∶1，所以枯水期流水潺潺，汛期河水奔腾，荡涤村中的一切污泥浊水。溪河护岸由青石和花岗岩石砌成。河岸陡直，沿河岸设有石踏步下河，以利居民浆洗取水，更有一处下河处，形同小码头，用青石和花岗岩砌成，是清代早期所建，至今完好。2013 年 6 月，绩溪龙川的水街被评为中国历史文化名街；如今龙溪也是游客游览龙川和打卡拍摄的重要景点。

7. 乡贤祠

是 5A 景区龙川的众多景点之一。乡贤，指一地德行高尚、颇多建树的人。明清时期，凡品学、政绩为地方所推崇者，殁后由地方官吏报请制立牌位放入县乡贤祠，春秋两季给予祭祀。据嘉庆《绩溪县志》（1810 年刊本）记载，绩溪县乡贤祠共祭祀 15 位乡贤，其中龙川就有 3 位。

龙川旧有东隅支祠名“思敬堂”，为族人思祖敬宗的宝地，新中国建立后曾辟设为坑口供销社。龙川村开发旅游后特予以修葺，恢复乡贤祠旧貌，并将龙川历代德高望重、有善行义举的八位族人塑像配以简介在本祠集中介绍，同时作为龙川乡土教育的基地，让村人和游客更好地了解龙川先人的风范、祖训，增强爱国爱乡的情怀，亦借此向观光者展示龙川的人文底蕴，提升龙川的文化品位与魅力。其中又结合介绍绩溪高氏与龙川胡氏本是血脉相承的一家，在择嗣时严格限于本族本姓的宋末元初，胡高两家不仅结为儿女亲家，且胡姓叔侄接踵为高姓续嗣，使绩溪本濒于失传的高姓终成绩溪的旺族，这本身就冲破了封建社会续嗣只限于本族同姓的规定，也是龙川胡氏良好门风的一大佐证。

三、龙川村未来十年以特色旅游为重点的发展新格局

龙川村产业发展的新格局新业态是："三核引领，三区共建，廊带串联。"具体是：三核引领，依托龙川古村内景区及民宿，龙川小学南部龙祠山庄，上横形民居点内的龙川宾馆和云栖山院项目，打造成集旅游观光、配套服务、商品售卖、特色产品手工制作于一体的旅游接待核心；涉及农林的产业发展主要有三区共建：一是生态农林区。结合村域北部丰富的生态资源，拓展生态林业体验空间；二是休闲农业区，结合登源河谷地耕地农业，发展农业观光体验，农业种植方面主要为水稻、油菜种植、订单蔬菜，出口创汇的经济作物等；三是旅游观光业。以龙须山景区发展户外生态旅游观光为依托，再结合省道的周边村庄及商业设施来打造涉旅产业发展带。

第十章　交通　通讯

第一节　古道

昔时，龙川人业农、经商、运物主要靠登源乡道和半茶乡道，也有走水路的，这主要有：

一、经龙川东去西往的登源乡道

自绩溪县南的临溪始起，沿登源河流域北上，经湖里、仁里、瀛洲、坑口（龙川）、北村、石馗、伏岭……坎头等村，越峤岭入浙江昌化（现属临安）的仁里，全长 108 华里。其时，县东各地及浙江昌化北部山区的商铺都需经过此山道至临溪挑运货物，系贯通绩溪东部的主要干道。路宽 1.5 米至 2 米，为石板路面，沿途有登源洞岭茶亭、汪公庙茶亭、坑口的药师寺茶亭等茶亭共 19 处。又在湖里、仁里、坑口（龙川）、北村、虹溪桥、西坑等地设有客店与骡马店，以利行商。

附介：清咸丰至光绪年间。湖村人章访周祖孙三代修筑坑口（龙川）经湖村至大石门的石板路近 8 华里，又建上行（今属巧川村）、下行（龙川）茶亭各一座，并设基金以施茶、供夜行人的烛火。

二、龙川行商常走的半茶乡道

半茶乡道从瀛洲村起。翻越佛岭经半茶、孔雀坑入歙县里方、洪琴等南乡村落，长13华里，是龙川、仁里、湖里等登源河一带诸村商人往深渡乘船去淳安、兰溪、杭州的捷径。龙川村民国及民国以前主要的“官道”多借龙川坐落在登源河防洪堤坝就势修筑，全长在龙川村域有四五里，均宽达两尺多，西南经瀛洲登丁岭（又称登岭）折向至县城，负重登丁岭时，走到岭顶的丁岭亭行人都要歇息一下，丁岭亭现仍有遗址保存。

三、龙川的客货水运

20世纪60年代中期以前，上溯至明代，龙川人利用竹排，又称“乌排”来运送货物，兼及带客。“乌排”用10至12根大毛竹编成，长有一丈五六尺，一人乘坐一排，至多可载重两千斤。北村、湖村一带农民烧石灰，所需灰料都用乌排从瀛洲、坑口逆水上运，一般十多只乌排结帮承运，撑篙背纤逆水而上，纤夫多为身强力壮的青壮年，最远可达石门、湖村，顺流可直抵歙县深渡，商客再改乘客船往排岭、兰溪、杭州等地，登源河的龙须、百鸟、北村、龙川、湖村等处农家一般都备有乌排，供人租用或代人承运。直至1966年初绩溪至北村公路通行，“乌排”运输才被汽车取代。

第二节　公路

新中国建立初期，龙川行政村的板车路建设详情不明，仅有1959年由县林业局投资开设、全长4公里的北门外——大坑的一条板车路（《绩溪县交通运输志》P64）；龙川及所辖的自然村在20世纪60年代初的交通仍以人力车运输为主，1965年秋绩溪县城经龙川村通胡家、北村的全长约20公里砂石路面的货运公路建成，次年1月，绩溪县经龙川通北村段的公路先通客车，沿路设招呼站售票方便乘客，该条公路又自1970年10月建造延伸至伏岭，另绩溪县城经龙川至胡家村全长36公里的公路于1985年6月14日正式开工，1988年12月竣工通车。具体的县乡公路分布有：G023为龙川村浒里公路，过境浒里长0.77公里，此路段中有123延米的桥梁两座；路基均宽4.5米，路面宽4米，前端接线公路为家（朋）绩（溪）公路，于2011年改建；另一路段为C024龙川路，全长0.71公里，路基均宽4.5米，路面宽4米。路面均为砼结构。改建时间是2013年。此路段中有桥梁一座，长105米，均由瀛洲镇人民政府管养。2002年12月28日，华阳至龙川公路拓宽工程开工典礼隆重举行。次年12月24日，华阳至龙川公路拓宽改线工程全线建成通车，道路总长11.58公里，总预算投资140万元。龙川村的主干公路建造的高潮形成是家绩公路以龙川村为重点的北延和南伸：2009年2月至2010年5月，家（朋）绩（溪）路华阳至龙川段12.65公里的路段再次进行路面主体改建，其中老路改建10.15公里，瀛洲桥至上横形段改线2.5公里，总投资4711.08万元。路基完成土石方55251立方米，借方11万立方米。砌防护挡墙2.97万立方，排水工程6616米，新建桥梁一座，涵洞62道，改建后的家（朋）绩（溪）路华（阳）龙（川）段二级公路全长11.58公里，路基宽15米，路面宽12米，三级公路1.06公里，路基宽8.5米，路面宽7米。同年，家（朋）绩（溪）路龙川至北村3.2公里路段按三级公路进行了改造。2011年3月1日，华龙公路又实施了绿化景观工程。2016年，龙川村的交通状况进一步得到了改善。是年，龙川村至绩溪岭凹段按三级公路设计，路基宽7.5米，路面宽6.5米，沥青混凝土路面；龙川至华阳镇段设计为二级公路，路基宽15米，路面宽12米，同为沥青混凝土路面，沿途与河桥路、家荆路、龙川路、浒里路、仁临路等25条乡村公路连接。至此龙川村的交通情况得到根本改善。

第三节　桥梁

龙川村由于依山傍水而建，为方便人货通行，村内桥梁较多，石拱、木质和钢混平板等各种结构都有，形成历史也涉及元明清和现当代，其中村中的石质古桥建成年代在明代或明代以前，有文物价值。

一、龙川村外的生产生活桥梁

1. 据绩溪程尚远所著的《绩溪乡情民俗》记载：龙川官桥与临溪上游桥都由桥板 24 接搭建而成，长 80 多米。龙川浒里木桥，也称官桥，始建于明代成化年间，相传官至户部尚书的胡富荣归故里，明廷为察实胡富为官是否真正清廉，便派官员跟随暗访，见龙川浒里无木桥，胡富还涉水过河，家中陈设也很简朴，就将此实察的情形告诉皇上，皇上十分感动，就降旨至地方官在浒里村口修建高架木桥，又名官桥，浒里桥会因此产生。

2. 杨桥：位于龙川村委会对面，也叫杨桥，长近 80 米，也用桥板搭成；昔时龙川村胡氏还设有桥会田，所收田租以供木桥维修和重搭的费用。桥址紧挨现用于旅游观光的钢木结构的彩虹桥。

二、龙川村内生产生活与旅游观光的桥梁

一共有 7 座桥，这 7 座桥梁生产生活与旅游观光功能兼备。

1. 连心桥：位于瀛洲镇龙川村红旗油坑。桥址坐落在岭里河段，桥长约 10 米，桥面宽 1.6 米。桥梁结构为 1 米 ×7.5 米钢混平板桥；2015 年通过一事一议财政奖补项目资金建设。

2. 快坑桥：位于龙川村岭里河段，桥长 12.4 米，桥面宽 1.5 米。桥梁结构为

2 米 ×5.7 米钢混平板桥。

3. 朝笏桥：位于龙川景区内的岭里河段，桥长 10 米，宽 1.5 米，结构为 1 米 ×9 米钢架木板桥。

4. 龙溪桥：位于龙川景区的村里河段，桥长 10 米，桥面宽 2.9 米，结构为 1 米 ×8.8 米石拱桥。

5. 康惠桥：位于龙川景区的村里河段，桥长 9 米，宽 1.5 米，结构为 1 米 ×9 米钢架木板桥。

6. 龙川中桥：位于龙川景区的村里河段，桥长 9.05 米，桥面宽 2.3 米，为 2 米 ×4.8 米的石梁桥。

7. 龙川下桥：位于龙川景区的岭村里河段，桥长 12.5 米，桥面宽 1.35 米，桥梁结构 2 米 ×4.1 米的钢混平板桥，1975 年由上海小三线厂——燎原厂建设。

8. 龙川彩虹桥：2013 年建成，该桥长度 70 余米，宽度 12 米，现为龙川村与龙川景区跨越登源河拜谒灵山庵与龙川金紫山周边，体验田园风光的主要通道。

三、龙川村域内的通车桥梁

位于登源河流域现龙川行政村有关的河桥有：龙须桥、坑口桥、浒里桥、横形桥，共四座。

1. 坑口（龙川）桥

跨越巧川河。桥梁中心桩号为 31K + 950。桥梁全长为 21.7 米，桥梁跨径组合为单孔 16 米。桥梁的构造类型为空心板梁，桥面净宽 7 米，设计的荷载等级为公路 – Ⅱ级，于 2003 年 12 月建成。

2. 龙川村浒里桥

桥梁横跨登源河，桥梁中心桩号系 0K + 0.74，桥梁全长 110 米，桥梁跨径组合为 3 米 ×32 米，结构类型属石拱，桥面净宽 4 米，设计荷载等级汽车 –1.5 级;

3. 龙川村浒里桥（2）

该桥坐落在小河沟。桥梁中心桩号 0K + 242，桥梁全长 12 米，桥梁跨径组合为 3 米 ×3 米，主桥构成类型为整体现浇板，桥面净宽 3.6 米，荷载等级为汽车 -1.5 级，该桥于 2009 年建成；

4. 龙川村大坑桥

坐落于下横形，桥跨登源河，桥长 83 米，桥面宽 3.74 米，系 8 米 ×10 米钢混梁板桥。

第四节　邮电

一、邮政

晚清以前，包括龙川的绩溪县内的民间信件，包裹均由信客代转。在此稍前，石飑人负责龙川旅外经商，做工的人捎带货信。

清末，绩溪县城始有附设于杂货店铺中的邮政代办处，逐渐受理民众的信件，开办快递、信函等业务。到了民国十三年（1924）绩溪县登源河流域的仁里、龙川、瀛洲、湖村等相继开始设有邮政信柜，由商店代理，瀛洲村的信柜设在章永济药号，龙川村的邮件多由北村或者瀛洲收递。民国中后期龙川村始设邮政代办点，代办点设在程华基所开的药店边。邮递线路为：县城→瀛洲邮政所→龙川及岭里、巧川等地，抗日战争爆发后，由于邮路阻断，绩溪县于民国二十八年（1939）设递步哨，以传递公文，搜集情报，指导伤兵就医，散兵归队和公务人员通行。绩溪设有分哨所，设所长一名，哨兵 4 至 6 名。县内哨站线路一共四条，其中一条是从登源（龙川）→大鄣（伏岭）→九华（上胡家）。民国时期的邮差身穿绿色背褡，邮件全靠肩挑，投递比较辛苦。新中国成立后，1954 年 10 月，龙川村的邮件则由伏岭邮政支局或瀛洲邮政所收递。1958 年，龙川村始设有邮政代办所。

1970 年，瀛洲公社的邮政所升格为邮政支局，龙川村的邮件也就近在瀛洲办理。这种投递格局一直相沿至今。

二、电信

20 世纪 30 年代中后期，在抗日战争期间，龙川村联保始有电话，通话范围只限于瀛洲乡公所及县政府，话机为磁石式。新中国建立后，龙川村仍有一部村公有电话，通话只限于村大队部与乡政府（公社）两地。龙川与邻乡、县城及外地的电话联系靠瀛洲总机转接。话机为磁石式单机。

70 年代后期，由于线路老化，话机出故障，村与外界的电话联系经常中断。直至 1993 年。1993 年瀛洲乡开通程控电话。次年村内第一部公用电话开通。此后，村内程控电话安装户数越来越多，至 2000 年底，全村共安装电话 136 台，手机 14 部，传真机 2 台。2004 年后，随着手机的普及，村固定电话锐减，现不足 40 门。2010 年尤其 2015 年以来，龙川村人尤其是年轻人手机持有率越来越高，手机也由一般的功能手机向智能手机升级，根据在电信部门工作的村民了解，截至 2019 年底，龙川村民拥有手机总数达 926 部，智能机有 812 部，长年在外打工创业的村民人均 1.6 部，其中一机双卡占一半以上，多使用 4G 的移动通信网络。

第十一章　文教卫健

第一节　乡村教育

一、小学教育

1. 明代及明代以前

绩溪县署给予教育经费（经费来源主要是收取学田的田租）始于宋代，官学（县学）县署安排经费，为此所设的教谕、训导也给俸禄，正额生员还可领得廪食米或银两。据明代万历版《绩溪县志·学校志》记载，宋代就曾设过“科场钱”，但详情不明。明代及明代以前绩溪包括龙川（龙山里）在内的各都里都设有社学，全县共有社学三十所，聘请学识丰沛、人品较好的硕儒充任社学的老师，照例优先免差役，凡村中弟子八岁或八岁以上，就令其入社学启蒙，教学内容以朱子的小学、日记故事、孝经、四书等为主，县衙所任的提调官每季度要对社学进行访查，不胜任者即予剔除另物色人选，同时明代龙川村还设有由名臣胡富曾祖胡德裕创建于明代洪武九年（1376）的龙峰书院及稍后胡宗宪所建的梅林书屋，书院（书屋）与社学构成了龙川明代及明代以前村童接受启蒙和进修的教育设施的基础。

2. 清迄民国

迄至清代，虽然城关的教育因有金紫胡氏名儒胡培翚等创办东山书院而得以中兴外，地处乡间的龙川村教育则仍以家塾和社学为主，明代龙川胡氏名臣所建的书院、书屋是否仍在运行有待稽考，据清光绪末年（1908）统计，龙川所在的十二都当时有学龄儿童419人，全都无一所新学学堂，仅有私塾9处，入塾人数135人，未入塾者竟达284人，乡学普及情况在全县各都名列后进。民国三十年（1941）绩溪作为安徽少数没有在抗日战争中沦陷的县份之一，在战时十分艰难的情况下创办乡保小学，那时登原乡有乡中心小学一所，保小学五所，龙川保等保小学都设有民众阅报处或问字处，以帮助不识字的村民问事、读信，识字的村民阅报。又据《绩溪县登原乡保甲户口统计表》载，民国三十二年（1943）龙川保设十甲，144户，829人。龙川保当时设初级小学，有学生38人。到了民国三十三年（1944）胡炼九接任校长时，当时龙川初小有学生50余人，除胡炼九担任校长外，另聘方梦影（女）、黄炳辉、胡竹如三位教师任教。次年8月15日，胡炼九特向县政府莫权县长呈交增设在邦高级班要求立案的报告，在报告中，胡炼九提出捐款二十万元（法币）购买学田以助本村和邻村贫寒学子免费进入高级班的义举，以实现先父胡一桂（在邦）回报社会、捐资兴学的夙愿。（呈文附后）

呈为就龙川保国民学校捐资附设在邦高级班，请求钧府予以立案、俾附近贫苦儿童得以受完基本教育、启迪民智，籍遂乌私事：窃先父讳一桂，字在邦，为吾绩名儒医，活人无算。加惠贫病，当年固有口皆碑，而今耆老重提，犹浩叹当今无辈！先父在日，常言人生对社会如无一点贡献，无异虚生，职年十三，慈父见背，孤儿失教，流浪江湖四十余年，愧无建树，然曩年先父之耳提面命，未尝或忘。抗战开始之时，职方于江苏经营矿业，金阊沦陷间，逃返故乡，忝长属校，星霜两移。本年入学儿童共计五十名以上，本学期修业期满者已有六名，大都因家道贫寒，未能他往升学，此后修业期满者，年有增加，迫于家境，不克他往升学者当亦不少，因贫废读，其中未必就无可造之材。先哲有言：求学如逆水行舟，不进则退；儿童辍读，尤易抛荒；迨家长力足以供子女学费之时，或因学业荒芜而惮于补习，或因学龄已过而徒伤，埋没天才，殊为可惜；即资质鲁钝之儿童，亦使受完基本教育，不独可增加本身生活知能，抑且有裨地方自治，巩固国本，无急于兹，职为属校艰于他往升学之儿童，弥满缺陷，且为先父留一纪念，捐资二十万元购买学田，犹属校附设在邦高级班，免收学米学费，俾属校及附近村落之贫苦儿童，得以受完基本教育，启迪民智，籍遂乌和，为此披沥陈情，请求钧府准予立案，公私同感。待命屏营，谨呈绩溪县县长莫。

职龙川保国民学校校长胡炼九中华民国三十四年八月十五日

3. 新中国建立以后

1949 年 5 月绩溪全县解放，龙川村的教育迎来了发展的大好时期。新中国成立初期，坑口一带学龄儿童很少，龙川中心小学撤销更名为坑口小学，隶属瀛洲中心小学管辖。学校办公经费、教师工资等全由人民政府拨款，人事调动也由县人民政府统一安排。

从 20 世纪 50 年代初开始，坑口小学一直隶属瀛洲中心小学管辖，以良好的校风、教风和学风赢得社会的信任。

直至 1990 年暑期，坑口小学都在“胡氏宗祠”内上课。由于 1986 年“胡氏宗祠”被定为省重点文物保护单位，1988 年又被国务院公布为全国重点文物保护单位后，迁校保护宗祠成了当务之急。1989 年由县文化局、县教委联合牵头，坑口村委会主持新建校舍事宜，校址定在“少保府”。1990 年 9 月，坑口小学迁入新址，即现胡宗宪抗倭纪念馆，章来保任校长。1991 年 9 月胡伟成任校长；1992 年 9 月胡光前继任校长。1994 年，在全县小学数学奥林匹克竞赛中，坑口小学有两名学生获奖。1997 年，在全县“丰收杯”文艺会演中，坑口小学编导的舞蹈《请到咱们龙川来》获一等奖。

多年来，坑口小学得到了社会各界的关心和支持。1995 年和 1998 年，时任副省长杜宜谨和省人大常委会主任孟富林先后来校视察，看望了全体师生，对大家提出了殷切的期望。1995 年，著名书画家黄澍为学校题写了“为人师表”的横幅。1998 年 3 月，瀛洲乡政府对本乡的小学布局进行了调整，撤销龙须小学，其学生在坑口小学入学。同时，调整完小的布局，撤岭外小学四年级、五年级两个班级，其学生在坑口小学入学，撤岭里小学五年级的班级，其学生也安排在坑口小学入学。1999 年，汪东兴任校长;2003 年，汪慧铭任校长。学校强化管理，各项工作在改革中又有发展。2004 年 9 月，坑口小学完成新校址征地工作，学校正朝着农村一流办学水平的目标迈进。2004 年坑口小学有学生 132 人，教师 9 人，龙川小学，现又称瀛洲中心小学，位于绩溪县瀛洲镇龙川村，校舍建成于2006年9月，校园总面积9511平方米，建筑面积2491平方米，运动场面积2700平方米。校园依山傍水、风景如画、幽雅安静，是学习生活的理想环境。

学校设有实验室、图书室、音乐室、美术室、书法室、微机室、卫生室、心理咨询室、多媒体教室等功能教室，设备齐全。近年来，在县委、县政府、县教体局的大力支持下，学校办学条件得到进一步全面改善，所有班级都配备了希沃一体机，三至六年级配齐了师生平板，建成了符合省有关标准化建设要求的智慧学校。

学校现有专业教师21人，其中取得本科学历的12人，有高级职称的6人，市级学科带头人3人，县级骨干教师1人，教坛新星1人。学校坚持依法办学、以德治校、科研兴校、质量立校，在多年的办学实践中，逐步形成了“感恩、立志、向善、向上”的育人理念、“崇德、启智、健体、尚美、笃行”的校风、“敬业、勤业、精业”的教风和“笃学、乐学、善学”的学风，培养了一批又一批优秀的学生。学生电脑作品多次获国家级三等奖、省市一等奖，民谣、徽雕等传习基地正在积极发挥作用，成为传承绩溪传统文化的重要场所。

学校先后荣获“全国青少年普法教育先进集体”“安徽省未成年人思想道德建设示范学校”“安徽省廉政文化进校园示范点”“安徽省防震减灾科普示范学校”“宣城市常规管理优秀学校”“宣城市绿色学校”“宣城市卫生学校”“宣城市中小学生日常行为规范示范学校”“绩溪县文明单位”等荣誉称号，连续多年荣获绩溪县教学管理优秀学校、绩溪县教学质量优秀学校等称号。近年合肥师范学院特在龙川小学设立教习基地。

二、中学教育

龙川村设立初中班进而建瀛洲中学龙川分校的时间不长，前后不过十余年。

1970年3月，坑口小学由于学生数猛增，学校遂附设初中班，与小学同一校舍（并借用了龙川胡氏的支祠“大中堂”），程祥有担任校长。随着学生人数的持续增加，原有校舍不能满足需要，从1975年10月起，当地村民献工献料在后头山兴建新校舍。1977 年 3 月，坑口初中部全部迁至新校址。1979 年后，胡灶成、汪光润先后任校长。1982 年 9 月，章熙倪任校长，此时坑口初中改称为“瀛洲初中分部”，有教职工 17 人。1982 年，坑口初中班开始并入瀛洲中学，考虑到校舍紧张，新并入初三一个班，初一、初二的学生仍在坑口就读。1984 年 9 月瀛洲中学龙川分部撤销，全部并入瀛洲初中。中学分校并入瀛洲中学后，龙川村的小学由汪福淳担任校长。

三、坑口村所在乡镇及其辖村民国时期的教育概况

光绪末年（1908），十二都的学龄儿童为 419 人，仅有私塾九处，入私塾开蒙的儿童只有 135 人，未入学的儿童高达 284 人，民国元年（1912）坑口村所在的登原乡才设有瀛洲初等小学，由章钟涛牵头创办，瀛洲初级小学按三个班级编列，龙川村最早设立新学的是在民国八年（1919）年 2 月，校名为私立中兴初等小学，有学生 38 人，到了民国十三年（1924）下学期，县视学章积和写的《视察学校状况报告》一文写道，当时瀛洲初等小学共有学生有 95 人，因其时学生感染天花者较多，视察时仅有 56 人上课，另据抗战即将胜利的民国三十四年（1945）年 2 月全县上学期各乡镇保学校班级统计表，坑口村所在的登原乡共有儿童男 531 人，女 575 人，那时全县有乡镇中心小学 13 所，儿童班 62 个，国民学校 85 所，私立小学仍有 8 所。此后浒里则设有龙麓初级小学，有学生 28 人，横川村所在的横云保也设一所初级小学，校址就设在大坑村胡氏支祠敦本堂。学生最多时有 30 余人，设一到四年级四个班，从五年级开始大坑的学生就去瀛洲小学上课。

四、成人教育

坑口村的成人教育最早见载于民国中期，民国二十年（1931）绩溪县各区保就开设短期小学，民国二十二年（1933）秋，绩溪县又开设县农林实验学校并举行农林讲习班，开设农业、国语、常识、珠算等课程，学生免收学费，也属成人

扫盲教育的范畴。民国三十年（1941）绩溪在战时十分艰难的情况下创办乡保小学，那时登原乡有乡中心小学一所，保小学五所，龙川保等保小学都设有民众阅报处或问字处，以帮助文盲的村民问事、读信，识字的村民阅报。新中国成立之后开展的声势浩大的扫盲运动就是以成人为主要对象的。1949年初冬，龙川村设冬学委员会，全村一半以上的文盲、半文盲上冬学，小学教师义务兼课或实行以民教民。1952年又推行“速成识字班”，冬学逐渐为民校取代。1953年设在祠堂内的龙川村小学附设常年民校，聘学校教师兼课，开设语文、算术、农业基础知识等学科，利用夜间上学。1956年7月中旬，绩溪县城厢区以坑口乡办好民校的做法、经验作为汇报总结的重点，全面介绍了坑口乡抓好扫盲工作的经验。1955年冬，坑口乡就掀起了扫盲工作的高潮。全乡有9个自然村，共办成民校8所，入学学员197人，其中本坑口民校入学人数45人。同时还在坑口前锋农业生产合作社召开由生产队长、妇代会成员参加的联席会议，以办得比较好的民校为例总结经验，发扬先进，坑口乡又组织了青年扫盲队，组织包教保学小组，前锋社原有文盲、半文盲285人，参加学习的文盲有218人，参加民校学习的占文盲总数的76%，坚持不忙多学、少忙少学、大忙放假的原则，即使是大忙季节，也不是一放了之，而是因时制宜，采取适当方法教学。以生产队、组为学习小组，按距离合作社的远近分成五个学习小组，学习时间都控制在半个小时左右。又组织农民地头学习小组，带黑板下农地，采用黑板报、夜光报、广播筒等多种形式进行有针对性的扫盲宣传，以扫盲工作促进各乡村农业生产发展，坑口乡又以各生产队妇代会的扫盲队为核心班，同时在本乡的街头巷尾挂上识字牌及扫盲课本内容，书写上墙，营造社员自学氛围，使学员走动之间都能时时与生字见面，加深了对生字的认识和记忆，为有针对性地解决坑口乡有小孩需照看的妇女的参加扫盲学习的实际困难，坑口乡发动本村知识青年负责送字包教工作，在每个学员家中挂一块识字牌，由竹牌或改制过的祖宗牌制成，平均每两家挂一块识字牌，每天更新两个生字，学习时间由学员自己掌握。为了及时掌握扫盲的进度和学习成效，坑口乡在扫盲教师中选出一人具体负责这一工作，每隔七天将分散的学员集中起来复习本周已学习过的生字，以弥补小先生在教学中的不足，再根据集中学习提高的情况，布置下一周的教学任务。1956 年城厢区共有民校 36 所，识字班 38 个，学习小组 9 个，学员 1147 人。全区的扫盲工作以坑口、瀛洲和湖里三个乡开展得比较好。

1957 年元月，随着农业合作化高潮的到来，坑口乡人民委员会特成立扫盲协会，提出至 1962 年底基本扫除青壮年文盲的目标。1958 年全村扫盲工作也出现“大跃进”。是年秋动员 100 多名文盲、半文盲上民校、冬学或识字组，由 30 多名教师（含兼职教师）包教。1966 年至 1976 年 10 年间农民教育中断，曾出现复盲和新文盲。1979 年后，村少数文盲参加公社的农民业余教育，1984 年底，经徽州地区验收检查，龙川村为全县 176 个无文盲村之一，完全实现了扫盲。

随着人口的增长，自 20 世纪六七十年代，坑口村的成人教育再次掀起高潮。这时的成人教育注重实用性，进行农技推广，结合语文和算术主课学习，重点培养生产大队、生产队的财会人员和农技人员参与就业技能培训。

五、新中国成立后龙川村其他辖村的教育简况

1. 龙须村自然村

新中国成立后本村开始设一至五年级五个班，校舍由庙宇改建，第一任校长叫胡顺海，第二任校长叫胡海金，他俩都不带课。小学采用复式班教学，老师开始时汪邦达任教，邦达患病后由浒里村方本法老师任教，1974 年间因生源不足，龙须村小学改设一至三年级，仍采用复式班教学，直至 1998 年方本法退休，龙须的小学停办，所有学生都去龙川小学入学。（资料来源：2024 年 8 月 22 日采访龙须村时年 59 岁的胡小木）

2. 浒里自然村

新中国成立初浒里小学设在村中，校舍利用方氏支祠改建，校长（负责人）有邵玉其、汪昭宜等，开设一至四年级四个班，采用复式班教学，公办老师最多时有三个，后又在村头新建小学校舍，仍设一至四年级的复式班，学生最多时近 40 人，约至 2000 年后浒里小学停办，学生都入龙川小学就读。（资料来源：

2024 年 8 月 22 日上午在浒里采访时年 80 岁的方国森，也叫胡国森老师）

3. 横川自然村

新中国建立后三个村派工筹资合力新建小学，挂横川小学牌，设 1—4 年级四个班，采用复式班教学，教师先后有章金科、王足月、程顺仙等，学生最多时近四十人，开始时配有两个老师，后来学生少改配一个老师，2000 年间因学生数锐减小学停办，学生都到瀛洲小学就读，旧学舍经瀛洲镇政府重修后出租给肉食企业经营。（资料来源：2024 年 8 月 22 日上午采访上横形自然村时年 76 岁王成根）

第二节 乡土文化

在旧社会，坑口村及所下辖的浒里、横川等村的文化娱乐活动，大多与宗族、宗教与民俗活动紧密联系，如坑口村独有的龙舟会、花灯会，浒里村的赛琼碗，大坑村、横形村的太子会、观音会等，内容比较丰富。在民国以前，坑口村每逢农历闰年都要举行龙舟会，场面壮观，若再逢祠堂越主，还要请歙县南乡徽剧戏班来演戏。一般连演三天三夜，此时村内万人空巷，台下人头攒动，登源河一带的村民都到龙川村观看赛龙舟或赛琼碗。新中国成立以后，坑口村村民曾自发组织业余剧团，利用冬闲时间排练，春节期间演出。从 1949 年至“文革”前，先后演出有“天仙配”“打渔杀家”“打金枝”“苏三起解”等经典徽剧，有的还参加县文化部门的会演、调演，多次获奖。

实行人民公社化以后，坑口村的业余文艺演出一度停滞。20 世纪 60 年代后期至上至 70 年代初，为普及革命样板戏，坑口大队组织排练京剧样板戏，如红灯记、智取威虎山、沙家浜等，也获得赴县城会演的奖项。粉碎“四人帮”以后，村民自编批判节目，包括快板、三句半等，颇受村民欢迎。

民国中后期，龙川村就有以村民为主要成员成立的业余剧团，其中胡炼九苏州籍的妻子周凤云担任演员兼导演。演出剧目主要有京剧“打渔杀家”“苏三起解”等。新中国成立以后，龙川村成立了规模较大的业余剧团，演员主要也由村民构成，其中胡炼九擅长表演的妻子周凤云还兼任导演，1956 年由 58 岁的周凤云和胡社明分别演七仙女和董永的“天仙配”，在 1956 年参加绩溪县的文艺汇演中获奖，其他演出的戏剧还有“俩兄弟”“葵花配”等，戏种是黄梅戏和越剧，戏台就设在原村会屋（现村委会所在地）。

第三节　医疗保健

一、医疗机构

龙川村在 20 世纪六七十年代，只有私人诊所。由村中名医胡震来的儿子、退休医生胡树人开办，胡树人医技精湛。后来胡树人的儿子胡亦俭又长期担任村卫生室的医生至今。

二、合作医疗

在实行农村合作医疗的 20 世纪六七十年代，龙川村的合作医疗仍是由世传村医胡树人和胡节君次子胡任清（1948—2009）主持，胡任清 1979 年后还以赤脚医生身份参加全省中医药人员的选拔考试，并获得国家医疗机构的正式编制。其间还有从屯溪下放的一位医生和他一起从事龙川村的合作医疗，在实行农村合作医疗的过程中，还培养了接生员胡灶霞。

三、血吸虫病防治

在民国尤其是民国中后期，原登原乡瀛洲村、仁里村、梧村等村都是血吸虫病的重灾区，村庄为此萧条，人口锐减，现属龙川行政村的横川村也是血吸虫病的一个传播区。但龙川行政村的血吸虫病止于横川，浒里自然村未波及。幸好新中国成立以后，及时采取果断医疗措施，救治血吸虫病人，使病人绝大部分恢复了身体健康和劳动能力，同时又组织大范围的灭螺，使血吸虫的寄生体得到了彻底消灭。经当时排查，坑口大队、浒里大队未受到血吸虫病的侵害。瀛洲公社也和绩溪县其他血吸虫病的重灾区一样，如旺川公社、临溪公社等，血吸虫病得到了根治。据 1953 年元月 25 日填报的《绩溪县第四区瀛洲乡血吸虫户调查情况统计表》登记的数据，当时横川村共有胡政忠、胡永法等 11 人确认患了血吸虫病，其中胡政忠、胡永法等 8 人患了初期的血吸虫病；胡灶益患了二期血吸虫病；王四九、胡应初患了末期血吸虫病，包括疑似血吸虫患者在内，横川村一共有 27 人名列统计表中。

瀛洲乡横川队血吸虫病患者基本情况汇总表（1953 年 1 月 25 日）

<table>
<tr><th rowspan="3">户长姓名</th><th colspan="2">人口</th><th colspan="4">劳动情况</th><th colspan="6">田地亩数</th><th colspan="2">原照顾</th><th rowspan="3">困难原因</th><th rowspan="3">工作组意见</th><th rowspan="3">备注</th></tr>
<tr><th rowspan="2">男</th><th rowspan="2">女</th><th>全</th><th>半</th><th colspan="2">丧失</th><th colspan="2">自耕</th><th colspan="2">细耕</th><th colspan="2">出租</th><th rowspan="2">特殊减免</th><th rowspan="2">棉花</th></tr>
<tr><th>现</th><th>有</th><th>全</th><th>半</th><th>田</th><th>地</th><th>田</th><th>地</th><th>田</th><th>地</th></tr>
<tr><td>廖木贞</td><td>1</td><td>3</td><td>1</td><td>1</td><td></td><td></td><td>3</td><td></td><td></td><td></td><td></td><td></td><td>60 斤</td><td>2 斤</td><td>无劳力，生活困难</td><td>甲</td><td rowspan="7">1. 因原表乡区县审核意见栏空白，故略去。
2. 含上下横形在内。</td></tr>
<tr><td>胡灶益</td><td>2</td><td>2</td><td></td><td>1</td><td></td><td></td><td>3.4</td><td></td><td>0.6</td><td></td><td></td><td></td><td>119 斤</td><td>5 斤</td><td>生活困难</td><td>乙</td></tr>
<tr><td>胡世斌</td><td>3</td><td>4</td><td></td><td>2</td><td></td><td></td><td>4</td><td></td><td></td><td></td><td></td><td></td><td></td><td>4 斤</td><td>年迈，生活困难</td><td>乙</td></tr>
<tr><td>胡彰根</td><td>3</td><td>2</td><td></td><td>2</td><td></td><td></td><td>2.65</td><td></td><td></td><td></td><td></td><td></td><td></td><td>5 斤</td><td>残疾，生活困难</td><td>乙</td></tr>
<tr><td>胡德晴</td><td>1</td><td>3</td><td></td><td>1</td><td></td><td></td><td>1.75</td><td></td><td></td><td></td><td></td><td></td><td></td><td>5 斤</td><td>无劳力，生活困难</td><td>乙</td></tr>
<tr><td>胡应初</td><td>1</td><td>2</td><td></td><td>1</td><td></td><td>1</td><td>3</td><td></td><td></td><td></td><td></td><td></td><td>5 斤</td><td>2 斤</td><td>有血吸虫病，困难</td><td>丙</td></tr>
<tr><td>胡政忠</td><td>4</td><td>1</td><td></td><td>1</td><td>1</td><td></td><td>3.5</td><td></td><td></td><td></td><td></td><td></td><td>99 斤</td><td>4 斤</td><td>有血吸虫病，生活困难</td><td>丙</td></tr>
</table>

（续表）

户长姓名	人口		劳动情况				田地亩数						原照顾		困难原因	工作组意见	备注
	男	女	全	半	丧失		自耕		细耕		出租		特殊减免	棉花			
			现	有	全	半	田	地	田	地	田	地					
胡水法	2	2		2	1		3.2		0.8				41 斤	5 斤	无劳力，生活困难	丙	洪前进以上各户为横川村大坑自然村的疑似血吸虫病或确诊血吸虫病患者户主名单及相关数据
胡竹初	1	2		1			2.5						52 斤	4 斤	生活困难	丙	
胡观堂	1	3		1			5.4		2.25				120 斤	3 斤	因病生活困难	丙	
胡汉初	2	3	1	1			4.8		4				104 斤	4 斤	负担重生活困难	丙	
胡汪益	3	4		1			7		0.3					4 斤	生活困难	丙	
汪杏春	1	3	1	1			4.1		2.2				133 斤	5 斤	无劳务，生活困难	丙	
方宜凤		1		1			0.7		0.56				全免	5 斤	无劳力，生活困难	丙	
胡美仙	6	3	1	1			8.2						148 斤	5 斤	缺劳力，生活困难	丙	
胡天赐	1	1		1			2	0.2	2					2 斤	无劳力，生活困难	丙	
洪前进	1	1	1	1			3.9	1.9	1.9				93 斤	2 斤	生活困难	甲	
洪彩金	1	2		1			1.9							2 斤	无劳力，生活困难	乙	
高社金	3	1	1	1			4.7	1.7					全免	5 斤	有血吸虫病，生活困难	乙	
洪汪	1	2	1	1			2.6	0.5					99 斤	5 斤	生活困难	乙	
吴甫	2	1	1	1			2.68	0.9	2.15				130 斤	2 斤	本人有病	乙	
高彩	4	1	1	1			6.7	0.3						2 斤	生活困难	乙	
高秉柳	1	2	1	2			3.5	1.2	1				119 斤		生活困难	丙	
王四九	2	3		1			3.9	0.4			0.3		46 斤	2 斤	有血吸虫病，生活困难	丙	
洪汪照	2	1	1	1			3.6	1	1				199 斤	2 斤	生活困难	丙	
汪根生	1	2	1	1			2.3	1.5					46 斤	2 斤	祖母年老困难	丙	
高秉林	1	4		3			6	2	2				160 斤	2 斤	生活困难	丙	

第十二章　公共服务与民生点滴

第一节　龙川村的公共服务设施

龙川村现有的公共服务设施一共有十四处，配置相对比邻村完备。具体有：建筑面积100多平方米的村卫生室，建筑面积约为200平方米的村老年人活动室和村级幸福院；建筑面积约300平方米的中老年人日间照料中心，则与城区共享；教育设施主要是位于龙川上村的村幼儿园和乡村小规模学校。校舍已独立占地建设（详见教育章节）；用于文化活动的有村文化活动室，建筑面积有200平方米，内含村农家书屋、红白喜事厅；用于开展村民民俗活动点，建筑面积有600多平方米；用于体育锻炼的健身广场有400到1000平方米的用地面积储备：商业服务方面主要有便民农家店，面积有200平方米左右，金融服务点有一处，可综合设置利用，也可单独占地建设；发挥行政管理功能的则有龙川村党群服务中心，建筑面积有300平方米。再就是用于就业引导的龙川村物流配送点。

第二节　乡村振兴

一、低保扶贫工作

龙川村扶贫建档立卡始于2014年春，成立了以村党委书记胡亦俭为组长（龙川村扶贫工作队队长由联村镇干部兼）的村扶贫工作领导小组，是年共有88户困难户向村委会提交贫困户申请，然后交同年6月20日龙川村村民代表大会审议，正式确认胡德喜、赵金梅等共79户、148人为贫困户，再上报镇、县有关部门审核确认。龙川村的扶贫工作一直朝精准化的方向发展。2015年，龙川村赵金梅等人于1月上旬提出脱贫申请，该户通过自我发展产业、务工等途径，增加了家庭收入，人均收入达到7800元，故申请脱贫；张永平人均收入达到了6000元，也提出申请脱贫。为此，2015年1月上旬，龙川村特召开村民代表大会，先介绍79户2014年的贫困户的人均收入，认定2014年通过各种途径已脱贫了35户，剩余44户的未脱贫户名单经由村摸排、镇审核、第三方监督每季度审核一次的程序做到因人施策、精准扶贫。2016年，龙川村的扶贫又经过动态调整，并经公示，经2016年11月中旬召开村民代表评议会，共评出脱贫户有9户17人，无新增贫困户和返贫户。贫困户的类型分为五保、低保、一般这三大类型。脱贫原因主要是务工就业收入、政府救助、老村干补贴这三种举措。2017年龙川村脱贫攻坚对象清单中，仅剩1户2人，属低保户。到了2018年，龙川村又推出2018至2020年三年脱贫攻坚规划。同年龙川村还开展了春夏秋冬四季扶贫大攻势，并制定了实施方案，根据省扶贫暗访的反馈，立即进行了整改。此外，2018年10月至2019年9月，龙川村低保金发放共9户，合计16150元。

2019年，龙川村产业到户、项目共安排资金3.406万元，胡林生等28户81人实施了该项目，实施项目共41个；2020年，龙川村产业到户项目又安排奖补项目资金3.704万元，龙川村共有23户贫困户受益。主要致贫原因有：因残、因病、缺劳力、就学难等等。通过健康扶贫、产业扶贫、社保兜底、教育扶贫、小额信贷扶贫等“因户施策”的综合扶贫措施，龙川村的扶贫工作取得了显著成绩。

二、危房改造

农村危房改造是一项广受农民欢迎的民生工程，实施迄今已有十三年了，从2011年至2023年这十三年中，瀛洲镇龙川村共有268户进行了危房改造，修缮户有175户，重建户有93户，享受国家专项资金补助高达147.6万元，其中开始实施危房改造工程的2011年一年就实施危房改造共143户，发放危房改造补助资金71.2万元，占实施该项目13年总享受专项补助资金的48.23%。此外，这13年中有6年该村没有进行危房改造。

三、入户改厕

在2013年至2020年这些年中，龙川村实施农村改厕入户项目的年份共5年，实施该项目的总户数为157户，具体是：2013年有87户，2017年3户，2018年1户，2019年47户，2020年17户。数横川村民组村民改厕积极性最高，约占全村改厕入户总数的46%。

具体的分组入户改厕情况是：

1. 红旗组19户，改厕时间为2017年2户.2013年7户，2019年6户，2020年4户；

2. 东风组13户。2019年9户，2013年3户，2018年1户；

3. 上村组共43户，改厕入户的具体年份是：2017年1户；2019年26户；2013年16户；

4. 向阳组共10户。2019年6户；2020年1户，2013年3户；

5. 横川组共72户。其中2017年58户，2019年2户，2020年12户。

此外，2023年龙川村实施非卫生厕所改造项目共三户：胡少萍、包万年和胡永胜，经主管部门验收合格后每户补助专项资金 1600 元。

第三节　其他民生事业

一、社会救助与低保

2014 年以来龙川村的社会救助共有 8 人，共计发放补助 17410 元；近三年龙川村的低保户享受低保补助的情况是：2021 年共有 17 户，全年发放低保补助资金为 117904 元；2022 年全村有 18 户享受低保待遇，本年发放低保补助资金为 120440 元；

2023 年龙川村有 16 户享受低保，全年发放低保资金共 118786 元。此外，龙川村分散供养五保户近五年共 3 人，人均享受补助资金是每月 798 元，龙川村集中供养的五保户目前共 2 人，供养资金由县民政部门发放。

二、老兵（含抗美援朝）

龙川村现无健在的参加抗美援朝的老兵，只有复退军人 1 人，每月享受国家补助资金近 2000 元。

三、沼气项目实施

2021 年经对农户使用沼气情况的统计，龙川村曾有胡日光、胡满光、方利波等 40 户实施了建沼气池的项目。由于近些年龙川村民多用电动厨炊器具和煤气，几乎不用沼气灶，龙川村使用沼气的农户鲜少。

第十三章 村风民俗

第一节 节庆习俗

除夕

坑口人的节庆习俗与之前十二都的邻近乡村大致相同。称除夕为“过三十日夜”。绩溪各乡村普遍有“大忙三十夜，清闲初一朝”的说法。在此之前，坑口人基本完成了杀年猪、切麻糖、煎豆腐、蒸蒸糕等一系列的年前特色食品制作的准备工作。到了除夕这一天，男人忙着清理屋前屋后垃圾、屋沟尘泥，家妇则忙于烧甜茶、煮茶叶蛋和烧年夜饭，接着就是谢灶和祭祖。谢灶就是恭谢灶司老爷“上天奏善事，下界保平安”。女人们还要忙着做“子孙馃”。再做两个如挞馃状的大米馃，中间也点一小孔，谓之“馃娘”。蒸熟之后，小孔中若有水，则预示来年不旱。然后是在灶神爷的龛座前上香、跪拜、烧纸钱，此事一般由家庭主妇打理。

祭祖一般在年夜饭之前举行。考究的人家还要在堂屋正中挂上先祖容像，系桌帏、椅帔，摆五禧（锡或铜制作的祭器，有香炉、烛台、花瓶共五件）。然后上供、燃香、烧纸、叩拜，有的人家还要朗读祭文。祭祖结束，一家人吃团圆饭，菜肴丰盛的人家要烧九碗六盘，对因故未能及时赶到家团聚的家人也要摆上碗筷以示郑重，除夕晚餐除丰盛的菜肴外，另外的主食就是谢灶馃，其他如贴春联、点燃红蜡烛坐岁、给儿孙压岁钱等，因与本县其他乡村基本相同故不赘述。

春节

大年初一，天将亮未亮时，家长就要起床，点上灯笼，拿着香，到大门外遥拜四方谓之“接天地”。然后放鞭炮，在堂屋跪拜、上香、供清茶，同时把事先剪好的豆腐干大的红绿彩纸撒于地下，谓之“利事纸”。早餐是清茶、枣栗汤（甜茶）、鸡子面，同时家家都要备一胙盒，内分五格或七格，置放瓜子、花生、麻糖、糖枣、酥糖之类的糕点，用来招待上门拜年的客人。按规矩，放在正中的麻酥糖是只准看不许吃的，能吃的是自家土产的瓜子、花生、麻糖等，是日小孩都穿上新衣服，大人也换上整洁干净的衣服。

初二开始走亲访友，互相拜年。到长辈家一般要携带麻酥糖、蜜枣、云片糕之类的“果子包”作礼物，有的人还要拿两根甘蔗给小孩甜甜。近年时兴拿麻酥、桂圆、荔枝、糖枣的四色礼，年轻人拜年喜欢拿烟酒之类。长辈也会给小孩糕饼、糖果、小鞭炮之类的东西作礼品。见面时，对长辈要抱拳作揖，平辈要说些“恭喜过年”“诸事顺溜”之类的祝语。拜年正月初二至初六是高潮，一直延续到正月十五结束。有些人家大年初一要上祖坟“拜坟年”，一般不带祭品，不烧纸钱，只上香，燃放鞭炮，然后在墓碑贴一红纸条。

元宵节

正月十五坑口人不称为元宵节，习惯叫“过正月半”，是日乡居的村人不吃元宵，多做包子或吃“包袱式”点心。旅外乡贤和近年外出打拼的年轻人元宵节则有吃元宵的习惯。是日的较大活动是接灶，即把“上天奏好事”的灶司老爷迎请回家。女人们同样要做接灶粿，然后在灶神爷的神龛前上供烧香、烧纸钱。神龛一般砌在锅灶的烟囱部位，小巧玲珑。坑口人坚信灶神爷是一家之主，家人有小灾、小病，都要叩拜灶神爷，以祈求保佑。同时正月半夜至正月十八日龙川人要在祠堂嬉花灯，由小孩撑举游全村。

二月二

传说二月二是土地神的生日，旧时坑口村前村后有好几座土地庙。到了这一天，家家都要裹米粽。粽子有四角的方头粽和三角的丁小粽，粽子馅有大米、糯米、腌肉、红枣（蜜枣）、栗子、杂豆（黑豆）等，龙川村人几乎不裹高粱米粽。村民就以粽子、米馃祭拜土地老爷，同时还要把剪成寸把长的麦秆和炒熟的黄豆、冻米等混在一起，撒在庙堂。据说麦秆代表害虫，黄豆、冻米代表虫蛹，祈求土地爷消灭虫害，以保五谷丰收，六畜平安。昔时有人在此日前往社庙，祭拜社公老爷。这天早餐，每家吃的是米粉糊，即把米粉搓成莲子大小，用干菜和佐料煮熟。相传不吃米粉糊，耕田时就筑不成田塍。

坑口有“新坟不过社”的说法，这与绩溪岭北一带的乡村说法一样，即亲人去世的头三年，要在春社之前扫墓，不能等到清明节。因此在二月二之前，新坟上就会出现挂钱的子孙，此祀俗现在在坑口村盛行。

清明节

清明节祭祖是昔时坑口村胡姓等姓子孙的一项隆重的祭祀活动。始祖焱公在金紫山前墓茔的祭祖活动由胡氏宗族的族长主持，五个支祠的祠首及礼生等一起参加，始祖墓前用的是猪羊祭，即把宰杀的全猪、全羊，用木头架子抬到墓前，鼓乐奏响，主祭者虔诚地敬香、跪拜，宣读祭文，然后是参祭者行四跪八拜之礼，同时燃放爆竹，焚烧纸钱。

祖坟祭拜结束，人们把全猪、全羊和其他供品抬到胡氏宗祠，安放于祠堂的大天井，祭拜其他列祖列宗的仪式也随之开始了。主祭和司仪在上堂肃立，参祭者和鼓乐手分立宗祠两廊。在乐器的伴奏声中，两支队伍缓缓走上享堂，交叉穿插而过，然后回到堂下。接下来是敬香、跪拜，主祭人宣读祭文，参祭者再次依序在享堂穿插而行。最后，司仪高呼焚帛、焚祭文，参祭者第三次绕行一周，整个仪式就算结束了。如果遇有族人为亡亲进牌位，同样需要祭拜一遍。民国年间到20世纪50年代初，浙江昌化岛石的龙川胡氏分支也常来龙川村祭拜祖墓和祠堂，人数多达三四十人。

参加祭祖的人在活动结束后，均可得到一份胙肉和两个鸭蛋。

各分祠即五隅也在清明前后要到支派祖先坟前标挂（即扫墓），参与者为本分祠男丁，其仪式要求也很严格。标挂结束，同样要分发胙肉或圆包。

昔时为了支持清明祭祖的费用，坑口胡氏宗祠和各支祠（五隅）都置有祭产，如田地、山场。光胡氏宗祠祭田就有20余亩。土地改革时，包括坑口桥会的祭产都作为无益公产登记，有些则直接分配给了本村贫苦村民，清明祭祖活动从此中断。现坑口始祖焱公墓、明代以清廉闻名的名臣胡富、以爱国著称的明代兵部尚书胡宗宪的墓遗址仍在，有待修复。

立夏节

坑口人称立夏为“交夏”，与绩溪岭北片的各村相同。立夏以后，进入夏收、夏种，各种农活忙了起来。这一天，家家吃韭菜、豆腐干拌瘦肉的面馃，还有香椿、萝卜丝的肉馅馃，吃过后大人还要给小孩称体重，祈盼他们茁壮成长。

端午节

按照国内其他地方传统的说法，人们在端午节纪念爱国诗人屈原，所以要赛龙舟、吃粽子。但坑口人既不吃粽子，也不赛龙舟，也没有纪念屈原的仪式。

坑口人过端午节，除了在大门上插点艾草，一项最大的活动就是做面粉、米粉类的包，即蒸饺，做法有“褶花”包、“半月”包等数种，还要做酒酿发酵的圆形馒头，因为没有馅，故称“夹白包”，也有做赤豆甜焰的“豆馃”。

除了吃包，还要备端午酒。就是把雄黄掺进酒中，大人拿来喝，小孩用指头蘸一点，在额头上画一个“王”字，据说可以辟邪。买不起烧酒的人家，则做一点糯米酒。趁过端午节，男人都过一下酒瘾，主妇们则用艾草沾上酒水，洒在墙边角落，一边洒，一边还念叨：“雄黄一，子走脱；雄黄洒洒添，蜈蚣蝎子走上天。”念叨的端午口诀与岭北各都不同，以此驱赶夏日的害虫。

端午节外婆要给外孙、外孙女送“端午锦”，早在端午节前，外婆或舅母们就用丝线织成瓔珞，放上一棵小而圆的大蒜，再用彩绸缝制成菱形和梯形的香袋，饰以流苏，中贮艾草，挂在外孙们的胸前，相传可以祛除瘟病。

端午节正值春夏交替。外婆家除要给外孙和外孙女送“端午锦”外，还要送一套“端午衣”，戴上银手镯。

一到端午节，地里的蚕豆也成熟了。坑口的女人把蚕豆放在锅里干炒，炒熟以后拌以雄黄，给孩子们当零食，谓之端午豆。吃在嘴里，涩而微甜，别有一番风味。

穿着新衣，额头上画着“王”字，口袋里揣着端午豆的孩子们凑到一起，玩起了“斗豆”的游戏。小拳头攥着蚕豆，你三粒，他五粒，说一声“开”，一齐把小手伸开来，有人把大家的蚕豆合在一起，撒在桌子上。由出得最多的人起头，用指头一弹，如果一粒豆击中另一粒蚕豆，他就可以得到两粒蚕豆。到最后，赢的洋洋得意，输的哭泣流泪构成了一幅绩溪登源河一带乡村特有的孩童游戏画面。

现今，除了做粉类的包和插艾草，晚辈给长辈送绿豆糕、烟酒鱼等礼品，其余的习俗都消失了。

七月半

七月半又称中元节，亦称“鬼”节。绩溪县的人都对此节看得比较淡，民间有七月半，有一半无一半的说法。此日坑口村家家要做粉类的包，祭拜祖先，一般在家中堂前进行。旧时，各支派也到五个支祠内，由值年者组织男丁，举行祭拜仪式。妇女常在这天做一种叫作“花”的油炸食品，即把面皮剪成花朵、风车、流苏等形象，放到油锅里炸熟。因面皮中掺有芝麻、紫苏，吃起来又香又脆。

中秋节

中秋节是团圆节，这一天出门在外创业的亲人都尽量设法赶回家与家人团圆，这一天家家中午都要蒸包，晚上品赏完丰盛的菜肴后，就遥望月亮，品尝月饼。此节的一项重大活动是跳火龙。

每逢中秋节将要来临之际，村里的那些好热闹的青壮年，就会自发地组织起来，着手做跳火龙的准备工作。首先是扎龙灯。先用竹篾扎成龙的骨架，糊上绵纸，画好鳞甲，点上眼睛，龙须、龙角、龙尾应有尽有，栩栩如生。整条龙用七八根竹棒撑起来，龙头、龙身、龙尾内安上十余支小灯，点上蜡烛，龙身通体放光，煞是威猛。小灯的扎制采用了万向节的原理，舞动时，能使里面的蜡烛始终保持直立的状态，不会熄灭，也不会烧坏火龙。嬉火龙是坑口人的拿手的游艺活动，但现在这种技艺已经失传了。中秋节龙川人也有舞草龙的，放中秋炮的，即用稻草包芋头、荷叶制成，甩在地上会发出很响亮的声音。

冬至

家家要做冬至馃，还要给死去的亲人庆冥寿。即逢先人整寿之年，如六十、七十、八十等，其子孙要在冬至日上坟祭拜，上供品，敬酒，上香，放爆竹，烧箱担。冬至祠堂的例祭也是坑口胡氏宗祠集中免费让族人上逝去至亲灵牌的日子，宗祠在这一天既热闹又肃穆。

腊八

一到腊八节，坑口人跟绩溪其他乡村一样，家家都要煮腊八粥，民间普遍有吃腊八粥长一岁的说法，而且用大铁锅煮得很多，以至节后要吃上好些天。这时，要饭的上门乞讨，人们都不会拒绝，往往给上一大碗。村里的孤寡老人也会在这一天，提上饭桶，挨户讨要，名为“讨腊八粥”。村人不但不会卑视，反而显得格外热情，显示了坑口人纯朴的民风。随着村民生活的提高，讨腊八粥的情景已绝迹。小年坑口人称过小年为“过二十四”，或直接称过小年。意即农历一年将尽，准备辞旧迎新。腊月初十开始坑口五个支派按约定的日子，陆续过小年。即头天做包、馃，第二天祭祖。这一天，各支派子孙齐集到支祠，由大赞主持祭祀仪式。子孙们跪于祖宗牌位前，上供、敬香、烧纸，大赞宣读祭文，念祖宗谱。子孙们只有在读过自己本房的先祖名后，才可以站立。仪式结束，照例放鞭炮。当天，各户还要在家中祭拜自己的先祖，然后一家人吃团圆饭。这一祭祀习俗，坑口的邻村也有。龙川人过年少数人家要蒸甜的咸的蒸糕，要油炸油粿、切芝麻糖，少数人家还拨果糖、炸面脆。由于现属龙川行政村的浒里、横川自然村的时节习俗与坑口基本相同，故不再赘述。

第二节　婚丧习俗

出生

昔时坑口及登源一带的孕妇临产前，娘家要送孩儿内外衣服及鞋帽，谓之“催生”，小孩衣服是无纽扣的，叫统帽裳。出生后，接生婆给孩儿揩抹，穿衣服，并在胳膊系上红头绳。据说如此小孩长大后，就不会随意打人。孩子出生第一口喂的是黄连汤，再喂甘草汤，寓意“先苦后甜”。

接着，产妇的丈夫要到岳母家报喜。生男孩用锡酒壶，生女孩用锡茶壶，内装砂糖烧酒。砂糖烧酒用煎炒的蛋花加以砂糖、糯米酒酿，用水烧制而成。壶盖要粘贴红纸，壶嘴插上柏枝、天竺叶，同时带若干粽子。岳母家回以同样数目的鸡蛋，鸡蛋要用颜料染红，再送红糖、麻油或豆油。

孩子出生第三天“洗三朝”。接生婆用熬制的艾草水给孩儿沐浴，换新衣服。然后抱孩子拜灶神爷，用指头拈一点锅灰抹在孩儿的鼻尖上，以此告知灶司老爷，家里添了新丁要倍加护佑。此时，亲友登门致贺，并赠以鸡蛋、朝糕（用米粉制成，印花红纸包装，长条形，不能食用，仅作象征人情往来），也送糖、麻油或菜油。产妇家以砂糖烧酒招待，中午浇头面，晚上或“九碗六”，或酒饭，依家境而定。

旧时，女人坐月子不能吃荤腥，主食是砂糖加煎鸡蛋汤。满月后，女人才能抱孩子出产房，到娘家及至亲处走动。孩儿初次上门，主人要给孩儿带挂青、白棉线和柏枝、天竺叶，寓意“清清吉吉”。

如今孕妇都在医院生产，产后数日亲朋到医院看望母子，送红包，旧的礼俗已不沿用。一般只在满月后时宴谢诸位亲友，未曾去医院看望的亲友则以礼金祝贺。

婚嫁

旧时，婚嫁大事全凭父母之命，媒妁之言，讲究门户相对，八字相合，这桩婚姻可往下走下一步的程序。一场婚姻的促成，大致可分为媒合、订婚、娶亲、回门、会亲等阶段。现在有些习俗仍在沿用。

媒合

媒合是婚姻的起始。旧时，一对青年男女，若没媒人的撮合，是很难婚配的。说媒能否初步成功，要看男女双方生辰八字合不合，若不合，这场婚姻即告吹。

订婚

也称定亲。民国早期前，县内有同姓不通婚和因氏族矛盾与某姓不通婚的族规。姨表、姑表近亲婚配却不鲜见。婚姻都先经提亲，后完婚。提亲由男方家长请媒人对“八字”，说合。定亲要下小定、大定两次。至民国后期，合并为订婚。由媒人领女婿携带聘礼、饭箩担去女方互换“庚帖”，确定婚姻关系，叫“女婿上门”。明媒正娶耗资大，中下等人家有并亲、抢亲的做法。新中国建立后废除封建婚姻制度，提倡婚姻自主，恋爱结婚。但说媒旧俗仍沿用，即使是男女双方已确定恋爱关系，正式结婚前也要请人当临时媒婆（媒公）才举行完婚仪式。

迎亲

迎亲是婚礼中最重要的也较烦琐的礼仪，其程序有迎亲、婚宴、回门等。如今一般需要三天到一周的时间。男方三天前就开始宴客，先请媒人酒、管事酒、帮忙酒。家内外要张灯结彩，挂喜幛、单条，贴婚庆对联、贴大红“喜”字，单条的内容意蕴丰富，如百年好合、永结同心、伉俪永笃等，迎亲日这天按双方商定的礼单，将送往女方的钱、喜酒、喜烟、喜糖等由男方装成彩礼担，至亲长辈或挑或抬。彩礼担的习俗是：媒人挎手提篮在前领担。若女方的祖父母健在，必须送上“太公担、太娘担”，此为第一担；接着是女方要接的彩礼，如猪肉、发包、鸡、鱼、香烟、酒、糖果、爆竹、蜡烛等。彩礼担行进到女方村头“水口”，女方要派人接担。一路上，双方鞭炮齐鸣，煞是热闹。

迎亲队伍来到女方大门口，新郎递上开门红包后大门打开，若女方认为男方小气，收红包却不开门，如此送红包多次，女方才礼让迎亲队伍进门。新郎在堂前正中单席就座，其他人围桌而坐。女方以糕点盘、清茶、枣栗汤、五香蛋、浇头面招待。女方的管事则照礼单清点礼品，若缺少一样，或斤两不足，便向领亲先生提出补齐，双方由此发生“争执”，俗称“争发”，也称“争发争发，不争不发”。

吉时一到，放炮仗起身。新郎此时要给女方梳妆人、洗脚人、装嫁妆的人发红包。女方将嫁妆相送至村头，交给男方迎亲队伍。嫁妆有“五样红”“一身暖”“嫁妆鞋”和被席、火熥、烛台、梳妆匣等等。嫁妆的盆、桶中要放枣、栗、花生、桂圆，寓意“早生贵子，早早得力，圆圆满满”。被内要放一定数量的染红鸡蛋，比喻“子孙兴旺”。民国前后，接亲用大红花轿，花轿有四人抬、八人抬。如穷人出嫁或寡妇改嫁，则用青布轿。新中国建立后，多为步行，也有用自行车、拖拉机，现在则用小轿车，且为六辆、八辆甚至十多辆的车队。民国时，新郎穿长袍马褂，新娘则凤冠霞帔。新中国建立后，多为普通服装，现今，新郎穿西服，新娘披婚纱。

婚宴

新娘进门是结婚的高潮，是日中午前还要叫本房有威望、“八字”好的人主持婚礼，举行内容含夫妻揖拜、送礼、公婆祝福、来宾讲话等的结婚典礼，然后由新郎的舅父、姑夫持蜡、捧花送新人入洞房。婚礼结束后，前来祝贺的亲人纷纷登门，以鸡子糕相赠。糕为朝糕，附插柏枝、天竺叶。鸡子（鸡蛋）有六个、十三个、二十四个之别，视送礼人的家境和亲疏而定。娘舅、姑夫等至亲要送喜幛，喜幛的质地也因亲疏有别。如今多送礼金，年轻人则用微信、支付宝转礼金。

新娘坐堂前上席，舅母相陪，伴娘、女眷围桌而坐，同样上三道茶，鸡子面。婚宴主菜是“九碗六”，现今改为“十碗八”，即八个冷盘，十样热菜，上台鸡，下台鱼必不可少，最后上水果盘。娘舅母坐上位头上桌，其次为姑母，再次为阿姨。如今风行中午吃面，晚上正餐安排在饭店。席间，男方的父母领着新人认亲，新郎敬酒，新娘发喜糖。发喜糖时称呼长辈的尊称，长辈均回以礼包，谓之“见面礼”。

宴毕，接着是“吵新人”（即闹洞房）。用长条凳从洞房门口连至堂前摆一大圈，新娘、新郎从长凳上走到堂前正中落座，宾朋随意围坐。其间有人做些小动作，弄得新娘在长凳上摇摇晃晃，让人哄笑。随后是新郎给大家发烟，新娘逐个点烟。有好事者将嘴里的烟晃来晃去，故意让新娘点不着。嬉闹中，有人要新娘或唱歌，或讲笑话，或猜谜语，或要新郎、新娘互舔糖果、瓜子，尽兴之后是男客们猜拳“打通关”，由一人坐庄，挨个猜拳，由新娘评判输赢，评对了输者饮酒，评错了新娘自己饮，直至庄家赢遍了才算通了关。吵新人结束后是送房，一边送一边有人唱赞词，如“新人送上楼，夫妻到白头”“新人送上阁，齐头又并脚”“新人送进房，一对好鸳鸯”“新人送上床，明日子孙站满堂”等等。

回门

新婚第二天，新郎和新娘在领亲先生的陪伴下回到女方娘家。进门后，女婿坐堂前单席，领亲和男宾陪侍，上三道茶，再上鸡子面，食毕，再上冷盘、热菜，大家轮流进新郎的喜酒，新郎酒量小，实在喝不了亲朋的敬酒，则由陪亲（也称酒代）代喝。晚宴中，女婿同样要在岳父、岳母陪同下逐桌敬酒认亲，女方亲戚则回以见面礼。男方在酒席中途要来七八人“催亲”，女方请催亲人饮酒，边饮酒边放炮仗，催促新人早点回程。

回门期间，新郎要给女方主厨、烧灶人、担水人送红包，并递烟发喜糖，领亲先生要竭力向岳父母和女方诸亲友敬邀，恭请他们次日到男方家做亲外公、亲家母，绩溪岭北片的亲家母一般不随行。

会亲（请亲家公）

回门次日，男方将岳父母及女方长辈、至亲接请家来，中饭以浇头面、晚上以丰盛的酒菜招待，男方亲友陪同。双方交流亲情，相互祝福，以便日后经常往来。

庆寿

坑口人向来把生日看得很淡，一般没有庆生的习惯。只有孩儿长到十岁时，外婆才会以鸡子糕或猪肉面表示庆贺，一家人在一起吃长寿面。成人到五十岁始，及至以后的六十岁、七十岁，才开始庆寿。坑口人与邻村一样，对寿庆有“做七不做八”的成规，因此不会有人八十岁时做寿。

庆寿时，亲友一般送鸡子糕或猪肉面，通常是三斤猪肉三斤面。稍讲究的另送寿幛和寿联，寿联的内容有老当益壮、寿登百龄、健登寿峰、龙马精神一类，充满祈福祝寿的含义。女儿家要送衣服、鞋帽和“砂锅”给寿星。寿星家中午招待客人浇头面，也称长寿面。晚上或“九碗六”，或烧其他丰盛菜肴的酒饭。有的人家拜寿星仪式较隆重，将寿星夫妇请至上位头就座，儿孙轮流跪拜，口中还有些祝颂之词，如“福如东海，寿比南山”等。富豪人家做寿的场面更大。

现今，父母整寿时，儿女送高档衣服及烟酒，庆贺者一般为已亲和至交，在酒店办宴席招待。

坑口也有庆“冥寿”之俗。逝者冥寿至整十数时，儿孙要上坟祭拜，上香、烧纸、献供、敬酒。女儿至其先父母冥寿一百岁时祭扫才结束。

起屋

坑口村现存清代及清代以前的民居不多，通转楼更少。20 世纪 50 年代前，民居均为砖木结构，三间两过厢为典型普遍的房架结构，柱梁也没什么雕饰，所以起屋又称“起三间”，起屋的第一步是选址，这要请风水先生看流年，测门向，多选坐北朝南、干爽朝阳之地。然后是奠基，安老郎、起屋架。

起屋架又称“排列”。木匠将各种构件组成屋架，一列列竖立起来，然后上梁，架柱，钉栓，盖瓦。这些过程须在一天内完成，因此众多亲友也在这天赶来帮忙。上梁时，木匠师傅一边操作，一边唱赞词：“东边进榫出富贵，西边进榫出状元。”赞词在师徒间口口相传，绩溪县南北乡村有多种版本。上梁结束，木匠在屋架上抛撒事先准备好的发包、枣、栗、花生、糖果、八角槌，引来众多大人、小孩哄抢，以营造吉庆的热闹气氛。

前来帮忙、祝贺的亲友或赠鸡子糕，或回赠猪肉面，有的送喜幛、爆竹、礼金。岳丈要送“金花”一对。当日设晚宴，招待来客。宴席以砖、木、石诸匠人为大，安排坐上门头，其他客人随便散坐。现今都在新居落成，进新屋时宴请宾客，或在新居设宴，或在酒店吃起屋酒，宴请已多样化。

进新屋也有一定仪式。选定良辰吉日后，一家人半夜子时起身，父母子女分拿官斗官升、秤、算盘、热火熥、锅碗筷等。进了新屋，要点满堂红，放爆竹，接天地，拜祖宗。主妇用火熥中的火种点燃新锅灶，烧水、泡茶。有的人家要挖两棵连根带土的“燕竹”，置放于大门两侧，意为“节节高”。当日，设宴招待前来恭贺的亲友，如今多安排在酒店设宴。

葬俗

明代迄民国，负责治丧的本家人遵循丧事不请自到的惯例，主动上门料理，报丧、布置灵堂、安排伙食、劝慰老伴等，有条不紊，儿女们则跪在死者面前烧金银纸。

为寄托对死者的哀思，亲朋好友依年龄、亲疏顺序向死者敬酒献果品。整个敬酒过程吹喇叭、奏哀乐（一种绩溪各村特有的丧事专用曲调）不断，媳妇、女儿啼哭不止，敬酒毕燃放鞭炮，盖棺闭敛。若有旅外嫡子仍在归途中，将酌情推迟盖棺。

出殡日期的选择也很讲究，首先“初五、十四、二十三”这三个忌日是不宜出殡的。还有“七不出、八不归”的规定，凡初七、十七、二十七这三天也不能出殡，出殡时，披麻戴孝的儿子扶棺，八人抬行。

第三节　庙会

一、龙川独办的龙舟会（大王会）

坑口独特的庙会：叫大王会，龙舟会，也叫龙川善会，每逢三年办一次，会期长达一个月，即始于办会年份的九月初，结束于农历十月初，由龙川的五个支祠轮流举办。参加善会的客人都到斋官家吃饭。斋官由五个支祠轮流担任。主要道具是竹制的龙舟。龙舟长约 20 米，宽约 4 米，需要 30 多个壮汉抬行。龙舟上摆放有许多“大王”“小王”及 30 余尊的“小老爷”，每逢坑口办会开始那天，胡家人都要将会猪会羊赶到会场，也就是现村委会的所在地，集中宰杀以祭生灵，龙舟要穿越村中游行，三门铳声震天，爆竹齐放，五颜六色的跳旗飘扬，热闹非凡。会期结束，再将龙舟抬到浒里天马山下烧掉。龙川村最后一次举办龙舟会由浒里自然村胡氏即南隅支祠经抓阄抓中承办，时间是 20 世纪 50 年代初，因土改队进村，龙舟会举行一半便中止。

二、龙川花灯会

在民国以前一直举办的花灯会由龙川族长领头和村民联办。举办时间为每年正月半至正月十八。花灯由色纸和竹架制成，灯的形状有鱼形灯、猴子灯、荷花灯等，有些灯面写有五谷丰登、风调雨顺等祈愿丰盛的文字，灯内点红蜡烛，同时由布敷制而成的共十余节龙灯组合而成的大龙灯游行，场面比较壮观，游行路线为龙川下村宗祠前、中桥、奕世尚书牌坊、上石桥、上村，全村巡游一遍，周而复始，大龙灯在前面劲舞，花灯队殿后，大人小孩一齐参加，直至晚十点多钟才结束，新中国成立后花灯停办。（资料来源：2024 年 8 月 22 日上午采访时年 94 岁的胡锦辉）

二、大坑的太子会

民国以前，每逢大年（闰年），大坑胡氏都要举办太子会，以纪念越国公汪华，大坑胡氏主办的太子会与邻近的下横形村联合举办，大坑村举办两次，下横形举办一次。太子会举办的时间一般都是选择在每年清明前，办会时将太子老爷从祠堂里抬出，抬到会台上去，并请和尚念经。太子会正式开始时抬太子老爷游大坑村绕行几圈，再抬到下横形去游行。一路上三门铳声阵阵，蜈蚣幡高举，鞭炮齐鸣，场面比较热闹。逢会那天，每家每户还要赶猪到会场去宰杀，以图吉利，太子会结束后，将太子菩萨抬回祠堂安放，蜈蚣幡、彩旗等则拿到村水口烧掉。

三、大坑观音会

民国和民国以前，每逢农历六月十九，大坑村还要举办接观音的仪式。观音庙在大坑村附近，村人背上由竹架纸扎、一米多高的观音“真身”接到祠堂安放，由和尚诵经将全村所有男丁的名字都念一遍，让观音娘娘都知晓，以保佑大坑胡氏都平安幸福，接观音的仪式只有一天，当天下午胡家的媳妇都要精心烧制蔬菜三盆集中在宗祠里摆放，等到和尚念经结束，祭拜完毕，再将菜肴拿回家。

四、浒里的赛琼碗

民国及民国以前，浒里村方姓都要举行赛琼碗活动。这一活动从正月十三开始，到正月十八结束。届时，全村善于烹调的巧妇们都要做以素食为主的 8 到 12 个菜，放到方姓祠堂里面集中展示，让大家评比，同时还游灯，如手牵和平灯、走马灯沿着村里巡游，祈愿本年五谷丰登。

第四节　歇后语、民谚、民谣

坑口村胡姓村民在长期的生产、生活过程中，形成了大量具有浓郁地域特色和时代特征的民谣、民谚、俚语和歇后语，通过这些地方民俗语言可以看到坑口（含龙川行政村管辖的其他自然村）人的幽默、睿智和豁达的精神风貌，也反映出地方特有的民情习俗和社会形态。坑口的民谣、民谚、歇后语等有许多同时流传在登源河上下各村，也有的为坑口村独有，而更多的与绩溪其他乡村基本一样。

一、歇后语

1. 一篓鸡蛋滚下山——没有一个好的。
2. 老鼠钻进横山葛——饱食好一阵子。
3. 瘦牛生虱——雪上加霜。
4. 老糠榨油——微乎其微。
5. 没个葫芦画个影——无中生有。
6. 削瓜刀遇着瘪皮虫——无可奈何；
7. 虾子别笑鳖，共个洞里歇——难兄别打趣难弟。
8. 麻布袋藏不下一个屁——有话就说，搁不住。
9. 四两棉花——弹（谈）不起。
10. 麻雀腹下没有一个大纸包——穷人家攒不了大钱。
11. 小狗跌下茅坑——饱餐一顿。
12. 一肚蜘蛛丝——为人刁钻诡计多。
13. 没有冬瓜奈何，拿个葫芦出气——欺善怕恶。
14. 扁担不争气，担拄撑折腰——主子不争气，仆从再努力也无用。
15. 青菜见滚水——服服帖帖。

二、谚语

1. 三代不读书等于一窝猪。（强调崇文重教和读书明理的重要性）
2. 远亲不如近邻，近邻不如对门。（提倡邻里和谐，守望相助）
3. 不看新娘下轿，要看老来收成。（意思是说，不能只图年轻时的一时风光，要更看重晚年的生活质量）

4. 会做不如会算，会算不如会打点。（意思是说精打细算、勤俭持家很重要，家道才能兴旺）

5. 一路牛一路草，条条牛吃得饱。（各人都有适合自己的生存空间，都要走出自己独特的谋生发展路径和生存空间）

6. 跟好学好，跟衰学衰。（说明榜样的影响很大，很重要）

7. 高斫难为柴，低斫难为刀。（形容一个人左右为难，处于难以抉择的境地）

8. 一䥵猪，二打铁，三捉鳗鱼四戳鳖。（意思是人多样手艺多条财路，多学几样才好）

9. 稻怕秋来干，人怕老来苦。（说明一个人晚年生活凄苦才是真的苦）

10. 千般生意万般难，讨饭容易赶狗难。（凡事都有难处，要学会斟酌，择善而做）

11. 田种不着一季，老婆讨不着一世。（说明人择偶要慎重，否则会影响一辈子的幸福。这里的不着是指事没做好，没弄妥的意思）

12. 好男不吃分家饭，好女不穿嫁妆衣。（这里意思是说指儿女要学会自立自强，不能靠老祖宗的遗产过日子）

13. 癞痢朝奉，自家保重。（这里说是一个人，要学会自尊自珍）

14. 卖田卖地卖不掉手艺。（说明人要学一门手艺，有一个特长，即使没有土地也能生存立足）

15. 十只点心九只浮，差一只不浮也得浮。（说明绝大多数人意见统一的时候，少数人的反对无意义，也成不了大气候）

16. 丈母娘看女婿，越看越有趣。（意指丈母娘对新过门的女婿格外亲热）

17. 败竹园出伞柄，败村乡出光棍。（是指村风的好坏，直接影响村民的素质）

18. 七碗来八碗去，差一碗就不来去。（人情来往，要知道投桃报李，以诚相待，不能亏待别人）

19. 上台一炉火，下台一炉灰。（嘲讽有人当官上台官气冲天，因政绩太差被哄下台灰溜溜，十分狼狈）

20. 舍不得牛皮熬不成膏。（形容做成事得舍得投入）

21. 干柴不如湿竹，继父不如亲叔。（说明血缘关系很重要）

22. 秤杆不离秤砣，老公不离老婆。（喻指夫妻关系亲密无间）

23. 跟着老虎吃鹿肉。（形容无风险还讨便宜）

24. 瞎眼鸡啄好谷。（说明某人运气出奇的好）

25. 青菜滚（烧）豆腐，日子长日路。（指人过生活一种合适的状态）

26. 日头下场，懒汉正忙。（形容懒汉干活的一种情形）

三、民谣

1. 老倌出门

老倌出门，赤脚咚咚；

老倌来家，搽粉戴花。

2. 月亮太太

月亮太太下来，观音骑只马来；

大哥端封信来，二哥端块铁来，

3. 映山红

映山红，红灯笼，

隔壁隔府讨新人；

讨哪个，讨爱琴，

爱琴生个姆，掉下夜盆盖；

生个添，掉下坑，

生个少，掉下桥，

生个女，掉下碗架橱。

4. 做鞋

初一初二刷笋壳，

初三初四穿上脚；

初五初六紧乖乖，

初七初八掉后掌，

初九初十拾拾一甩。

5. 点指榔榔，沿路装香；仙人看见，指腹一枪。

6. 推索哥，摸索郎，打发哥哥进学堂；哥哥一对荷包腹，弟弟一对花衣裳；花对花，柳对柳，咸渍菜，下红酒；你一口，我一口，还有一口放到外婆家门口；鸡来啄，狗来驮，喔啰嗦，喔啰嗦。

7. 月亮弟弟，做贼偷米；瞎的看见，拐的赶着；问你什么米，籼米和糯米。

8. 山喜鹊，尾巴长，驮锣驮鼓接仙娘；仙娘接不来，岳父岳母哭呵呵；别哭别哭，过了三年再来接；拿什么接？一头鸡子一头麦；什么送？一头米馃一头粽。

第十四章

闻人贤达

第一节　龙川胡氏祖先及古代名贤

胡焱，据方志与龙川胡氏谱牒资料载称：“胡焱，字子琰，又名福明，仕东晋，大兴元年（318），提兵镇守歙州，民赖以安。”

胡焱来到新安之后，新安的百姓得以安居乐业，过上了丰衣足食的生活。

咸康三年（337）胡焱娶华阳镇汪氏为妻，遂举家徙居华阳镇。不久，胡焱“游观石镜，登龙峰景致，羡其山水清丽”。此处地势恢宏，东耸银瓶龙须山，南依天马贵人峰，西势形同鸡冠若凤舞，登源河蜿蜒似飞龙，乃携家室迁居绩溪龙川。胡焱因此而成为新安望族绩溪龙川胡氏宗族的开山之祖。任内中止了扰民的征役，使荒废的田地得以复垦，水利得到重修，农桑得以恢复，新安百姓过上了安居乐业、丰衣足食的生活。有《新安父老歌》称颂胡焱为政功德。

胡氏始祖胡焱

胡焱定居龙川，被后人奉为一世祖、始迁祖。胡焱定居龙川，也不忘山东濮阳（今属河南）故里。他的子孙辈中，都安排了一二位后裔返回山东。之后子孙众多，播迁各地，繁衍至二十一世，念五公育七子十三孙，使龙川胡氏人丁骤增，蔚成新安胡氏名族，形成宗族分七架、祠堂分五隅的宗族架构。其中数一架（始分祖六一公）俊彦众多、名贤迭出，明代奕世尚书胡富、胡宗宪都出自六一公这一支派。

此外，龙川村历代考取进士者有 11 人之多，如今一村有两处全国重点文物保护单位就是龙川十分丰富的人文积淀的写照。

胡念五（1166—1229），讳之纲，字伯纪，龙川人。龙川胡氏显祖，有 7 子 13 孙，“创业之盛，莫过于此，流派之盛，亦基于此。田土三万余顷，遍于邻郡；徽州六邑，莫有富于公者，时人报为大户，于是照田纳粟五万石，赈济凤阳等府，敕封父子官爵为提干”。《新安名族志》载，胡之纲在宋孝宗时“输粟五万石赈济淮右诸军州，筑临安皇城，授都提干，赐宅第”。

胡光，字文光，龙川人。明代成化二十年（1484）进士，授广州府推官。一中贵大旱之年出巡广州，大事招摇，跨街筑台，演俳优之戏。胡光质问：“年岁干旱，民不聊生，怎能如此扰民。”即拆毁戏台，号召民众揭中贵违法害民罪，告状者达数千人。胡光上疏朝廷，中贵被绳之以法，胡光也被谪白泥驿丞，七年后改知灌县，兴建学宫，修筑江都堰，灌田数百顷。升曲靖府同知，任满致仕，居故庐，以读书自娱。

胡富

胡富（1454—1522），字永年，绩溪龙川人，官至户部尚书。成化十四年（1478）进士。授南京大理寺评事，弘治初，历福建佥事。福宁系囚二百余人，富一讯皆定，囹圄顿空。以忧去，起补山东，迁广东副使。四会瑶乱，剿擒五百余人。泷水瑶出没无时，富度其所经地，得荒田三千余顷，招僮户耕牧其中。瑶畏僮不敢出扰，居民得田作。符南蛇围儋州，富与参议刘信往觇。贼突至，杀信，富手斩剧贼一人，贼乃退。还益兵讨平之。历陕西左、右布政使。正德初，入为顺天府尹。三年进南京大理寺卿，就迁户部右侍郎。五年正月坐大理时勘事迟缓，勒致仕，亦瑾意也。瑾败，起故官。正德七年拜户部尚书。南都仓储仅支一年，富在部三载，有六年积。上十余事，率权贵所不便，格不行，遂引年归。嘉靖元年卒。赠太子少保，谥康惠，享年 77 岁。著有《龙峰文集》。今龙川景区设有胡富纪念馆，同时是安徽省纪委、监委廉政文化的教育基地。

附：胡富系年要录

胡富（1445—1522），7 岁（1451），能诗；

13 岁（1457）中秀才，是明代绩溪有名的“神童”；

27 岁（1471），中成化七年辛卯科举人；

34 岁（1478）中成化十四年戊戌科曾彦榜进士。经历 5 次乡试，3 次会试方步入仕途，可算是科举考试中大器晚成者。初授南京大理寺评事；

43 岁（1487），成化二十三年，胡富以十年的政绩从南京大理寺卿升为福建按察司佥事，后升任陕西右布政使。胡富离开陕西时，当地百姓感念他的功德，“老幼塞街挽留，马不能前，自辰（时）至未（时），方行出城。有送至半途者，有送至临潼者，大哭而回”。

62 岁（1506），正德初，调任顺天府尹。顺天府尹是京城的最高行政长官，但也面临刘瑾擅权的棘手问题。面对刘瑾的专权、敛财，“胡富独不为折节，遇事果敢，执法尤坚”，由是刘瑾与权贵畏其廉白，“改（胡富）南京大理寺卿”，将胡富赶出了京师。

南京大理寺卿是掌管陪都南京刑狱的最高长官，胡富仍继续坚持自己的执法理念。

66 岁（1510），胡富面对“世家独民田土”（此乃刘瑾示以意），坚定地说，“夺田以媚人，吾不为也。”如此直白，使专横跋扈的刘瑾也感到尴尬，于是刘瑾又以“勘事迟缓”为由，“勒其致仕（退休回乡）”。八月，刘瑾专权欺君事被发，胡富被强令“致仕”也随之得到纠正，官复原职。

68 岁（1512），正德七年升任南京户部尚书。担任尚书后，他积极疏通京都粮食通道，整顿粮仓。在位三年，即有六年的积储。任期内，还根据多年的经验，上疏陈述纠正弊政十余条，却为权贵阻挡，不仅心灰意冷；加之已是古稀之年，遂上书要求退休还乡。然而明武宗初以“数履清慎，多孝贤劳，宜照旧办事，不允所辞”挽留。此后，胡富连接七次上疏，自责“居大位而不能举职，是误国也”。

71 岁（1515）获准“致仕”回乡。

78 岁（1522）去世，赐御祭，敕“清慎勤”，赠太子太保，谥康惠。（此要录引自龙川胡富纪念馆）

胡宗宪

胡宗宪（1512 年 11 月 4 日—1565 年 11 月 25 日），字汝钦，一字汝贞，号梅林，南直隶徽州府绩溪县人。明代名臣。嘉靖十七年（1538）戊戌科进士。嘉靖十九年（1540），授益都知县，屡决悬案，平反冤狱，获朝廷嘉奖，晋三级。嘉靖二十六年（1547），任余姚知县，次年擢湖广道监察御史。嘉靖二十八年（1549）任宣府、大同巡按御史。嘉靖二十九年（1550），巡按北直隶。嘉靖三十年（1551），就任湖广巡按御史。嘉靖三十三年（1554），出任浙江巡按御史。嘉靖三十四年（1555），升右佥都御史巡抚浙江，次年升总督，总制南直隶、浙、福等处军务，抗击倭寇。召徐渭、沈明臣、茅坤、文徵明为幕僚；以俞大猷、戚继光、卢镗为大将，制定“攻谋为上，角力为下”和“剿抚兼施，分化瓦解”的作战方略。嘉靖三十六年（1557），斩徐海，俘陈东，降汪直，断绝倭寇内应。历经数年，弭平倭患。嘉靖三十九年（1560），晋兵部尚书兼都察院右都御史，加少保。嘉靖四十一、四十四年（1562、1565），两度因“严嵩案”入狱。嘉靖四十四年（1565）十一月，胡宗宪死于狱中。隆庆六年（1572），昭雪，并录平倭功勋。万历十七年（1589），追谥襄懋。胡宗宪为官二十余年，忠心为国，抗倭有力，于戎马倥偬中辑著《筹海图编》十三卷，是书收浙江沿海地形、防务、战具、倭变、战事甚详。另有《海防图论》《三巡奏议》等传世。

附录一：胡宗宪家室及子嗣

胡宗宪祖先居绩溪东 20 余里之登源龙川，自东晋大兴元年（318）始迁祖胡焱徙迁至此后，至胡宗宪时已经传到了三十四代。胡宗宪之祖上及父母，前文已有交代，此不多赘。现仅将胡宗宪的家庭成员略记于后。

胡宗宪之生母方氏自嘉靖二十一年（1542）四月病逝后，其父又娶张氏为继室。胡宗宪事之极孝，养无异于生母。胡宗宪一生共娶有二妻，前妻为本邑人章氏，生活极为美满，“与先夫人闲居，相敬如宾”。章氏一直随胡宗宪出宦各地，“以女红参戎政，当方张之冠盖。公忧国事，夫人亦忧公之忧”。章氏于嘉靖三十七年（1558）去世。章氏共生有二子，长为胡桂奇，以胡宗宪之荫，授左府都事。桂奇作为长子一直奉随胡宗宪左右，为其出谋划策，于平定倭寇多有襄助之功；次为松奇，以胡宗宪之荫授为锦衣卫副千户。章氏去世后，胡宗宪又续娶王氏，王氏生有一女，嫁与绩溪程应科公子。王氏于胡宗宪冤死后 12 年病逝。

胡桂奇共生有四子，分别是胡焞、胡炜、胡燧、胡炤；松奇则生有五子，即胡灯、胡焌、胡煜、胡烛和胡煐。胡宗宪另有孙女五人，关于胡宗宪之曾孙辈成员，在此，就不一一述及了。

胡宗宪系独子，与堂弟相处如同手足，每宦归省亲，必分俸与之。对寡居 20 载的堂嫂，胡宗宪每年也都馈以丰厚的衣食。对龙川胡氏宗族中的贫困者，也每每给以施舍和周济。

胡宗宪虽然冤死狱中，灵柩被弃路旁。但在隆庆六年（1572）、万历十七年（1589）和万历二十四年（1596）次第平反昭雪后，被赐以祭葬、谥以“襄懋”，其坟墓高大宏伟，后代绵延兴旺。

嘉靖四十一年（1562）九月二十六日，由钦差提督军务兼巡抚苏松等处地方都察院右佥都御史方濂、周如斗，巡按直隶监察御史王荞，钦差提督学校巡按直隶监察御史吴遵、周斯盛，钦差巡按浙江等处监察御史袁淳、伍令，徽州知府周滋孝和绩溪县知县林应雷等鸩材庀工建造的胡宗宪与胡富的四柱三门五楼式“奕世尚书”石坊，规模宏伟，历经 450 年的风雨沧桑，至今仍巍然耸立在绩溪龙川河畔。而标志龙川胡氏宗族绵远流长、享有“江南第一祠”美誉的胡氏大宗祠，历经千年，成为全国重点文物保护单位。（按：坐落在天马山麓高大宏丽的胡宗宪与章氏、王氏夫人合葬墓，已毁于十年“文革”动乱之中。）

所有这些丰厚的历史文化遗存，似乎都在诉说着胡宗宪和龙川胡氏宗族昔日的辉煌。

注：“胡宗宪家室与子嗣”引自2001年4月中国文联出版社、卞利著的《胡宗宪评传》第十七章余论，此小标题为笔者所加。P256/257；

附录二：胡宗宪大事系年

正德七年，1岁。

九月二十六日，宗宪生于南直隶绩溪县龙川(今安徽省绩溪县瀛洲镇坑口村)。父亲胡尚仁为其取名“宗宪”，字“汝贞”。后号“梅林”。(《胡梅林行实》)

正德十一至十二年，5–6岁。

在家受母亲家教，母亲方氏训以千字文、小学等课程，并以古今名人饬励之。

正德十三年，7岁。

胡宗宪开始就外读书，“经史过目皆成诵，功课必先诸生”。(《胡梅林行实》)

嘉靖七年，17岁。

被补为绩溪县学庠生，时“虽习举子业，六韬三略无不兼究”。(《胡梅林行实》)

嘉靖十三年，23岁。

赴南京应乡试，中举。

嘉靖十四年，24岁。

赴北京应会试，未第。

嘉靖十七年，27岁。

再次赴京应会试，金榜题名，中茅缵榜进士。被委观政刑部，“明习法律，老吏不及。司中疑狱，多参之公。”并于见习刑部之隙，师从理学家邹守益学习理学，深得邹守益赏识，被邹称之为“吾门子路也”。(《胡梅林行实》)

嘉靖十八年，28岁。

回绩溪县探视母疾，此为宗宪中进士后首次返乡。

嘉靖十九年，29岁。

出任山东益都知县。在益都，治旱蝗，督赋课，平盗贼、治宗室，平冤狱，政绩卓著。

嘉靖二十一年，31 岁。

四月十四日，母亲方氏去世，宗宪返乡奔丧。行前，益都百姓作《三挑破笼谣》悲歌之。

嘉靖二十三年，33 岁。

二月二十九日，父亲病逝。两年之内，连遭考妣之丧，悲痛难抑，“几不有其生”。（袁炜：《明故赠文林郎监察御史乐山胡公合葬墓志铭》）

嘉靖二十五年，35 岁。

服阕赴吏部待命。

嘉靖二十六年，36 岁。

受命出任余姚知县。在余姚，宗宪“洁己奉公，持法正事”（光绪《余姚县志》卷一六《金石下》）。收复为势豪霸占多年的胜归山，平反多起冤狱，使余姚政通人和。民立《去思碑》、种梅林，并肖像祀之。

嘉靖二十七年，37 岁。

十一月，因治行卓异被擢升为湖广道试御史，并于次年六月转为实授。

嘉靖二十八年，38 岁。

十二月，被委为宣府、大同巡监察御史，专司北国边防监军纪功之职，次第平息宣府和大同两起士兵哗变。

嘉靖二十九年，39 岁。

四月五日，经实地勘察和民间走访，于宣府、大同边塞与鞑靼作战屡战屡败之因有较深了解，乃向朝廷上疏，题为《陈愚见以裨边务事疏》。系统提出了整饬明军，振作士气之八条建议，即“重科条以肃将领”“申军法以严部伍”“复额兵以裕战守”“清牧地以裨戎政”“修边政以实军储”“募勇敢以作士气”“广招徕以杀虏势”和“饬边臣以革弊习”。“娓娓数千言，悉中机宜”（《明世宗实录》卷三五九）。此即名噪一时的《安边八议》。

十月十一日，勘宣府、大同二镇官兵追击鞑靼之功，被奖银十五两及彩缎若干。

十一月，调任北直隶巡按监察御史。不久，即据实情，向明世宗条上旨在加强北国边防的《献愚忠以裨国事疏》，提出“早定本兵之选以慎机枢”“严立占役之科以讦营兵”“增蓟州之戍而设险以固边”“选守令之贤而抚民以集事”“处招募之兵以倡勇敢”“集天下之财以助军需”“立赏格以广间谍”和“信赏罚以作士气”等八项主张。此即著名的《筹边八议》。

十二月，针对俺答求贡和筹集军需，再次向朝廷奏疏，建议从长计议，积极加强边防防御，随时歼灭来犯之敌。

嘉靖三十年，40岁。

完成巡按宣府、大同和北直隶重任后返京。

四月，被遣往湖广，出任湖广巡按监察御史，协助湖广、川、贵总督张岳平定龙许保与吴黑苗等发起的苗民起义。

嘉靖三十一年，41岁。

六月二十四日，因功被明世宗赏赐彩缎二袭。

秋，主持湖广乡试，为恐漏选人才，对落榜试卷亲加复览，试录悉出其手。

是年，惩治湖广辽王等藩王害民势力，深受百姓爱戴。

嘉靖三十二年，42岁。

夏，平息湖广苗民起义后，得便回绩溪县故里省亲，探望继母张氏，并为父母之坟培土植木，以尽孝道。

嘉靖三十三年，43岁。

东南沿海倭患愈演愈烈，王直、徐海等倭寇巨酋疯狂侵犯劫掠浙江等地，致使南直隶、浙江等地无处非倭，人民生命财产倍受荼毒。四月，料理欧阳德丧事毕，受命出任浙江巡按监察御史，从事御倭大业。行前，指天霄曰“某此行，不擒王直、徐海，靖东隅，誓不回京”（《胡梅林行实》）。自此，宗宪政治生涯转至抗倭事业，并最终统率东南沿海军民底定倭寇，完成抗倭大业。

嘉靖三十四年，44岁。

二月十五日，勘上去年十一月倭寇入犯嘉兴、湖州诸臣功罪，严斥诸臣“进退无纪，彼此离心，贪功观望，有同儿戏，坐贻地方大害”（《明世宗实录》卷四一九）。并请朝廷严惩失事诸臣、优恤阵亡将士。

二月二十一日，明世宗遣工部右侍郎赵文华往江南祭告海神兼区处防倭事。

三月十日，兵部覆宗宪疏报正月浙江崇德县被倭寇攻陷事。受世宗之令，执崇德知县蔡本端解京讯治。

四月一日，赵文华至松江，祭祀海神。

四月十七日，上疏亟请朝廷移檄日本国王，问以岛夷入寇之状。

四月二十日，于手中无兵之际，饵以毒酒之计，智退围攻嘉兴之倭。至二十六日，纵饮毒酒之倭流血暴死者七八百人。

五月一日，总督南直隶、浙、福军务张经等于浙江嘉兴王江泾大破倭寇，获王江泾大捷，宗宪参与有功。是捷为明朝抗倭战争以来取得的第一次胜利，号称东南军兴以来第一功。

五月十六日，因赵文华弹劾张经“畏巽失机，玩寇殃民”，致使明世宗下令罢撤张经总督之职，并命械系来京。文华极言宗宪“勇敢有胆略，亲振甲临戎，以致克捷”（《明世宗实录》卷四二二），夸大宗宪在王江泾之功。以应天巡抚周琉总督南直隶、浙、福军务。

五月二十二日，任环、俞大猷率永顺土官彭翼南，败苏州之倭于陆泾坝。六月十七日，俞大猷引舟师追倭寇于马迹山，擒倭酋滩舍卖。

六月十九日，罢总督南直隶、浙闽等处都御史周琉，巡抚浙江都御史李天宠。寻改南京户部侍郎杨宜代周琉任总督，以宗宪为右佥都御史代李天宠任浙江巡抚。

七月一日至八月一日，倭寇长驱直入，先后入犯浙江杭州、严州、淳安，南直隶旌德、泾县、南陵、当涂、芜湖、无为、歙县、南京等地。

八月十三日，南京御史金湖、陶承学奏请朝廷重赏擒获倭寇元凶者：“有能擒斩王直来献者，封以伯爵，赏银一万两，授坐营坐府职衔管事；有斩获党酋如明山和尚辈者，授指挥佥事，赏银三百两。”明世宗诏从之。（《明世宗实录》卷四二五）

九月十六日，卢镗于浙江台州大陈山生擒倭酋乌鲁美他郎、林碧川等八十四人，斩首三十八级。

九月，山东都指挥司佥事戚继光调任浙江都指挥司佥事。十月十九日，张经、李天宠及兵部员外郎杨继盛被杀。

十月二十一日，选遣浙江宁波生员蒋洲、陈可愿为正、副使，自定海关入海，出使日本，实施招抚王直、徐海等倭酋方略。

十月三十日，遣游击曹克新、副使任环捣川沙倭寇巢穴，败之。

十一月七日，亲率三军东渡钱塘，出奇兵，在浙江萧山之龛山大败倭寇，获龛山大捷。

十一月十五日，蒋洲、陈可愿至日本山口、丰厚二道宣谕。王直闻之，令义子王滶即毛海峰接蒋洲、陈可愿至五岛，询以明朝之状。

十一月二十一日，遣指挥徐行健败倭于浙江海盐。

十二月四日，亲率狼土兵于浙江萧山清风岭击败倭寇，获清风岭大捷。十二月十五日，赵文华疏请还朝。

嘉靖三十五年，45 岁。

二月十三日，罢总督南直隶、浙闽军务杨宜职，升南京户部侍郎王诰为兵部右侍郎兼都察院右佥都御史，总督南直隶、浙、福等处军务。

二月二十九日，升任兵部左侍郎兼都察院左佥都御史总督南直隶、浙、福等处军务。

三月，倭酋徐海、麻叶即叶明自日本勾引大隅岛主弟辛五郎并萨摩等岛倭寇，建“天差平海大将军”旗，率数百艘战舰，绝海分道，入寇浙江。

三月二十四日，明世宗升赵文华为工部尚书，仍加太子太保。

四月六日，陈可愿自日本五岛回国，告以王直愿归顺和日本国情之事。

四月二十三日，命佐击将军宗礼于浙江崇德三里桥大败徐海之倭寇，三战三捷。

三里桥之捷被誉为“兵兴以来用寡敌众第一功”。（《明世宗实录》卷四三四）

五月八日，赵文华再次受命出任提督浙、直军务。五月二十日，招抚徐海，解桐乡之围。

七月二日，向明世宗奏言：“贼首毛海峰自陈可愿归后，尝一败倭于舟山，

再败之于沥表，又遣其党说谕各岛，相率效顺，乞加重赏。”兵部议从宗宪请，赐毛海峰等银币有差。（《明世宗实录》卷四三七）

七月二十五日，以计离间徐海与陈东，破倭寇于浙江乍浦。八月一日，徐海拥倭酋数百，身披甲胄，入浙江平湖城向胡宗宪乞降。

八月二十五日，破徐海等倭寇于浙江平湖之梁庄。徐海等穷迫，沉湖而死。

十一月十五日，以倭寇平论功，宗宪被晋升为都察院右都御史，赵文华晋为少保。赵文华被召还京。

十二月二十二日，倭酋陈东伏诛。

是月，遣俞大猷雪夜焚舟山倭栅，擒辛五郎等倭酋。两浙倭渐平。

嘉靖三十六年，46 岁。

正月十三日，受命兼理浙江巡抚事务。改浙江巡抚阮鹗于福建。

四月十一日，倭寇入犯如皋，登岸劫掠，官兵追击，败之于白满镇。是时，浙江自徐海、陈东授首后，诸寇略平。而倭之在江北者犯常州、镇江，烧漕船，官兵莫能御。至是势复炽。

五月，王直邀日本僧德阳首座，假拟山口道表文，使其先至浙江定海关，拜谒宗宪。

八月二十一日，赵文华被罢。

九月一日，赵文华被削职为民。

九月二十八日，王直率数千倭寇，乘巨舟，执火炮器械等全副武装，驶抵浙江舟山岑港，自称“王五峰”，亲送蒋洲还浙并接受宗宪招抚。

十一月六日，以计诱倭酋王直，时宗宪疏“请曲贷直死，俾戍海上，系番夷心”。浙江巡按御史王本固强争之，极言不可，而外议且疑宗宪纳直贿。宗宪惧，遂易词以闻。王直论死，叶宗满等戍边。（《明世宗实录》卷四五三）

十二月，奏平嘉兴、湖州倭寇之捷。

是月，招山阴才学之士徐渭入幕。

嘉靖三十七年，47 岁。

正月初三日，徐渭应召再赴宗宪幕府。

三月十六日，御史宋仪望交章论劾福建巡抚阮鹗，明世宗遂诏罢阮鹗。

三月三日，再招返里之徐渭入幕。徐渭先后为其代草《初进白牝鹿表》《再进白鹿表》等文。

是春，新倭大至，犯浙江台州、温州，太平县数次被围，百户陈椿、太平典史叶宗皆战死。

四月四日，新倭自浙江台州、温州等府入犯福建福州、兴化、泉州等地大肆焚掠而去。

四月十日，得白鹿于舟山，献于世宗。是年新春，新倭大至，明世宗严旨责宗宪，宗宪惧得罪，上疏陈战功，谓“贼指日可灭”，所司论其欺诞，上怒，尽夺诸将俞大猷等职，责宗宪，令克期平贼（《明通鉴》卷六一）。时赵文华已死，宗宪失内援，见寇患未已，思自媚于上，遂有是献。上果大悦，行告庙礼，厚赏宗宪银币。

四月十九日，倭寇攻破福建福清县，执知县叶宗文，劫库狱，杀男女千余，焚官民廨舍。五月七日，倭寇攻福建惠安，知县林咸率兵御之。追倭于鸭山，中伏战死。

五月二十七日，福建倭寇结艘自海口出港，参将尹凤督武举杨承业引舟师击之，冲沉倭舟七艘，斩首六十八级，生擒七人。余舟败遁，尹凤追至东洋斩首百级而还。

六月十日，浙西倭寇分犯乐清、永嘉等县，指挥刘茂、朱廷钥，百户周宾、季爵、刘源、秦杭等御之白塘港，败绩，皆死之。

闰七月十八日，再获白鹿于徽州府休宁县之齐云山，献于明世宗。

十月八日，因浙江岑港之倭徙巢柯梅，并扬帆入闽，明军久不能克。南京御史李瑚遂以私诱王直启衅，弹劾并嫁祸于宗宪。浙江巡按御史王本固等亦劾宗宪“纵寇，滥叨功赏，请行追夺”。

宗宪上书奏辩，世宗答慰曰：“妖逆贼直罪浮贼富，本宗宪用计诱获，人所皆知。小人嫉功，会彼奏上玄瑞，遂尔有言。朕览诸疏，付之丞弼议拟，用存公论耳。是议亦不分是非、不明功罪。宗宪其仍用心平贼，以副简眷。”（《明世

宗实录》卷四六五）

十月十六日，兵部侍郎唐顺之受命视师浙江，与宗宪协谋剿倭。

十一月十三日，浙江柯梅之倭出海，总督俞大猷自沈家门引舟师横击之，沉其米粮，倭遂扬帆南去。此后，倭寇遂移犯福建、广东，湖广间亦纷纷以倭警闻。

嘉靖三十八年，48 岁。

正月，宗宪以“倭患未弭，请募山东民兵三千分驻苏州、常州、镇江防守”。兵部议从之。（《明世宗实录》卷四六八）

正月十五日，严嵩八十寿诞，宗宪令徐渭作《贺严公生日启》祝文以贺。

二月八日，明世宗论擒获王直之功，以“宗宪矢心为国，殚竭忠谋，劳绩殊常，宜加显擢，以示激励”，遂加擢其为太子太保、都察院左都御史兼兵部右侍郎，总督如故。（《明世宗实录》卷四六九）

三月二十一日，倭寇犯浙东之象山，海道副使谭纶败之于马冈，斩首七十七级。

三月二十二日，逮总兵官俞大猷至京师。初，柯梅之倭出海入闽，御史李瑚弹劾宗宪阴纵。宗宪遂疑大猷泄之，乃嫁祸于大猷，致有是逮。

四月五日，福建浯屿之倭，自去冬出掠同安、惠安、南安诸县，至是遂攻福州。此后，福建福、漳、泉诸地，无不被倭荼毒。

四月十九日，江北倭寇退保淮安府之庙湾。

四月二十八日，请留浙盐十万两，以备军兴之用。

五月一日，福建浯屿之倭与海盗洪泽珍等联合，水陆分扰，福建巡抚王询击败之，以捷闻。时宗宪及巡按御史周斯盛亦以浙东之捷驰报，为兵部所斥，令“宗宪仰思重寄，共矢远猷，严督水陆官兵克期扫荡。”（《明世宗实录》卷四七二）

五月十一日，福建水福县为倭寇攻陷。

五月十八日，三沙倭连艘出海，宗宪率官兵邀击之，斩首百余级。明世宗赐宗宪、唐顺之银币各有差。

五月二十三日，副使刘景韶大破庙湾之倭，平之。

夏，应福建巡抚王询之请，发兵进攻福建之倭，生擒倭首严山老。

七月十九日，浙江巡按御史王本固、南一御史李瑚弹劾宗宪岑港养寇、温台失事、掩败功状。诏下查盘科、道官罗嘉宾、庞尚鹏等从实核报。至此，核报结果至。按：罗嘉宾等核奏嘉靖三十六年（1557）以后御倭功罪，独劾“宗宪为奸邪巨蠹、欺君误国之尤者”。因云：“柯梅之倭自焚舟厂，全浙所共知也，乃称官兵攻剿以饰其玩寇之愆；温台被创，生灵荼毒，人心所其伤也。乃称斩获多以掩其殃民之非。拥劲兵以自卫，恶闻警报之宵传；罪将领以文奸，专冀本兵之内召。廉耻扫地，沉湎丧心。捧觞拜舞于军前，而伏地欢呼，赞赵文华为岛夷之帝；携妓酣歌于堂上，而迎春宴客，视总督府为杂剧之场。万金投权门，而醉发狂言，毕露其弥缝之巧；千里追回章疏，而旋更情节，不顾其欺罔之私。贿黩因仍，征输繁及。夷情漏泄，致启‘军门倭主”之谣；边饷侵渔，遂有‘总督银山’之号。招艺流而豢养，盈庭皆狗鼠之雄；假赞划为利谋，入幕悉衣冠之盗。此一臣者，宜置之重辟，以彰天讨之公，用泄人心之愤者也。”疏入，明世宗以宗宪有功，卒不问罪。（《明世宗实录》卷四七四）

是月，崇明三沙倭寇由海门七星港等岸突犯江北，将犯扬州。海道副使刘景韶、参将邱陞于之战于邓家庄，邱陞战死。宗宪奏其“身经百战，要立奇功，临难奋命，不惜捐躯。若概从阵亡之科，实有未尽之论，请厚加赠恤，以慰忠魂”。世宗诏赠邱陞都督同知，世袭指挥佥事，立祠死所，春秋祀之。（《明通鉴》卷六二）

八月二十日，江北倭寇自邓家庄之败，奔刘家庄。宗宪遣江南副总兵刘显赴援，败之。

九月一日，以通政使唐顺之为佥都御史，巡抚凤阳。时李遂迁南京兵部侍郎，以顺之代之。

十月二十七日，奏请朝廷定列死事之臣为三等，“有功而又能死事为一等，虽无功而能忠于所事者次之，勤无可录而事适不幸者又次之。其或失机偾事，身虽故，仍须显夺。”部议从之。（《明世宗实录》卷四七七）

十二月八日，明世宗赠已故苏松参政任环光禄卿，并敕有司立祠苏州祀之。

十二月十二日，斩倭酋王直于杭州，直妻洪氏、妾许氏、子王澄等解京为功臣奴，直母以八旬之龄被宗宪奏请归宁于乡。

十二月二十二日，总督浙、直、福建等处军务右都御史兼兵部右侍郎胡宗宪二年秩满，荫其子桂奇为国子监监生。

嘉靖三十九年，49 岁。

正月十五日，再命徐渭作《贺严阁老生日启》，以贺严嵩八十一岁生日。

二月七日，朝廷采宗宪之奏，更定浙东守巡道信地。

二月八日，论擒王直之功，宗宪被诏加太子太保、都察院左都御史。原任总兵俞大猷许除罪录用，副总兵卢镗、参将戚继光及蒋洲、陈可愿等各升赏有差。

二月二十二日，六下余倭寇流劫广东潮州。

五月十日，被擢升为兵部尚书（南京）兼都察院右都御史。时宗宪疏云："臣受命总督，得节省（"省"应为"制"字）三省，一切调度兵食，皆赖各处协心共济。而近多游食养望，未有实见讲求者。即有疏虞，臣何以自解？夫各边巡抚之与总督相见，原有定规。今俱抗衡，无逊诎意。至于操江都御史，则虽文移亦不复通。臣徒拥总督虚位而无其实，请稍假以事权，得为诸道王约。其相见礼文，亦宜依三边督抚事例。"得旨："宗宪此疏，心实任事，可转大司马兼院右正。各抚、操官等悉听节制。其三边督抚相见礼仪，吏、兵二部查例以闻。"部覆："总督提统委宜严重，抚、操等官相见，毋得纯用兵主敌礼，总兵以下，皆戎服庭谒。至于文移，俱用印信。"诏可。（《明世宗实录》卷四八四）

六月七日，给事中罗嘉宾、御史庞尚鹏等查核倭寇以来督抚诸臣擒盗军需之数，因劾"督察尚书赵文华所欺盗以十万四千计，总督都御史周玩二万七千计，总督侍郎胡宗宪以三万三千计，原任浙江巡抚都御史阮鹗以五万八千计，操江都御史褒善以万一千计"。其他或以万计，或以千计，至有攘取军需，公行贿赂者，并宜逮问追赃。明世宗以宗宪功多，不问。时宗宪奏辩云："臣为国除凶，用间作饵，非小费不可以就大谋。"明世宗以为然，更慰谕之。（《明世宗实录》卷四八五）

八月五日，宗宪复向明世宗献芝草五、白龟二，明世宗悦，名之曰"玉龟仙芝"。赉宗宪银币加等，并赐金鹤衣一袭。宗宪性喜宾客，招致东南才学之士，如山阴徐渭、归安茅坤及鄞县沈明臣同入胡宗宪幕府，用是名日起。其献白鹿也，渭为之草表，上称善，宗宪以是益重渭。渭知兵，好奇计，宗宪擒徐海、诱王直，渭皆预谋焉。后宗宪败，渭佯狂自废卒。

是月，命幕府书记徐渭作《贺徐阁老考满启》，以祝徐阶入阁考满。

是岁，福建之倭流劫各州县，加以奸民乘间迭起，遂有大埔之窖贼，南湾之水贼，尤溪之山贼，龙岩之矿贼，南靖、永定等处之流贼，无不蜂起，而窖贼张琏等最强。对福建巡抚刘焘拥众自卫，报功不实，宗宪仅予以夺俸处分。

嘉靖四十年，50 岁。

三月二日，广东潮州山贼作乱，贼首黄启荐等拥众数千，流劫海丰、碣石、归善等县，攻破甲子门巡检司，杀百户魏祚。明世宗下诏，令“总镇巡等官督兵扑剿”。（《明世宗实录》卷四九四）

七月，江西山民起义不断，南康典史王允相战死。明世宗诏严议诸臣失事之罪，“命浙、直总督胡宗宪兼节制江西，发兵应援”。（《明世宗实录》卷四九九）

九月十五日，宗宪被明王朝晋加少保之衔，戚继光升任都指挥使。

十月十一日，福建、广东流寇自邵武转掠江西铅山、贵溪等处，宗宪檄戚继光自浙江引兵赴援，败之于江西万年之上坊。

十一月十三日，简率数千将兵自杭州出发，亲征江西、福建。舟次浙江兰溪，突患恶疾，昼夜昏晕，不省人事。

是月，倭寇攻破福建宁德县，参将王梦麒、知县李尧卿战死。

十二月，戚继光至江西玉山迎接宗宪。宗宪以江西上坊之捷，被明世宗赏以银币。

嘉靖四十一年，51 岁。

正月初一至七日，抵达江西信州、弋阳、铅山、贵溪和安仁等县，江西巡抚胡松至贵溪迎接。不日，宗宪师至福建建宁。

二月二十五日，提督两广侍郎张臬奏：“逆贼张琏势甚猖獗，臣以调集狼兵十万，与福建、江西会兵进剿。”明世宗诏从之。（《明世宗实录》卷五〇六）

三月，兵部采纳宗宪之奏，于南赣设副总兵官，以吉安守备属之；于建昌、抚州设参将，以铅山守备属之。复设游击于南昌，而以鄱阳守备改为参将，令专练舟师，控制九江。四月，宗宪指挥福建、江西、广东三省官兵会剿张琏等山海之寇，“广军用‘威’字号旗甲，赣浙军用‘赣’字号旗甲，漳浙军用‘黄’字号。”行动前，胡宗宪悬示赏格：“无论官军贼党，能擒获（张）琏者，赏万金，奏授指挥；获萧晚等者，赏千金，奏授千户。”（《胡梅林行实》）

春、夏之交，宗宪自福建、江西返回浙江。

五月四日，明朝以南京都督佥事刘显充任总兵官，镇守广东、南赣，以参将俞大猷副之。

五月十二日，张琏麾下都统郭玉镜见胡宗宪赏格告示，生擒伪汉飞龙王张琏。张四维等又生擒萧晚、李逢时等。提督两广侍郎张臬也奏广东三饶贼平。

五月十九日，内阁首辅严嵩被罢，其子严世蕃被逮系于狱。六月十八日，广东以擒获张琏、萧雪峰之捷闻。

秋，宗宪视师福建，至十月方返杭州。

九月二十五日，户科给事中何条陈五事，其中以江南加提编为急，请予裁革。明世宗从之。

十月十日，副总兵俞大猷败广东程乡之贼。二十九日，擒程乡贼首林朝义，潮州寇平。

十一月七日，宗宪被逮。时南京给事中陆凤仪弹劾宗宪党严嵩及奸欺贪淫十大罪状，明世宗命锦衣卫将宗宪械系至京。于是，浙、直总督遂罢不补，以左都御史赵炳然为兵部侍郎、提督官军务，巡抚浙江。

十一月二十九日，倭寇攻陷福建兴化府。

十二月二十七日，逮宗宪至京师，世宗慰曰：“宗宪非嵩党。自御史皆朕升用，任事已八九年。三呈上玄锡瑞，近上玄秘，皆致一手字。数载无言伊过，今自邹应龙，初亦未专为国。群邪朋害，大臣罢斥者不少。既知诸人欺君，何俱不早言，今日乃言之不已？宗宪不自慎，致招奏扰。但王直原本兵议，示获者五等封官，今却加罪，后来复谁与我任事？其释，令闲住。”（《明世宗实录》卷五一六）

嘉靖四十二年，52 岁。

正月，宗宪解官归里。

正月十四日，广东倭寇犯潮、惠二府，登岸劫掠。

二月二十八日，朝廷革游震得福建巡抚职，命提督两广都御史张臬总督闽、广军务，擢参将谭纶兼佥都御史，巡抚福建。

四月二十日，戚继光、俞大猷和刘显、谭纶合攻福建平海卫倭寇，取得平海卫大捷。浙、闽之倭以次渐平。

七月十六日，福建巡抚谭纶上四月平倭之捷，以戚继光为首功，刘显、俞大猷次之。明世宗诏继光受赏，进都督同知，世荫千户。

九月，罢总督闽、广都御史张臬，以河道佥都御史吴桂芳代之。

十月六日，擢戚继光为福建总兵官，镇守全闽。徙俞大猷仍镇南赣。

嘉靖四十三年，53 岁。

二月十五日，福建倭寇纠集新倭万余，围攻仙游三日。总兵官戚继光击败之于城下。又追至王仓坪，斩首数百级。再于漳浦之蔡丕岭败之。至此，福建倭患告以平息。

三月二十七日，广东官兵在俞大猷指挥下，大破倭寇于潮州。

六月二十一日，俞大猷再于广东惠州府海丰县大败倭寇。

十一月二日，南京御史林润弹劾严世蕃及其党罗龙文诸不轨事。

嘉靖四十四年，54 岁。

三月二十四日，严世蕃、罗龙文被逮至京师，伏诛。四月二十三日，福建梅岭海寇吴平降而复叛。

十月二十三日，因藉抄罗龙文家产时发现宗宪拟于严世蕃之圣旨，明世宗遂传令逮宗宪至京师。

十一月三日，宗宪系于狱，辩诬无望，乃吟“宝剑埋冤狱，忠魂绕白云”诗，并愤而引刃自瘐于狱中。

注：《胡宗宪大事系年》引自 2001 年 4 月中国文联出版社出版、卞利著的《胡宗宪评传》第十七章余论 P258—274）

胡天龄，字希仁，号晚翠，龙川人。室灾，冒火入，负母出；从弟仲伦宦游，代理其家事，隐居教授生徒，讲学颖滨书院中，新会陈献章。颜其门曰：“通德”，以比汉之郑康成。著有《日记》《诗集》，从叔尚书富序行之，终年八十八，门人私谥孝廉先生，文待诏徵明为之传。

胡应祉，字懋东，龙川人。恪守祖训，立志读书，处昆弟间，尝让千金之产。

胡良忠，龙川人，天性孝友，父逢，聘乡教，守贫，良忠竭力奉之；抚育二弟，自置产三股均分，族人义焉。

胡鸣珙，字凤亭，号带溪，龙川人。江防议叙通判，尝寓苏州，一时侍举火者数十家，倡建普济、育婴、广仁三堂。恤孤穷，助殡殓，康熙辛卯春，恭逢圣驾南巡，珙上书乞下“三堂法”于各省，奏允，复赐“仁惠”二字。及归里，修祖庙，隆文会，辑社祀，垒桥葺路，捐置义田，抚昆、季及从子，重地，均恤田宅，著有《学箕史稿》《增补愿体集》诸书。

胡钺，龙川人。每见乡里一善，随笔录奖。中年艰嗣，纳歙汪某女为妾，甫至，诘之，知为汪妾，孕三月矣，以不容于嫡而嫁，钺即日送归；逾数月，氏得子，汪始奉还前金，祝曰：“愿翁多男子。”后，钺递举四子，两受恩赉，享年九十五。

胡枝萃，字希贤，号轶亭，龙川人。县学生。乾隆丁卯，蛟水冲决河堤，淹没田庐，会颁帑筑堤，公举枝萃首其事，公任劳而卒，族人祠之，名其坝曰轶亭坝。

胡恢克，字素涵，龙川（今大坑口）人。宗宪五世孙，明末诸生。绝意功名，纵观古籍，隐居山林以终。著有《率性篇》行世。

胡公著，字絅思。龙川（今大坑口）人。顺治十五年（1658）进士，知灵寿县。任职伊始，严惩贪污，减免百姓刑罚。县内一武举人为首结盗，公著设计擒捕，投入大牢。次日群盗劫狱，公著遭害殉职。

胡华顺，龙川人，国辅子，四川盐边县知县。清乾隆辛酉科进士。

胡绳，字从正，龙川人，南陵训导，升宣城教谕；

胡桂培，字天植，府学，龙川人；

胡勋，龙川人，父士冕。由武进士任贵州遵义守备，弭盗赈荒，屡著勤劳。

兄英，同知；茂，卫千总。勋少以骁勇闻，征准噶尔有功，叙授大定府守备。

胡兆进，字现亭，龙川人，增广生，天性豁达，潜心经籍，早擅名儒宿学之誉，门下多知名士，尤敦实行，在乡里，亲邻善俗属，所著有《难言集》《学庸讲义》。

附录 1：《嘉庆绩溪县志 · 人物志》

元代

胡遂孙：字成甫，龙川人，初主乡邑文学，历太平学正，浮梁教授，所至得士心。再授庐州教授。著有《诗文讲义》20 卷，尝与张旗、汪梦斗、胡泳、高山辈捐赀买地于邑西，创造殿堂斋舍。初，遂孙隐居时，寇兵过龙川，闻其贤，戒兵不入，又尝施药济人，寇再至，指其庐曰，“此胡公施药肆也”，独保不毁云。

明代

胡继荣，字汝仁，龙川人；

胡德茂，字道卿，龙川人；

胡毓才，字漳浦，龙川人，南直隶扬州府兴化训导；

胡宗龙，龙川人，松江府训导；胡昇：池州府训导；

胡崇阶，龙川人。芜湖训导，升芦溪教谕，署县事；

胡宗岳，龙川人，时任浙江昌化籍；和源县教谕；

胡毓秀，龙川人，兵马司指挥；

胡毓桂，龙川人，四川巴州吏目；

胡亮工，字钦咨，龙川人，福建清流主簿；

胡宗周，龙川人，千户；

胡德裕，字仲芳，龙川人。洪武中，举明经，授本县训导，整饬模范，据经引传，日与诸生课艺，升旌德教谕，未任卒。曾孙富，见《经济》。

附录 2：《嘉庆绩溪县志 · 选举志 · 科第》

胡复，字元长，龙川人。洪武中，由岁贡任福建南安县城丞，时八郡粮储不完，属之催理，不用鞭棰而办；又河水为患，疏导有方，秩满，民争保留，升本县知县，以述职卒于京，民立碑纪德。

胡拱旸，字廷臣，龙川人，成化癸卯举人，授浙江分水县教谕，造士有方，模范端肃，改（河北）无极县，卒于官。

胡宗明，字汝诚，龙川（今坑口村）人。正德丁丑（1517）进士，授户部主事。嘉靖初，甘肃边警，大司马往征，疏宗明督饷有功，出为四川参议。移广东。剧盗充斥，宗明设奇俘馘而还。升河南副使，转福建参政，首问大豪，置之法；审均田赋，积弊悉除。漳、泉诸郡大旱，谷价腾涌，宗明白直指使者，仓储改征折价，民甚赖焉。调广西佐都御史毛伯温，平黎有功，进云南、山东布政使，后以副都御史巡抚辽东。严武备，明赏罚，申禁令，增筑屯堡，多仿古遗法。著有《兰言集》（已佚）。

胡彦升，字嵩山，龙川人，文渊阁修书，明永乐间差福建晋宁府催征，上书请蠲赋以苏民。

附录 3：清道光《安徽通志》收录的龙川籍进士

与多版本的《绩溪县志》录入的绩溪龙川籍进士人数不同，清道光《安徽通志》的龙川籍进士仅有六人。但都注有考取进士的时间和进士的榜名，比较严谨。

1. 官职

胡思诚：绩溪（龙川）人，官枢密使。

（引自黄山书社 2015 年 3 月版第 115 卷《安徽通志·官职志》）

2. 进士

清道光《安徽通志·选举志》第 117 卷有绩溪龙川籍进士的记载：“胡富，绩溪人。”属明代成化十四年戊戌科，会彦榜进士。

“胡宗明，绩溪人”。属明代正德十二年丁丑科，舒芬榜进士。

“胡宗宪，绩溪人”。属明代嘉靖十七年戊戌科，茅瓒榜进士。

“胡光，绩溪人”。明代成化二十年甲辰科，李闵榜进士。

“胡公著，绩溪人”。属清代顺治十五年戊戌科，孙承恩榜进士。

附录 4：《绩溪县志》的龙川胡姓历代进士名录

姓名	及第年代	主要官职	备注
胡富	明成化十四年	太子少保、户部尚书	龙川人

（续表）

姓名	及第年代	主要官职	备注
胡光	明成化二十年	广州府推官、曲靖府同知	龙川人
胡宗明	明正德十二年	广西左都御史、辽东巡抚	龙川人
胡宗宪	明嘉靖十七年	太子太保加少保、兵部尚书	龙川人
胡宗周	明崇祯年间		龙川人，武科第
胡公著	清顺治十五年	灵寿县知县	龙川人
胡士冕	康熙三十三年	遵义守备	龙川人，武科第
胡华训	乾隆四年	四川盐亭县知县	龙川人
胡天格	嘉庆年间	广西提督	龙川人，武科第
胡勋	嘉庆年间	大定府守备	龙川人，武科第

清代

胡天格：子鹏程，龙川人。侨籍贵州遵义。乾隆丁亥，由行伍从征蛮结缅甸；乾隆辛卯及癸巳，从滇省从征小金川，超等叙议四次，补黔西协左营左哨外委把总，又随征大金川有功，赏给锦甲，之后又多次随征，屡立战功，自从师滇省及两金川，共打仗 182 次，受功劄五张。之后多次因军功擢升。

胡之浩：龙川人，遵义籍。

胡德纯：字文卿，龙川人。家贫力学，嘉靖乙酉举人，知青田县。赴任辞里甲夫，却公贺礼，及莅治，书“天地鬼神”四字为鉴，持廉执法，以直抗忤权宰，改曲江，多惠政，兼署英德，一介不苟，当道有改官不改誉之褒。

胡阶庆：字象泰，号石荆，龙川人。万历乙卯举人，知浙江余杭县，岁旱，飞蝗害稼，下令饥民捕蝗，捐米以易之，蝗尽而民得生。曾率乡勇擒盗首，贯胁从，以劳卒于官。

胡子升：龙川人，总制宗宪侄。赞画幕府，平海寇汪直有功，叙授新安卫镇抚，同时，宗宪弟宗周亦荫千户。

附录 5：清嘉庆《绩溪县志》录入的龙川其他各类人物（部分）

据嘉庆《绩溪县志》所载，自宋淳熙二年（1175），至清嘉庆年间 600 余年，龙川共有“科第”等类人物 123 人。

科第（16人）

胡思诚，宋淳熙二年乙未詹骙榜，历官枢密使。

胡彝，宋庆元二年丙辰邹应龙榜，奉议郎翰林编修，终朝奉郎提点台州崇道观。

胡昱，南宋绍定五年壬辰徐元杰榜。

胡彦申，字嵩山，明建文元年己卯科，文渊阁修书。永乐间，差福建建宁府催征，上疏请蠲赋以苏民。

胡宗华，明正德十一年丙子科。见《宦业传》。

胡德纯，明嘉靖四年乙酉科。

胡灯明，万历十年壬午科。

胡鸣冈，明天启元年辛酉科，见《宦业传》。

胡华训，清乾隆三年戊午科，四年己未科庄有恭榜；国辅子，四川盐亭县知县。

武科第（2人）

胡士冕，清康熙二十年辛酉科，三十三年甲戌科会试，子勋见《武功传》。

胡国辅，清康熙五十六年丁酉科。

荐辟（5人）

胡同，字仁，元元统间，举任玉山县教谕。

胡震，元元统间，举任昌化县尉。

胡宗仁，明洪武中举，任江西新建知县。

胡仲芳，明洪武二十二年举明经，授本县学训导，卒于官。

仕宦（6人）

胡文宪，明福建台湾巡检。

胡敏明，山东济宁州仓太史。

胡毓秀，明兵马司指挥。

胡毓桂，明四川巴州吏目。

胡荣宇，明，字鹤轩，援例发四川候补巡检。

胡天格，字鹏程，士冕曾孙。

援例（8人）

胡宗周，明千户。

经济（1人）

胡仲伦任云南盐课提举司吏目，以卓异行取入京。会土木之变，车驾北狩，也先欲妻以妹，上皇遣广陵伯刘安人言于帝，仲伦上疏争之，言今之事不可屈者七……帝嘉，纳之。语见《明史》，复辟后，特旨以科道用，寻卒。

宦业（9人）

胡拱旸，字廷臣，成化癸卯举人，授浙江分水县教谕。造士有方，模范端肃，改无极县。卒于官。

胡光：邑多虎，光祷城隍三日，有七虎入城，居民惊愕。光独出，虎皆向伏，光使力士刺之，其患悉平。升曲靖府同知。归，有弟构新舍，光曰："吾待罪下职而新其居，人其谓何？"即以推弟，而自处故庐。

胡宗华，字汝美，明正德丙子举人，授河南钧州知州，廉直自守，兴贤育才……五释冤狱，三减繁役，当道交奖之，寻致仕。卒年八十有七。

胡瓒，字仲珪，明，由监生任新化州同知。州人德之，立碑记焉。

胡鸣冈，字季凤，号崛谷，博学善文……知湖广枝江县。……莅任六载，廉能茂著。家居后，杜门注《易》。

武功（2人）

胡勋，父士冕，由武进士任贵州遵义守备，弭盗、赈荒，屡著勤劳。兄英同知

茂卫千总。勋少以骁勇闻，征准噶尔有功，叙授大定府守备。

文苑（2人）

胡兆进字现亭，增广生，天性豁达，潜心经籍，早擅名儒宿学之誉。门下多知名士。尤敦实行，在乡里亲邻善俗。所著有《难言集》《学庸讲义》。

学林（3人）

胡德裕，字仲芳，洪武中举明经，授本县训导，整饬模范，据经引传，日与诸生课艺。升旌德教谕，未任卒。曾孙富见《经济》。

胡廷凯，廪生，性敏嗜学，胸罗经史，为文书卷洋溢，光彩动人。以数奇不

遇而卒。所著有《复余集》。

孝友（4人）

胡灯字元亮，宗宪孙。万历壬午举人，前少保驱攘倭寇，勋劳未白，灯伏阙奏，准赐谥、葬；荫一子锦衣世袭，灯以爵让弟，惟力学砥行，博极群书。

胡学曾字景舆，父患膈症，学曾为之绝食，家人泣劝，曰：“父粒米不下咽，我饱餐，岂复有人心乎？”闻者恻然。及父殁，毁逾礼，与弟同爨至老。妹适黄门，早寡，遗一子二女，迎归就养。从兄卒，抚其遗孤。

胡允溥尝割股疗母病，父殁，抚两弟成立，所置产业均分之。督修祖祠，助丧葬六十余家。岁歉，计剩口粮三十余石，作粥赈饥。

胡大旸，字日宾。内行孝谨。诸父昆弟不足者，岁馈衣食。待人亦极慷慨，施惠甚溥。

尚义（3人）

胡应祉，字懋中，胡富之孙。恪守祖训，锐志读书。处昆弟间，尝让千金之产。

乡善（10人）

胡良忠，天性孝友，父逢乡教守贫，良忠竭力奉之，抚育二弟，自置产，三股均分。族人义焉。

胡高生，迁居四都，事亲孝，与人信，言行不苟。足迹不入公门。

胡文信，早丧父，事母孝，抚幼弟成人，同居数十载。独力捐建廉惠公祠，复割田为祭需粟帛。

胡封，太学生。敬养祖母，醇谨自持。荒年，尝减价平粜，其尤窭者，别给口粮。后充堤坝长，任劳助资，以成公事。

胡三泰，字志三。早孤，父故贫。泰善贾。有余财，辄以偿，宿债不忘。义敦内行，抚诸侄。尤厚乡里，不能婚葬及衣食不给者，周之。

胡元科，字友文。与物无忤，里有争讼者，委婉调息之。

胡启祐，字启有。尝贩麦平粜，质钱助婚。

胡起贵，字君福。赈贫恤乏，持危扶颠，乡里穷寡不能殓葬者，资助之。胡授积字善馀，精研堪舆，亲族中墓圮不能修者，必为完筑……善事甚伙。

其他（7人）

胡恢先，字素涵，少保宗宪五世孙，明末诸生，后绝意功名，纵观古籍，啸傲山林。著有《率性篇》行世，所言者，正心源、严修省之事。

胡宾旸，精女科，子裕宾传其业。

胡仲伟（1628—1701），字环溪。诚朴谨慎，世传外科，尤精方脉。被后人尊为龙川胡氏医学世家第一代传人。

胡敏，绩溪十二都人，由吏任济宁州仓大使。

第二节　近代名人

胡沆源（1820—1892），又作永源，绩溪龙川人。江苏三泰地区胡氏茶业的开拓者。太平军到绩溪（1860）前，胡沆源由亲戚荐至江苏东台某茶叶店当学徒。他为人忠实勤俭，深得店主赏识，后担任该店“水客”（采购员），到徽州和浙江收购茶叶，自己也顺便做点茶叶购销。此后，在泰兴县黄桥东大街合资开“裕泰和”茶庄。1860年，太平军进入绩溪，胡沆源携家眷避居苏北。合伙人撤股后，胡沆源独资经营“裕泰和”。在黄桥店未独资前，他还先后在季家市东大街、泰县姜堰十字街开设两家“胡源泰”茶庄。各茶庄皆由子孙继承经营，新中国成立后公私合营，为苏北闻名的百年老店。

胡尔昌（1815.7—1890.10），晚清绩溪龙川人，祖辈起迁居休宁洽阳及五城。清同治五年（1866），胡尔昌参与龙川胡氏先祖牌位的整理和誊写，录入男女牌位近4000个，官人牌位近150个，2000年，绩溪县档案馆出资聘请著名托裱工匠托裱，胡尔昌后裔因1995年洪水浸毁严重的谱牒资料得以基本复原，一共托裱成祠谱、世系谱、清明祭祀谱和《韵绍香堂支谱》共七册。祠谱详细记载了龙川胡氏宗祠历史上几次重大祠务活动和太平军与清军拉锯战对龙川胡氏宗祠和龙川胡氏的严重危害造成十室九空的惨况。同时，他编修的支谱也记录了休宁分支被太平军和清兵拉锯战所造成的百余人死于战乱的家族史，这些谱牒资料是研究绩溪龙川胡的珍贵的一手资料。

胡树铭（1862—1924），龙川村人，沇源子，“三泰”地区胡氏茶庄的发展与传承的奠基者。在龙川读完三年私塾后，到苏北某茶叶店（一说在父亲店）当学徒，满师后，协助父亲经营店业，后接掌黄桥裕泰和、季家市胡源泰茶庄。光绪间（1875—1908），又在姜堰十字街口开设胡源泰茶号。他好学勤俭，精通商道，以“布衣暖，菜根香”“鱼生火，肉生痰，青菜豆腐保平安”治家、守业、谋发展，三爿店的生意红红火火，成为当地远近闻名、妇孺皆知的名店。所赚之钱，一则在黄桥季家市购置房产，扩大经营规模；二则供四个儿子读书，求发展；三则乐于家乡与泰兴的公益。1917 年，泰兴重建“文明桥”，裕泰和茶庄两次捐款，赢得了当地百姓的赞扬。

胡炳衡（1884—1920），绩溪龙川村人，树铭子。国立工业学校毕业。与兄炳华参与泰兴黄桥、靖江季家市和泰县姜堰等地茶庄商务，成为树铭的帮手，再到姜堰东大街设“东泰源”茶庄。1912 年茶庄被盗，兄弟俩采取有力举措，终使茶庄得以恢复。胡炳衡与妻陈启秀是绩溪胡氏茶庄承前启后的关键人物。胡炳衡先生卒于乡，葬山间岱顶大坦。

胡震来（1896—1943），字雨田，绩溪龙川人。龙川胡氏仲伟公的第八世孙。少时即跟随伯父胡象离学习岐黄之术。为了打好基础，除了随师临证，胡震来小小年纪便能自律，闭门苦读，足不出户，一坐就是三四年，不仅熟读了伯父要求读的《内经》《伤寒》《金匮》《温病》等中医经典著作，并能整卷地背诵出《汤头》《脉诀》《药性》等全书的内容。功夫不负有心人，几年的勤奋学习为其日后的临证打下了坚实的理论基础。同时又筹资在民国中期创办龙川初等小学，立德育人，居功颇伟。

第三节　现当代人物

胡竹荪（1895—1968），瀛洲镇龙川村人。熟谙中医典籍，擅内科，尤精温病、伤寒、肺痨之诊治。医德高尚，赤贫送诊，不计脉礼。

胡节君（1924—1991），瀛洲镇龙川人，胡震来之子。行医40余年，享有较高声誉。副主任中医师，省卫生厅授予其“名老中医”称号。1954年联合4名中医同行组建瀛洲乡联合诊所，后改为瀛洲乡卫生院。先后9次被省地县评为先进工作者，为县政协第一、二、三届常委，省、县科协委员。

胡树人（1922—1986），字木如，系胡震来长子，为龙川世传医学第十一代传人。擅治时疫，组建多家本县医院，贡献良多。

胡煌玙（1929—2014），瀛洲镇龙川村人。胡震来之子，胡节君之弟。自幼从师父兄学医，并随兄赴浙江行医。历任安徽中医药大学伤寒教研室主任、教授、图书馆长，校学位委员会副主任、职称评审委员会委员、安徽省中医学会常务理事。硕士研究生导师，享受国务院政府特殊津贴。著有《通俗伤寒论讲义》《中医内科学》。有《〈伤寒论〉辨证论治初探》等多篇论文在医学刊物上发表。

胡炼九（1891—1978），龙川村人。青年时期在外经商，抗战时返乡。民国三十年（1941），江苏沦陷时，抢运到8000余担干茧，在村中集资创办龙川缫丝厂。其时，上海、无锡已被侵华日军占领，缫丝机械无法购运，他雇请木工仿照大仁里丝厂机械制成木质缫丝机、扬返机，雇请女工和动员2个女儿进厂做工，接收复兴公司皖南分公司的代缫业务。两年后，因县内蚕桑生产凋敝，苏茧断路而关闭。民国三十三年（1944），担任龙川保国民小学校长，次年8月捐款20万元增设龙川小学高级班，免费让本村和邻村贫寒学子入学深造，因与新四军游击队建立联系，提供情报和物资，曾被县自卫队关押。

新中国成立后，1951年12月出席全县各界人民代表大会，提出在重点地区栽培桑苗，逐步普及全县的建议，县人民政府立即部署，很快发展了蚕桑生产。

1954年初，建议县人民政府利用龙川缫丝厂的设备建厂，恢复缫丝生产，遂由县委书记梁考常、副县长王丙锡和胡炼九等组成建厂委员会。1956年2月，公私合营绩溪县缫丝厂建成投产，胡炼九任副厂长。其木制缫丝机曾在北京参加展览，苏联《真理报》有采访报道。

胡增钰（1919—1978），绩溪龙川人，字静之，胡炳衡子。起初在泰州读小学、中学就读，1947年7月肄业于上海大夏大学经济系，回泰州操持店业，1956年他率先参加私营工商业改造，将“胡源泰”“胡震泰”改名为泰县茶漆销售商店，任门市部副主任兼会计。他做事任劳任怨，赢得组织和同行的一致好评，在茶漆染料行业中，曾以最高票当选为泰州市城北区人民代表。

胡寿民（1921—1993），胡炼九长子。民国二十六年（1937）7月毕业于上海浦东中学，因淞沪战争爆发而回乡。民国二十八年（1939）6月，由绩溪县政府保送，经考试被录取到中央陆军军官学校三分校，随入伍学生1团经淳安、寿昌、兰溪、上饶、鹰潭、金溪、南城、南丰、广昌、于都长途跋涉到瑞金，后因近视眼而被甄别离校。随后至赣南专员公署三民主义青年服务队工作，再次入三分校，为17期22总队工兵大队学员。民国三十一年（1942）毕业，分配至三战区第23集团军21军工兵营，历任中尉排长、参谋处参谋，后因病返乡休养。民国三十六年（1947），入国防部“抗战军事损失赔偿调查组”，同时入美军顾问团翻译所英语班学习，历任中尉、上尉组员，少校参事兼翻译。1949年7月至1958年3月，历任绩溪坑口小学教师、胡家小学教导主任、扬溪小学教师、县教育局业务辅导员、二完小教师。在反右派斗争中，被判刑8年。1961年被提前释放回家乡务农。1979年平反复职，任徽州师专（今黄山学院）英语教师，1983年退休。1986年后，任黄埔军校安徽同学会绩溪县联络组组长、宣城地区黄埔同学会副会长、安徽省黄埔同学会理事，同时担任绩溪县政协4届、5届委员，县人民政府特邀监察员。

胡节君（1924—1991），绩溪龙川人，系龙川胡氏医学第十代传人，副主任医师，安徽省名老中医，曾任政协第二、三、四届常委，幼承庭训，早年毕业于北平国医函授学校，年方弱冠，就悬壶于浙江余杭，新中国成立后，回县参加医疗工作。他拜许多名医为师，注重中西医结合诊疗，擅长内儿妇科的疑难病症诊治，写医疗日记数十年如一日，曾荣获安徽省先进工作者称号。

胡观田（1934—2008），绩溪县龙川村人，幼年贫寒，六七岁时父母即双亡。由胞姐抚养成人，年仅 13 岁即赴浙江嘉兴老东园菜馆当学徒。该馆为绩溪人胡安生创办，地处嘉兴东门闹市区，生意较好，使他在管理严格、工作繁忙的环境中，受到了锻炼，学到了一手好厨艺，他从打下手开始逐步成为该餐馆的业务骨干。又从 1953 年开始，胡观田先后在中国人民解放军嘉兴机场、连城机场、惠安机场担任飞行员食堂总厨厨师长。

1981 年，经县、市、省和全国饮食主管部门的严格考核选拔，胡观田被外交部录用派驻我驻法国使馆从事厨艺工作，相继担任副总厨、总厨和食品监督员等职，他工作责任心强，烹饪水平高超，中华八大菜系中的名菜他款款精通。大使评价，吃胡师傅的一桌菜，就如同吃遍了全国。他曾多次为出国访问的我国国家领导人、外国政要担任厨师工作，屡受好评，曾四次受到大使馆嘉奖，工作期间又光荣加入了中国共产党，连续两届供职于中国驻法使馆。

胡锦华（1942.01—），安徽绩溪龙川人，1959 年 5 月毕业于上海医学专科学校。著名健康教育专家，上海市健康教育所原所长，曾任上海市人民政府参事，《上海大众卫生报》创始人，创办“上海胡锦华健康教育促进中心”。曾获卫生部科技进步奖一等奖，世界卫生组织控烟贡献奖，全国健康教育先进工作者，全国医学科普先进工作者，上海市先进工作者，上海市科普教育创新奖一等奖等荣誉称号。

胡锦星（1943.12—），祖籍安徽绩溪龙川，曾任上海复兴高级中学校长，现任增爱公益基金会会长。热心绩溪等地的公益事业。

胡亚民（1943.9—），男，原籍绩溪龙川，江苏省泰州市姜堰区人。西安交通大学机械工学硕士，原重庆理工大学材料工程学院教授、兵器工业第五九研究所研究员级高级工程师，武汉理工大学材料加工工程学科兼职博士生导师，享受国务院政府特殊津贴。重庆市首届和第二届学术技术带头人。2007 年、2009 年两度为中国工程院院士正式候选人。曾任中国机械工程学会高级会员，中国塑性加工学会（锻压学会）理事，特种轧制委员会委员、《锻压装备与制造技术》杂志编辑委员会委员。现任《兵器装备工程学报》主编、编辑委员会委员；《精密成形工程》杂志编辑委员会委员。

胡建雄（1937.10—2022.5），出生于江苏宜兴的安徽绩溪龙川人。历任杭州工学院科研室干部、浙江大学科研处干部、科研处副处长、科研处处长、副校长，党委常委、常务副校长等职。1999 年起指导筹建浙江大学城市学院。2001 年 1 月光荣离休。

胡建雄同志作为浙江大学城市学院的创建者之一，牵头负责向教育部报批，与杭州市、浙江大学领导及城市学院班子共同探索城市学院初创时期的办学体制、模式创新，以开阔的视野、高卓的远见、丰富的经验给城市学院的办学定位和发展提供指导和帮助，为城市学院建成特色鲜明、质量优秀、充满活力的地方一流综合性高校做出了卓越贡献。

胡建雄同志 20 世纪 60 年代开始负责超高速摄影机研制和现场试验、原子弹模拟爆炸试验、导弹摄影机研制和现场试验等项目。1985 年 5 月，被国防科工委、国家计委、国家科委联合授予“全国国防科研管理先进个人”称号。

1989 年 9 月，被国家教委、人事部、全国教育工委授予“全国优秀教育工作者”称号。1990 年 12 月，被国家教委、国家科委联合授予“全国高等学校先进科技工作者”称号。1992 年 3 月，成为享受国务院政府特殊津贴的专家。1995 年 3 月，被评为浙江省劳动模范。离休后，对故里绩溪龙川小学的易址新建，在建校资金筹措和教学规划的制定方面都给予倾力支持，居功颇伟。

胡鹏飞（1954—）龙川人。副主任中医师。先后担任绩溪县中医院和县人民医院院长以及绩溪县卫生局局长，1979 年 9 月以全县第一名的成绩通过全省的选拔考试，医技精湛。退休后创办县雨田医院，继续发挥医疗余热。

第十五章　古迹遗存

第一节　祠庙　古民居

一、祠堂

1. 龙川本村

龙川村以宗祠和古石桥为主的不可移动文物主要分布在龙川自然村，它既有1988年元月被国务院公布为全国重点文物保护单位的龙川胡氏宗祠、明代奕世尚书坊及胡炳衡宅（详见第九章工商业第三节文旅经济），也有录入本书第十章交通，通讯第三节桥梁中的古石桥，此外，土地改革登记过的东西南北隅的支祠，还有属于龙川宗族七架之一的分支祠，现在大多或改建他用，或只剩残垣断壁。龙川胡氏县内分支的祠堂则散存于伏岭镇的湖村、大坞、德锦、桐坑、岭里等村。龙川行政村下辖的友姓或同姓别派的祠堂则以浒里与大坑保存比较完好，详见2023年龙川村文保单位名单表。

附：2023年度龙川村文保单位名单

序号	保护级别	保护单位名称	时代	所在地	备注	公布文号
1	国家	龙川胡氏宗祠	明—清	瀛洲镇龙川村	1988.1.13 公布	国发〔1988〕5号

（续表）

序号	保护级别	保护单位名称	时代	所在地	备注	公布文号
2	国家	奕世尚书坊和胡炳衡宅	明—清	瀛洲镇龙川村	2013.3.5 公布	国发〔2013〕13 号
3	县级	胡宗宪故居	明—清	瀛洲镇龙川村	2005.7.4 公布	绩政〔2005〕41 号
4	县级	浒里方氏宗祠	清代	瀛洲镇浒里村	2016.1.21 公布	绩政〔2016〕9 号
5	县级	尚书府石坊	明代	瀛洲镇浒里村	1997.4.18 公布	绩政字〔1997〕35 号

2. 龙川胡氏宗祠现存可移动文物简介

该祠内主要文物是明代嘉靖年间的匾额、铁钟与清乾隆初年张廷玉纂《明史》录入的胡宗宪传的匾额。

全国重点文物保护单位龙川胡氏宗祠（1988 年国务院公布）

世恩堂匾：由明代大书法家文徵明亲书，年代落款为明嘉靖丙午（1546）之秋，该匾长约 270cm，宽约 120cm。现挂于龙川胡氏宗祠正厅背面；

大铁钟：下口直径约 70cm，钟高约 70cm，此钟铸于大明嘉靖甲子年（1564）仲秋月，由冶士黄宾龙造。上铸有“福有攸皈，福有攸归、太子千秋、皇帝万岁，国泰民安、风调雨顺及捐助铸钟善士名单等内容”，现存放在宗祠中厅左侧；

奉旨敕修明史录入的胡宗宪简历匾额：长约 315cm，宽 140cm，落款时间为清乾隆四年，由大学生兼太子太保、吏部尚书袭世三等伯张廷玉等奉旨修明史录入的胡宪简历所制成的匾额，现挂于宗祠前厅（五凤楼）背后；

邦家之光匾：长约 220cm，高约 70cm，无写匾人和年代落款，现挂于特祭祠（丁家祠）主厅正上方。

附录一：匾额全文

乾隆四年大学士兼太子太保吏部尚书世袭三等伯臣张廷玉等奉旨敕修明史。

胡宗宪，字汝贞，绩溪人，嘉靖十七年进士，历知益、都余姚二县，擢御史巡抚宣大，诏徙大同左卫军于阳和、独石，卒聚而哗，宗宪单骑慰谕，许勿徙，乃定。

三十三年，出按浙江，时汪直据五岛，煽诸倭入寇。徐海、陈东、麻叶等日扰郡邑。倭寇嘉兴，宗宪中以毒酒死数百人。及破王江泾，宗宪与有力，擢右佥都御史。

柘林诸倭屯陶宅，文华令副史刘焘攻之，大败。倭犯诸州县，杀文武吏甚众。宗宪定招抚计。令客蒋洲、陈可愿喻日本国王，遇直子滶于王岛。邀使见直，留洲遣滶护可归。宗宪令滶立功，遂破舟山，再破列表。宗宪请于朝赐金币纵之。滶等以徐海入犯告。海引大隅、萨摩二岛，分掠瓜州、上海、慈溪，自引万余人攻乍浦；陈东、麻叶与俱。宗宪壁塘栖，巡抚阮鹗遣游击宗礼，击海于崇德三里桥，三战三捷，既而败没，鹗走桐乡，贼围之。宪令指挥夏正要海降。海妾受赂，亦说海，于是解桐乡围。海降后，以缚东来献宪。居海东庄，以西庄处东党。令东致书其党曰：督府檄海，海擒若属矣。东党惧，乘夜攻海，海挟二妾走。官军图之，海投水死。玉旨送京，帝大悦。行告庙礼。加宗宪右佥都御史，闽浙倭渐平。

三十六年，命宗宪兼浙江巡抚事。蒋洲在倭中，解论至再，乃入谒至杭，见本固下直等于狱论死。会得白鹿于舟山献之，帝大悦，行告庙礼，厚赉锭币。未几，后以白鹿献，帝益大喜，告谢元极宝殿及太庙及百官称贺，加宗宪秩。

三十八年，论平直功，加太子太保兼节制巡抚及操江都御史，如三边故事，晋兵部尚书。后献白龟二，五色芝一。帝为谢元，告庙如前。

明年，江西盗起，又兼制江西。贼屡犯宁、台、温，前后俘斩千四百有奇，贼悉平，加少保给事。陆凤仪劾其党罪。胡宗宪非嵩党，自御史至今赏皆朕授用八九年，人无言□，屡献祥瑞；为群邪所妒，且初议获直于五等封官。今若罪之，谁为我任事者？其释令闲住者。万历初后复官，谥襄懋。

当倭患孔炽，扑灭惟恐不尽。便宜行诛，是其职耳。而以为罪，则任法之过也，徐海王直之徒不死，贻患更未可知矣。

附录二："邦家之光"匾释注①

邦家之光：国家级光荣或国家的光荣。

表示胡宗宪是享有国家级光荣称号的正人君子。

"邦家之光"出自《诗经》。《诗·小雅·南山有台》："乐只君子，邦家之光。"

乐只：和美、快乐的意思。只在这里是语助词。

《孟子·尽心》篇有："君子有三乐，而王天下不与存焉。父母俱存，兄弟无故，一乐也。仰不愧于天，俯不怍于人，二乐也。得天下英才而教育之，三乐也。"

孟子的意思是君子有三种乐趣，这三乐与治理天下没有关系。父母健在，兄弟也没有灾病事故，能躬行孝悌，这是第一乐；为人处世合乎道义，上不愧对于天，下不羞对于人，内心安宁，这是第二乐；能得到天下的优秀人才并对他们进行教育，使君子之道遍传天下、造福社会，这是第三乐。

南山有台，北山有莱。乐只君子，邦家之基。乐只君子，万寿无期。南山有桑，北山有杨。乐只君子，邦家之光。乐只君子，万寿无疆。邦家之光一般指国家的光荣，作主语、宾语。

注①"邦家之光"匾由原籍绩溪龙川现定居重庆的胡亚民教授释注。

3. 龙川其他自然村

▷ 浒里方氏宗祠

坐落在龙川村浒里自然村，现为绩溪县文物保护单位。绩溪浒里方姓的始迁祖叫方蕴（一名澄），于北宋雍熙年间（984—987）任绩溪县令，见新安大好山水，退休后便定居绩溪浒里，方蕴便是绩溪方氏始迁祖。

该祠坐东朝西，堂号叫思敬堂，浒里村方氏宗祠始建于明嘉靖年间，占地面积 785 平方米。该祠堂砖木结构，三进五开间，门楼为重檐歇顶式屋顶，两侧人字墙，用清水砖砌筑，上嵌雕刻细腻的砖雕，前后两向的额枋上用深浮雕雕刻 6 幅浒里村自然人文景观，中进前檐有石雕栏杆，抬梁穿斗并用式梁架，硬山屋顶，外砌封火墙，三路花砖正脊，两端装饰鳌鱼，斗拱承挑出檐，两次间装有木雕隔扇，后进二层楼房，前有腰檐，抬梁穿斗并用式梁架，硬山屋顶，因年久失修得不到妥善的保护和管理，后进已坍塌，此祠木雕构件雕刻十分精美，具有一定的艺术价值。浒里村方氏宗祠于1855年进行了重修，2021年8月众筹130多万元又进行了大修。

▷ 浒里三眼井

龙川村浒里三眼井：坐落在浒里村中，直径约一米，据修井匾牌记载，始凿建于南宋嘉泰二年（1202），2012年元月村人重修。

▷ 大坑敦本堂

始建于清康熙年间，系绩溪明经胡长房重要分支——大坑胡氏为奉祀始分祖胡百禄而建，近年该村胡氏众筹善款重修，面积360多平方米。

二、庙宇

1. 龙川灵山庵

又名山间庵，山官寨，始建于明代初期，原庵残垣面积不过600多平方米，2017年下半年由众香客捐助善款数千万元开始重新扩建，2019年秋建成竣工，此庵现有占地面积近10600多平方米（近16亩），建筑面积约5300平方米（近8亩），建筑主要由山门殿、观音殿、大雄宝殿、藏经阁、地藏殿、念佛堂、斋堂、斋房等构成，现有教职员3人。相传在庵左侧曾有个人丁较多的村庄，这个村庄叫山官村，胡宗宪幼时曾在此庵习文练武。

三、古民居

2021年7月，绩溪县住房和城乡建设局经摸排核准，对龙川村中私有闲置、公共活动场所及居民自住并作商业运营的共11幢民居建筑，注明门牌号码进行挂匾标示，注明为历史建筑。但坐落于大坑口上村的胡森智、胡永和等户共有的建筑面积近400平方米的龙川村唯一的清代通转楼未被列入。该通转楼房间多、边门多、侧房多，能住五六十人。

四、名人古墓

常侍墓

常侍公，即绩溪龙川胡氏始迁祖胡焱，字福明，又名斌，东晋大兴元年（318），授散骑常侍，四月提兵镇歙州，因家于新安。初居华阳镇大松林，后见龙川秀丽，遂携家居于龙川之口荆林里，改名坑口，成为绩溪大村，后裔即为绩溪胡姓大族、名族。胡焱卒葬金紫山前丙辰山来龙，作甲山庚向，号常侍墓，墓地二角三十步，围山三亩。“常侍墓”碑今仍尚存。

胡宗宪墓

明兵部尚书胡宗宪墓，又称梅林墓，在绩溪县瀛洲乡浒里村南、登源河畔天马山北。明万历十七年（1589）赐御葬。北向，占地亩余。墓门、望柱、栏板、神道坊均花岗石质，拜台二层，从两侧拾级而上。神道旁列石人、石马、石羊、石龟等石像生。“文化大革命”期间被毁。今墓穴可辨，台基犹存。相传，胡宗宪有疑冢2处。一在百鸟的大排，一在湖里。湖里疑冢，实为胡宗宪父母墓冢，20世纪70年代末造田时炸毁，墓穴中仅有胡宗宪父母墓志铭一方。

胡富墓

明户部尚书胡富墓在绩溪县瀛洲乡浒里东南龙须山麓，土名尚书坟。坟葬于明嘉靖间，东向，墓堂砖砌，占地1亩多，设祭坛、拜台。神道有坊，两旁列石马、石羊、石人等像，20世纪70年代毁。2009年墓堂辟为农田，但冢迹犹存。

第二节　坊表

一、录入清嘉庆《绩溪县志》的龙川村牌坊

进士坊：在县城西街，为进士胡宗宪立；

春宫太保夏宫上卿坊：在县南总督府门首，为太子太保兵部尚书胡宗宪立；

节孝坊：在龙川，为胡成相妻方氏、胡正方妻章氏、胡洪炬妻程氏、胡梦楚妻李氏、胡文郁妻余氏立；

擢秀坊：为胡富、胡彦申等三人立；

世科坊：在龙川，为进士胡富、胡光立；

进士坊二：在龙川，一为胡富立，一为胡宗明立；

尚书坊：在龙川，为尚书胡富立。

联璧坊：在龙川，为举人胡拱旸立；

地宫坊：在龙川，为主事胡宗明立；

大方伯坊：在龙川，为布政司胡宗明立；

都宪坊：在龙川，为御史胡宗明立；

位协三公坊：在龙川，为兵部尚书胡宗宪立；

奕世尚书坊：在龙川，为户部尚书胡富、兵部尚书胡宗宪立，现仍妥存，2013 年 5 月被国务院公布为全国重点文物保护单位；

胡康惠公神道坊：在龙川。

百岁坊：一在龙川，为胡化淑妻姜氏立。

三进士坊：为胡富等三人立。

尚书坊：在南关外，为尚书胡富立；

科第传芳坊：在南关外，为进士胡光、科人胡宗华立；

绣衣坊二：俱在南关外。一为御史胡松立，一为御史胡宗宪立；

都宪坊；在南关外，为御史胡宗明立。少保坊：在南关外，为少保胡宗宪立；（龙川共有各类牌坊 22 座，以上牌坊资料均引自嘉庆《绩溪县志》）

二、尚书（胡富）府石坊

该石坊坐落在瀛洲镇龙川村浒里自然村 95 号对面，为明代建筑，坐东朝西，占地面积为 7.5 平方米。二柱单间三楼，麻青石结构，南北朝向，柱根部有抱鼓石护之，高 8 米，宽 3.4 米，明间正脊两端饰鳌鱼吻，竖匾上刻“恩荣”两字，花板上镌“尚书府，嘉靖八年三月初十日□□总理精储兼巡抚右都御史吴建年，巡按直隶监察御史杨□□立”，另一面镌“通判马立，推官杨□风，绩溪县知县李□□，太子少保南京户部尚书胡康惠公立”，整座牌坊保存基本完整，有一定的文物价值。1997 年，公布为绩溪县重点文物保护单位，批准文号为绩政〔1997〕35 号。

第十六章　艺文　杂记

第一节　诗赋

游大屏山

明　胡宗宪

春晴无日不登山，曲径崎岖费跻攀。
馥馥岩花迎我笔，欣欣壁草为谁颜。
金山半山青霄上，乳水中流白石山。
落日空烟清兴杳，沉吟此地不知还。

游石照山

明　胡宗宪

鸟道烽烟接上台，共瞻五马自天来。
丹心素壁悬双镜，逸兴清歌饮百罍。
空翠浥人松壑杳，幽香入座菊花开。
登临倍觉江山重，学步应惭到菲才。

龙须山

元 汪橘庄

龙峰高高青接空，上有石井腾蛟龙。
碧云泼泼霭晴旭，流泉脉脉垂长虹。
朝云暮云终不改，人间好景年年在。
何当从龙雨如倾，润回枯槁苏苍生。

龙须山

明 成章

大峰小峰如削铁，绝顶摩空更奇绝。
道人何处架飞云，直上峰头看龙穴。

饶哥《大司马》

明 茅坤

大司马，长八尺，
气盖山河威震敌；
裸人黑齿喃指号，
万里江波宁以谧，
并画蝉冠与象笏；
岁时伏腊芳草祠，
竟请饶歌丽牲石。

第二节 疏奏

重建朱文公祠碑记

胡富

绩溪儒学之东，故有文公朱先生祠，倾圮不治百余年，莫有任起废之责者。乃宏（弘）治癸亥广东何侯由南台侍御简知徽郡，凡稽古右文有涉民风世教者，以次举行。既三载，奏最，旋车道经吾邑，询公故祠，遂慨然下起废之令，邑宰广平王君育英暨下执事咸奉令曰“诺”。先是，侍御济南李君延寿谪簿邑时，尝易地于明伦堂西，顾其地湫隘不称，诸生改易于堂之东北。候达观维宣、发帑鸠工，而一时群僚又皆相继而赞襄之。经始于丙寅年秋，越明年春告成。堂若干楹，高敞靓深，中位文公遗像，以蔡西山、黄勉斋侑食焉。背崇罔，瞯清池，大徽山奠其西北，乳溪水襟带东南，而文笔诸峰踊跃云表，适当其前，盖一邑胜概也。教谕龙溪颜君櫱偕寅友驰书陕右，以记请走。闻君始至，邑庠出先生遗像，于尘埃喧杂中寄处一榻，顾职卑力微，弗克大举，以其事白于提督学政莆阳陈公琳，委之前令薛君，未几，俱以迁去，事遂中止。今百年废典复于一旦，讵可忘侯之峻功耶？走邦人也，不敢以谫陋辞，则以告曰：维徽国文公先生自少励志贤之学，充积既久，所得益精且深，其立朝言论、州县设施、经纶规画，正大宏伟，亦可概见。晚遭禁严，自信无歉，日与黄、蔡之徒讨论不辍，厘正经言，总裁大典，以续洙泗、河洛之传。迄今读其书，崇其道，薄海皆然。矧绩溪隶徽，实先生桑梓之乡，可无专祠也哉！礼可以义起，虽自今伊始无不可者，矧作之于前面有足征者哉！虽然，侯之所以图兴复新祠宇，匪直侈大观而事弥文也。盖读其书当论其世，崇其道当继其迹。尝考先生所得，不越乎主敬以立其本，穷理以致其知，反躬以践其实。侯期待后学正惟在此。而吾党之士所宜毕力而不容以缓焉者，抠趋祠下，仰瞻遗像，则悚然以敬，而思与之齐，洗磨淬砺，修于乡而达之天下，庶几先生之后复有其人。吾邑山川炳灵钟秀，遂将趾美河洛以上，窥洙泗之渊源，斯无负吾侯期待之意。而凡骏奔走于大役之间者，亦可忘其为劳矣。若夫姑掇绪余以干荣利，而于圣贤事业漫不加省，非走所敢知也。侯名歆，字子敬，别号像山，又号榕溪，起家名进士云。

重修庙学记

胡富

正德九年冬十二月，熊侯修绩溪县庙学成。庙有大成殿，殿广四十五尺，深如之。庑东、西各十三楹，庑南北神库各四楹。庙门五楹，门上有阁，曰“尊经”。外左右有斋明所，中有泮池，池前有泮宫坊，坊前则棂星门。学有明伦堂，广四十八尺，深如之。斋东、西各五楹，堂门曰“集贤”。五楹门前有池，池西有士舍八区，区为文会厅，学门则拓社学基而门之，曰“儒学门”。庙西有祠，则以祀乡先生徽国文公焉，巍乎焕然有加于旧。越明年，予以考绩归，谒庙，教谕敖君钺，训导杜君琮、王君用率诸士请记。予读大学士费公《记》，则庙学当迁之故、熊候兴修之盛心，以至诸名公主张相助之力，与凡所当记者尽之矣，复何记？惟绩士人我朝来，间科一登，登鲜四人，至今学成则然，上皆欣欣以为熊候兴学之功。予观今士，时学博矣，时文精矣，掇巍科跻朊仕者，自今当益盛。然我徽自文公集诸儒之大成，以道学名天下，嗣是如胡云峰、程林隐、陈定宇、倪道川、汪环谷、赵东山，私淑面作，皆可为文公世嫡，俎豆祠间。而今则未见其人，岂诚科举之学累之耶？然文公登绍兴十八年进士第，科举之学亦尝为之，故其言曰：“科举不能累人，人自累科举尔。”矧我明朝设科，革前代词赋之制，以“五经”“四书”取士，固以斯道望之者哉！道出于天，备于人，载于经，明于周、程、张、朱之书，廓如焕然。顾士之志何如尔？士志于道，岂但当穷理以致其知而已，必主敬以立其本，必反躬以践其实，则道底乎可得。道得于心，发面为场屋之文，必有文公之三策立朝告君，必不离“诚意正心”之四字，幸面得君以行其道，其功业必与古之王佐同。诚如是，则升斯堂庶无愧于明伦，入斯庙庶无愧于先圣；上则庶无负于明朝设科之初意，下则庶无负熊侯兴学之盛心，而诸名公之主张面相助之者，亦庶乎其无负哉！然熊侯作郡一考，修学兴院无倦色，以尊德性道问学勉诸生者无厌言，则斯道也，岂但我绩士之所当勉而已！是为记。

第三节　文汇

一、杂记

1. 龙川胡氏宗枝支派记

始祖于尧舜时在兖州城阳县系胡效尉封贤后，虞帝封贤，胡苏为太宇贯后，改青州濮阳县板桥村住歇。

祖地长下希和，周王定国时封妫姓虞舜，后胡公满为陈国公满，子孙禹晟封为大夫于前汉，禹晟子孙智受公侯，后汉智下子孙汝荣受成都府太守，晋朝汝荣子孙耀，永昌三年授南阳学士，所下三子福贤、福明、福昌，福贤封为常陆郎，福昌封为承德郎，福明封为常侍郎于咸……山前号作常侍墓。

常侍公讳焱，字福明，原居山东青州濮阳县板桥村，建兴间为内史，侍帝左右。大兴元年，晋勅散骑常侍中领军，提兵镇歙州，抚恤生民，皆得安业。咸康三年丁酉，国赐田宅，因家于新安，与华阳汪氏婚姻，居华阳镇地，名大松林。

游观石镜登源龙峰景致，羡其山水清丽之所在，必为常侍子孙百计者也。又云金紫山前风水一穴，作甲山庚向，扦造常侍墓，愿子孙岁岁春秋祭扫，毋忘吾之丘墓也，故嘱之。

2. 有关龙川的书目辑存

附：历代龙川人著述（含友姓写龙川）一览表（部分）

序号	著作全称	作者姓名	朝代、年份	出版社	备注
1	《诗文讲义》二十卷	胡遂孙	元代		
2	《兰言集》	胡宗明	明代		
3	《龙峰文集》	胡富	明代		
4	《文稿》两卷；《诗稿》一卷；《书稿》七卷；《三巡奏稿》三卷	胡宗宪	明代		4至6均引自胡桂奇撰的《胡梅林行实》
5	《条约》三卷。《审录驳词》三卷；《督抚奏稿》16卷，《公移》四卷；	胡宗宪	明代		胡宗宪撰著
6	《筹海图编》13卷，《万里海防图论》两卷。	胡宗宪	明代		后二部为胡宗宪集定
7	《日记》《诗集》	胡天龄	明代		户部尚书胡富写有序言
8	《难言集》《学庸讲义》	胡兆进	清代		
9	《学箕史稿》《增补愿体集》	胡鸣琪	清代		
10	《覆馀集》	胡廷凯	清代		
11	《忠政堂汇录》	原本藏于胡煜，胡嗣运为清光绪重刻本作序	明迄清代		详载胡宗宪抗倭诸战役详情
12	《胡宗宪评传》	卞利	2001年4月	中国文联出版社	2001.4
13	《胡锦华健康教育文集》	胡锦华	2001年10月	上海科技普及出版社	467页
14	《中国龙川》	姚民和等著	2003年4月	香港出版	255页
15	《胡锦华诗选》	胡锦华	2005年4月	内刊号	262页
16	《望族的故乡——龙川》	洪少锋	2005年9月	合肥工业大学出版社	174400字
17	《岁月如歌，中国健康教育侧记》	胡锦华	2006年3月	北京大学医学出版社	414页
18	《中国龙川》（上下册）	姚民和主编	2009年10月第1版	黄山书社	377页

（续表）

序号	著作全称	作者姓名	朝代、年份	出版社	备注
19	《健康三人说》	胡锦华等三人合著	2013 年 9 月	上海科技出版社	182 页
20	《胡锦华健康教育文集》（新版）	胡锦华	2013 年 10 月	上海科技出版社	261 页
21	《胡锦涛文选》	中共中央文献编辑委员会编辑	2016 年 9 月	人民出版社出版	上中下三册
22	《胡氏五忠堂溯源》	胡亚民	2019 年 10 月	内刊号	138 页
23	《绩溪乡村记忆·龙川村》	政协绩溪县委员会编	2021 年 12 月出版	安徽人民出版社	p328/332
24	《宣城中国传统村落·龙川村》	政协宣城市委员会编	2023 年 10 月第 1 版	中国文史出版社	p116/121

第四节　轶事传闻

一、《绩溪县志》（1998 年版）胡宗宪传说二则

1. 蛇跌鳖

胡宗宪身材魁梧，头部细小，据说是吃了“蛇跌鳖”的缘故。

宗宪的嫂子存心要害死他。一次，嫂子到汪公庙烧香，看见一条蛇从梁上掉下来，就地一滚，变成一只鳖。嫂子曾听说“蛇跌鳖”可以毒死人，就把鳖捉回家，烧好给宗宪吃。傍晚，宗宪放学回家，嫂子和颜悦色捧出烧好的鳖肉给他吃，宗宪觉得嫂子平日待他并不好，今日为什么这般优待，心中疑惑，先挟鳖头给小狗吃，小狗吃了鳖头，平安无事，宗宪才将鳖肉连汤都吃了。

后来，那狗长得矫健悍猛，头部特别大，宗宪长得高大健壮，可脑袋却显得

小了点，看上去很不匀称。

2. 金銮殿

明朝嘉靖年间，胡宗宪带兵在浙江同倭寇作战，连打了几场胜仗。皇帝大喜，给他加官晋爵，还恩准回乡省亲。宗宪衣锦还乡心中得意，见到母亲，献上诸般珍品，言语之中，自然夸不尽金銮殿的堂皇富丽，数不完帝王家的锦绣荣华。谁知老夫人听了儿子的话，一时心血来潮，不知深浅，硬要到金銮殿看一看。这一下，可难坏了胡宗宪，答应吧，京城路远，母亲年近八旬，如何去得？即便到了京城，又如何上得金銮殿？不答应吧，落个不孝之名，左思右想，终于想出了一个办法，既然老夫人要看的是金銮殿，就在家乡仿造一座，一来满足了母亲的心愿，二来也好显耀乡里。

宗宪假满回京，向皇帝奏上一本，称徽州山川奇丽，盛产奇珍异宝，请皇上拨款开发。皇帝准奏，调拨一省钱粮，交宗宪经营开发。钱粮齐备，又碰到难题，乡里工匠未见过金銮殿，怎能造呢？

事情真是凑巧，皇帝传下圣旨，要恩荫功臣。宗宪立即携子上殿受封。山呼参拜以后，胡公子突然跌倒在金銮殿上，仰面朝天。这下惊动了皇上和百官。宗宪跪奏：此子近患羊癫风，少刻可愈，不会有生命危险。果然不一会儿病人自己起来，叩头谢恩。宗宪心中乐不可支。原来在金銮殿上发病的公子，是徽州领班工匠胡三化。仰面朝天之际，金銮殿之形状结构，已尽收眼底了。

不久，登源河畔，人称风水宝地的圆丘上，造成一座金碧辉煌的小金銮殿。正厅系楠木建成，螺丝结顶，蟠龙翔凤。厅前有午门，厅后有乾清门，中间千步廊。每处大门，都有纵九横九一共九九八十一只大铜钉。厅堂台榭，共有十八进，一派皇家气象。落成之日，宗宪告假还乡，恭恭敬敬，请母亲住进新居。

紧接着，老夫人寿登八旬。府内张灯结彩，披红挂绿，笙歌恬耳，贺客盈门。忽传来消息，一队锦衣卫，正向县境而来。宗宪吃惊起来：他为了孝顺母亲，仿造金銮殿，自是心虚，闻锦衣卫来到，疑是事发，皇上拿他问罪，立命一心腹快去打探底细。他当面交代，随带红伞一柄，若得凶信，在狗岭上撑开红伞。心腹受命登程。一路急火流星，赶到县城。一打听，却是知县犯了罪，锦衣卫宣读圣旨，革职查办，刚押解离城。心腹好不高兴，肩扛雨伞，急忙赶回报信。刚上狗岭，突然刮起一阵狂风。竟把红伞吹开，半天收不拢来。望风的家人忙把这撑伞信号禀报，宗宪闻说，即刻启程赴京请罪，好在心腹飞步赶到，方才免了一场虚惊。

嘉靖四十四年，宗宪逝世，县人将这处宏伟建筑群称作大庙。清同治年间，一场特大洪水，冲毁十七进。剩下的后进，于一九六六年拆除。现在能引起人们记忆的，只有对河的自然村仍旧称大庙汪村。

乐师寺：在十二都龙川。唐天祐二年建，为旧院名，明洪武初改寺。

朱砂庵：龙峰禅院，在龙川。

3. 奕世尚书胡富、胡宗宪与绩溪登岭亭

出绩溪县城往东南，过绿杨桥，石板大路向东进入山坞，行不远，有一路亭倚山跨路而建，名“臼石亭”。出亭，道路分叉，往前直行，石板路通上马石村，可去仁里、湖里及登源河下游各村；向左拐弯，跨过小涧上山岭，青石板铺筑的蹬道，依山势缓缓上行，转过两道山湾，到达岭头，越岭是通往登源和县境东部各乡的大路——登源大道，此岭得名“登岭”，俗称“丁岭”。岭头有一长形路亭，大路穿过拱门，直行下岭。亭内两边砌有石凳，紧靠路亭北向，旧有门阙通向亭后一座庙宇，庙内供观音菩萨，住有庙祝照看观音庙香火，并为往来行人施茶，后来成了茶亭，故又称“登岭茶亭”。

历代相传，登岭茶亭系明代龙川人户部尚书胡富所建，兵部尚书胡宗宪重建。龙川为人文荟萃之乡，历宋、元、明三朝，中进士入仕的11人，仅大明一代就出了七个进士，誉称“进士村”。其中，成化至嘉靖间，相隔一甲子，出了两位尚书，有“奕世尚书”之称。胡富，成化戊戌进士，累官户部尚书，为官清廉，政绩卓著，晋封太子少保，老年辞官归里，造福桑梓，热心公益事业，捐俸禄建龙川村边长木桥——官桥；在龙川去县城必经之道登岭头建茶亭，捐田置产，供茶方便行人。六十年后，胡宗宪中嘉靖戊戌进士，由益州知县累官至浙江巡按，总督七省兵务，领兵抗击倭寇，扫平倭患，军功显赫，晋升兵部尚书，主持重建龙川胡氏宗祠，重修登源汪公庙，又对登岭亭进行修缮。

登岭亭位于县城通东部各乡的要道上，行人络绎于途，又地处县城近郊，系

历史名人所建，里人视之为古迹，历代进行过多次维修，数百年来保存完好。亭产有固定屋产、田地和山场，住亭户还可化缘为收入，生活来源有保障，长年为行旅供茶，是县内历史久远、较有名气的茶亭。新中国建立后，实行农业合作化，亭产归集体所有，住亭户参加川源生产队集体劳动。“绩(溪)北(村)公路”开通后，登岭上行人少了，茶亭失去了其应有的作用，住亭户迁入川源大队村中，茶亭庙宇无人住歇，于20世纪50年代末倒塌。幸而跨路凉亭保存下来，华阳镇川源大队对它进行多次修缮，村民步行进城可以进亭休息。坐于石凳仰视路亭正中的旧桁梁上，楷书“太子少保户部尚书胡富建”“太子少保兵部尚书胡宗宪重修”等字尚依稀可见。历500多年，“奕世尚书”捐修登岭亭的掌故仍在流传。

如今，屹立于登岭头的路亭，成了城区居民攀岭登山晨练、中途休息的好去处，也是具有一定人文价值的历史遗存。

引自《绩溪交通运输志·第五章交通文化》p287，黄山书社2017年9月版。

附　录　编委会部分成员简介

胡支明，1964年10月生，男，高级工程师，2006年毕业于滁州职业技术学院，专业为工业与民用建筑。从1982年2月起，从本市建筑行业的基层做起，一步一个脚印向建筑及其他行业的高端发展。2001年11月至2004年11月，在天长市千秋建筑工程有限公司从事管理工作，任总经理；2004年12月至2019年，在千秋建设集团（天长）有限公司任董事长兼支部书记；2019年至今，任安徽翔誉千秋建设集团有限公司董事长；如今公司已发展成为旗下设有建筑公司、房地产开发公司、工程监理公司、酒店、物业管理公司、建材公司、矿业公司等多家子公司的集团企业，建筑公司施工总承包资质为一级，拥有职工2800人，专业技术人才400多名。多项工程获得国家级、省、市“标准化工地”和“黄山杯”“琅琊杯”等优质工程奖，其中天长市南市区安置六区项目同时获评国家AAA级标准化工地和安徽省黄山杯优质工程奖；企业多次被评为重合同守信用单位、先进单位、文明单位、龙头企业、十强企业、二十强企业。

从他担任第十二届天长市人大代表以来，连任担任该市六届人大代表，2009年4月，兼任天长市游泳协会会长；2011年至今，任滁州市工商联常委和市工商联副会长；2012年至今，任天长市体育总会副主席；2013年至2020年，任天长市建筑业协会常务副会长；2021年，任天长市建筑业协会会长；在企业发展的同时，踊跃承担社会责任，积极回馈社会，这几年通过包括捐赠在内的多种方式，累计捐款1000多万元，对边远灾区，贫困地方，捐资助学进行了力所能及的支持，促进了当地的教育、文化、养老等社会事业的进步。

1997年至2006年一直参加天长市胡氏宗亲各项活动；2007年至2016年任天长市胡氏宗亲联谊会会长；2016年任安徽省胡氏宗亲联合会执行会长。2017年任《安徽胡氏通志》编委会主任并捐资20多万元；2017年至今，任世界胡氏通谱编纂委员会执行主任，为《世界胡氏通谱》首卷（修订本）捐款20万元，为安定胡氏文化博览园捐款十万元。2018年12月当选安徽省胡氏宗亲联谊会会长。2019年5月当选胡氏文化发展委员会暨胡氏文化发展总公司执行会长和总裁。2019年6月16日，胡氏文化发展委员会胡连荣总会长和胡支明执行会长强强联手，在天长成功举办了“抱团发展，互惠互利，合作共赢”的全国胡氏企业家座谈会。胡支明会长始终秉承“天下胡氏一家亲，牵手你我他，抱着为胡氏全族大团结，共同发展”的情怀，积极参加全国胡氏文化组织的各项活动，累计捐款200多万元。其目的是凝聚胡氏宗亲力量，积极倡导胡连荣总会长的“君子和而不同”的大理念，处处以“存好心，办好事，说好话，做好人”来要求自己。

胡稳，生于1970年2月，安徽广德人。现任深圳市广晟德科技有限公司、松乐智能装备（深圳）有限公司、安徽广晟德自动化设备有限公司董事长。硕士学历，熟悉行业为：智能制造、SMT贴片、照明行业。

1998年3月至2000年2月，任港资企业日东电子任工程师，担任SMT设备的机械设计；2000-2002年期间，任香港顺发五金机械厂总工程师，负责汽车空调设计与改进工作；2002年3月—2007年8月，自主创业，任深圳市宝安区鑫源泰五金机械厂厂长兼总工；2007.09-2011.09，任深圳广晟德自动化设备有限公司总经理兼高级工程师；2011年9月至今，成立深圳市广晟德科技发展有限公司，专注智能装备及自动化电子生产设备的开发和制造，现任公司执行董事、技术总监；2010年至今，个人先后申请并通过专利近二十项，其中发明专利9项；2012年被中国航天科工评定为自动化高级工程师（教授级）；2014年成为海关单耗专家；2015年成为深圳市经信委专家库专家；2016年至今被聘为广东工业大学客座教授及大学生创业导师；2017年成为深圳市宝安区经济促进局专家、科创委项目评审专家；2018年成为“深圳市宝安区高层次人才”；2018年被评为改革开放四十周年影响深圳装备行业创新发展领军人物；此外，工作期间，胡稳还先后担任深圳市SMT专委会会长、光电技术协会理事、照明与显示工程协会副会长、半导体照明技术应用专委会委员、深圳市安徽宣州商会名誉会长等多个社会职位，为推进行业技术交流贡献自己的力量，又大力支持第三届世界胡氏宗亲恳亲大会的召开，并倾力支持胡维平主编《安徽胡氏总志》《乡土胡雪岩》《章铁民文存》和《龙川村史资料丛录》等书。

胡子俊，又名胡嗣俊，1962年12月出生，汉族，中共党员，芜湖市繁昌区人，原籍安徽黄山市徽州区坤沙村，明经胡四十世孙，大学学历，高级经济师，现任芜湖恒升重型机床股份有限公司董事长、党委书记。先后荣获“芜湖市优秀共产党员”、“芜湖市劳动模范”、安徽省第二届“优秀中国特色社会主义事业建设者”、安徽省机械行业“优秀企业家”、“安徽省非公有制经济优秀企业经营者”等称号。先后担任中华全国工商业联合会第十次和第十一次代表大会代表，安徽省第八次党代会代表，安徽省政协第十届和第十一届委员会委员，芜湖市第七次、第八次、第九次党代会代表，芜湖市政协第十一届和第十二届常委，芜湖市工商联第十一届和第十二届委员会（总商会）主席（会长），安徽省机械行业联合会副会长、安徽省机床工具协会常务副会长和中国机床工具工业协会钻镗床分会副理事长。倾力支持胡维平主编的《安徽胡氏总志》《章铁民文存》《考川明经胡氏志》与《龙川村史资料丛录》的出版。

编后记

如果说我能主编《龙川村史资料丛录》这部名村史料专著，而且大家看了以后评价还不错，认为该志史料翔实，文笔朴实，数据准确可信。我这近三年来的辛苦就非常值得了。我本没有要主编名村史料专著的奢望，只是在我编著并正式出版了《安徽胡氏总志》《绩溪胡氏志》和《宅坦村志》（胡氏村落）以及《考川明经胡氏志》以后，我已有写大到安徽、中到绩溪、小到村落这三个层面姓氏特色志的历练，在客观上具备了主编名村村史资料专著的条件，再加上有人早就说要为龙川村编写村史类小册子，我想，有比较才有鉴别，让内容与史料说话，龙川这一国内一流的历史文化名村应该有多个版本的村史类专著才与该村悠久的历史和厚重的人文底蕴相匹配，这样我想主编《龙川村史资料丛录》的想法就更浓烈了。于是我就一头扎进绩溪县档案馆中。从明代的《绩溪县志》到民国时期的绩溪各种档案，以及新中国成立以来各个时期的有关龙川村的档案，这420多天，我几乎三天两头泡在县档案馆中。每天的进出馆登记和我查阅相关档案的全宗号和归档号，县档案馆的工作人员都记录在册，这也印证了我录入村史资料的来源是可靠的，数据是准确的，内容自然也是比较翔实的。如今，当我把《龙川村史资料丛录》的文稿交给有关主管领导和朋友时，他们看了以后认定由我来主编《龙川村史资料丛录》的推荐是对的，然后又跟我交流怎么筹措编印资金的门径，早日将《龙川村史资料丛录》正式出版。更值得一提的是，《龙川村史资料丛录》在体例上接近村志规范，但又不拘泥于村志规范，在内容取舍和编写编排上，比村志更加灵活宽泛，只要内容丰富翔实，还可以出第二辑、第三辑，前提是史料翔实可信，记有出处，述必有据。我自然胸有成竹地回答，只要认真写好，正式出版本书是没有问题的，所需编印费的解决也不是问题。如今，《龙川村史资料丛录》的文稿终于付梓了，内容涵盖村落文化的方方面面，着力彰显龙川村建村一千六百多年来的不凡历史和骄人成就，字里行间都显现着存真传信的良苦用心，更有著名学者复旦大学的王振忠教授作了首序为此书增色不少。值此本志即将出版之际，我们要感谢绩溪县档案馆为此书的一手资料搜集提供的支持，要感谢龙川村的胡友农书记，胡周伦、胡少白等贤达为此书提供了许多珍贵的史料，在此表示由衷的感谢！还要感谢建伟控股集团董事长胡建雄、安徽翔誉千秋建设集团有限公司任董事长胡支明、深圳广晟德科技发展有限公司董事长胡稳、芜湖恒升重型机床股份有限公司董事长胡子俊、海螺荻港公司的胡文钊等先生对本书出版的资助，我应编委会同仁的邀请，简述这本书撰写的过程和来龙去脉，权以为编后记吧。

胡维平

甲辰仲秋于山城绩溪